刑事案例
论辩策略 与 技能训练
（第三版）

叶衍艳 著

XINGSHIANLI LUNBIANCELUE YU
JINENGXUNLIAN

中国检察出版社

图书在版编目（CIP）数据

刑事案例论辩策略与技能训练／叶衍艳著．—3版．—北京：中国检察出版社，2024.5
　　ISBN 978-7-5102-3069-1

　　Ⅰ.①刑… Ⅱ.①叶… Ⅲ.①刑事犯罪-辩护-研究-中国 Ⅳ.①D924.114

中国国家版本馆CIP数据核字（2024）第084693号

刑事案例论辩策略与技能训练（第三版）

叶衍艳　著

丛书策划：	马力珍
责任编辑：	吕亚萍
技术编辑：	王英英
美术编辑：	徐嘉武

出版发行：	中国检察出版社
社　　址：	北京市石景山区香山南路109号（100144）
网　　址：	中国检察出版社（www.zgjccbs.com）
编辑电话：	（010）86423787
发行电话：	（010）86423726　86423727　86423728
	（010）86423730　86423732
经　　销：	新华书店
印　　刷：	北京联兴盛业印刷股份有限公司
开　　本：	710 mm×960 mm　16开
印　　张：	19.75
字　　数：	319千字
版　　次：	2024年5月第三版　2018年1月第二版　2014年5月第一版
印　　次：	2024年7月第七次印刷
书　　号：	ISBN 978-7-5102-3069-1
定　　价：	68.00元

检察版图书，版权所有，侵权必究
如遇图书印装质量问题本社负责调换

第三版前言

十年前,这本书刚出版。十年后,修订补充第三版出版。十年前,我还是一名公诉人,十年后,我已两次转型,最终成为一名律师。

身份的转变,得以让我对真实的庭审有了不同视角及经验累积。事实上,无论是控辩哪方,不论是在质证环节还是在论辩环节,能够紧密围绕犯罪构成要件,精准地结合事实证据,充分展开论证,呈现令人信服的相对精彩的论辩,都是非常不容易的事。司法实践中相当数量的庭审其实难免有些"走过场"的索然无味。实践中有不少人认为法庭论辩是否精准、精彩对最终判决结果并无实质影响,但在我看来,无论是指控还是辩护,确实需要把各种尽可能的工作都做在庭前,庭审只是最终集中呈现的方式。无论是控方还是辩方,从职业道德、职业理想坚守还是从职业经验积累、能力提升角度,每一次庭审无论你的对手如何,无论结局如何,都应当认真对待、高度重视、尽最大可能地做到最充分的准备。也正是基于此,辩论及相关能力的提升始终是公诉人或律师培养的重点。因此,这十年来刑事案例论辩始终在各地如火如荼地开展。仅2023年,省、直辖市级的论辩赛就有江西省律师论辩大赛、广东省第三届公诉人与律师控辩大赛、深圳市第三届公诉人与律师电视论辩大赛、上海市律师论辩大赛等。

这十年,我仍然担任一些案例论辩赛的评委或指导工作,我对刑事案例论辩的整体价值定位依然不变:刑事案例论辩是一种侧重于逻辑思辨和口头表达的较为有效的培训手段。刑事案例论辩所要求的良好的思辨逻辑及多维度立体构建的优秀叙事能力,注重提炼底层问题、化繁为简的概念挖掘能力,对日常的法律工作甚至从事其他职业也是一种宝贵的能力。

以我自己为例，我曾在法律科技公司负责过法律知识图谱的研发，需要抽练大量判决书中的特定事实场景精准对应某个罪名的某一构成要件，并给其打上通俗易懂的"标签"以便机器识别和学习。这种提炼场景、对应概念和下定义打标签的过程，就和刑事案例论辩中概念挖掘的方式方法紧密相关。我还负责过具体的法律科技产品的研发，和技术人员沟通时，面对自己并不了解的领域，如何在他人的逻辑和话术框架下快速学习并把握核心问题，刑事案例论辩培养的层层穿透及注重底层的逻辑思辨方式也为我搭建了很好的桥梁。现在我担任律所主任，常需给客户提供解决方案，精细化地分析现有资料，多维度的丰富构建，往往能更好地体现专业态度和能力，这和刑事案例论辩中的注重事实的精细化，立体辩驳的构建等又是相关的。我在自己具体办案外，还要指导团队年轻律师工作，很多时候他们对新领域新问题的快速学习能力其实比我更强，我能指导的往往更多的是在思辨逻辑层面如何更好地全面看待和解决问题，而思辨能力的培养恰恰是刑事案例论辩最有价值的内容。

这版修订主要的变化有以下几点：一是补充了近年来一些重要刑事案例论辩赛的内容。例如首届华东律师论辩大赛、2023上海律师辩论大赛、第七届和第八届全国十佳公诉人暨全国优秀公诉人业务竞赛等。二是增加了律师的不同视角，并修订了一些原有的认知和观点。例如我在旧版写作时，认为法律人对事实描述应当秉承客观中立的基本原则。但事实上，只要到了法庭论辩阶段，控辩双方的立场已天然限定，各自在庭审上所追求的目标也非常明确，因此在描述事实时必然带有各自的立场。因此第三版强调需要根据不同立场对事实进行不同的抽练表述。三是调整了一些复杂内容的表述方式，尽量以更加清晰简明的方式进行书面呈现，例如对一些大段的内容进行拆分，并增加了一些可视化图示的表述方式。需要特别说明的是，书中原有的许多案例因为经典都予以保留，但论辩当时所援引的一些法律规定当下已有所变化，为还原论辩原貌并未对此逐一特别标注，这一点还请读者查阅时留意。

第三版前言

　　对案例论辩，我的整体建议是一方面要看"重"：无论是对逻辑思辨和语言表达等真实能力的提升，还是对法律职业甚至其他工作，案例论辩这一培训方式都有用，且有真用，甚至有大用。另一方面要看"轻"：案例论辩只是一种侧重于逻辑思辨和口头表达的培训手段，提升的方式"无他唯手熟尔"，无外乎多看多练多学；呈现的方式也并无定式，这本书谈及的也只是参考。大家不要都以赛事论胜负的视角，而应以更轻松的方式来看待案例论辩，或许就会更觉得好玩和有益。

　　坦率说，我完全无法想象再过十年自己还能有什么样的新收获，新的感悟，厚重到足以输出新的价值和内容，重新再版。但是未来事，谁又能知道呢？一如当年的自己一心只想当优秀公诉人从未想过最后做了律师；一如十年前写初版时正怀老大，写完后如释重担心满意足，从未想过自己还会有勇气继续生老二，这本书还能再版。人生总有太多的从未想到，有惊喜有惊吓，能做的，唯有珍惜当下，勇往直前。以此与本书读者共勉，并感谢查阅。

2024 年 3 月

序

有人说，英美法的有趣正是来源于其判例的有趣，因为那是活生生的人与人之间复杂矛盾的集中展现，是纠纷解决过程的真实记录。我想法制的完善和法治的进步，既需要制定大部头的法典，也需要汇集零星的个案。从某种意义上说，大量而丰富的个案是培育法典不可或缺的沃土。

随着我国刑事立法和司法的不断进步，越来越多的人士开始更加关注个案中的正义。让人民群众在每一个司法案件中都感受到公平正义，已经成为时代的呼唤。时代呼唤正义，正义的降临自然离不开法律人，尤其离不开高素质的法律人。优秀的法律人，必然是胸怀正义、关注民生，必然是学识渊博、善书能言。

具体而言，随着我国刑事诉讼法等有关法律的修改完善，法庭审理的对抗性越来越强，法庭上证据调查、事实认定、法律适用的辩论越来越实质化。而法庭辩论水平的高低，在很大程度上折射出法律人的法学涵养。因此，公诉人和律师都需要面对法庭上更高层次的抗辩能力要求。相比较真实的法庭质证和论辩，刑事案例论辩虽然在形式、内容等方面存在诸多不同，却也是一种培养法律人逻辑思辨及口才表达的良好路径。

检察机关历来重视公诉人论辩能力的培养，高检院已成功举办多届全国十佳公诉人大赛。作为"十佳公诉人"，北京市海淀区人民检察院的叶衍艳检察官出色的论辩水平，给我留下了深刻印象。2012年，叶衍艳考取北京师范大学刑科院，成为我的博士生。她一边在海检办案，一边在北师大求学，同时还把她积累的辩论心得分享给同行们。半工半读，教学相长，可能是她这几年勤奋而快乐的生活写照吧。

这本书是叶衍艳多年论辩心得的总结，内容涵盖了刑事案例论辩的价值定位、基础性策略及各种技能等。既有非常具体实用的技能介绍，又有超越具体技能的理论提升和思辨方法总结；既全面介绍了案例论辩的各种方法，又细致区分了这些方法哪些是真实法庭论辩可借鉴的，哪些是和真实法庭论辩所不同的。我相信，在越来越关注提升公诉人和律师论辩能力的今天，该书的出版一定会起到良好的推动作用。作为老师，我也为她出版专著由衷地感到高兴。

是为序。

宋英辉
2014 年 2 月

前　言

从2000年全国大专论辩赛的优秀辩手，到海淀区检察院对内及对外各种论辩赛的优秀或最佳辩手；从第四届全国十佳公诉人业务竞赛荣获十佳公诉人及优秀论辩奖，到首届全国检察机关优秀公诉人电视论辩大赛和首届全国公诉人与律师电视论辩大赛的团队一等奖及个人最佳辩手；从最高人民检察院首批公诉实训师及国家检察官学院兼职教师主讲出庭公诉技能和案例论辩，到第二届全国检察机关优秀公诉人电视论辩大赛分区赛及总决赛北京队的教练。这期间笔者还担任过全国军事检察机关十佳公诉人选拔论辩赛等许多赛事的评委，参与指导过北京市律师论辩选拔赛及不少省市的公诉人论辩赛——毫不夸张地说，有时候自己都很感慨，这十几年来居然参加了如此多的论辩，感慨从选手到评委和教练的角色转化，感慨这十几年来参加案例论辩的心路历程：最初的几年，非常喜欢论辩，无论是法庭论辩还是案例论辩，觉得这是个发挥特长、不断锤炼的良好平台，从不轻易错失可以上台论辩的机会；中间的几年，较为抵触案例论辩，特别不希望别人只看到自己擅长论辩的一面而忽视了论辩之外自己的付出与积累，参加各大赛事多少有点出于承担任务的感受；后来的几年，对案例论辩终于有了平和正确的认知，它不同于法庭论辩但对法庭论辩及法律人思辨能力的培养有着非常良好的促进作用，是一种重要的培训方式，一种兼顾逻辑思辨和语言表达的培训方式。于是，终于可以静下心来总结这十几年来自己以辩手、观众、评委、教练等身份角色参与的各种论辩。

这本书除了借鉴当年指导过我辩论的第一届全国十佳公诉人黄晓文《抗辩的艺术》这篇文章外，几乎没有查阅参考过其他任何资料，可以说是完全的个人经验总结和思考体会。书中引用的案例论辩素材主要有：全国十佳公诉人业务竞赛论辩环节、首届全国女检察官电视论辩大赛、首届全国律师电视论辩大赛、首届及第二届全国检察机关优秀公诉人电视论辩大赛、首届全国公诉人与律师电视论辩大赛。书中谈及的案例论辩，因我本人的专业所限，只限于刑事案例论辩。又因我的公诉人身份，学习案例论辩最终是为了真实的法庭论辩的精彩，在谈及案例论辩的许多内容时，我尽力说明案例论辩和真实法庭论辩的区分之处。

这十几年参与论辩的过程也是我不断成长、成熟为一名优秀公诉人的过程。非常感谢从不嫌弃我普通话不标准，积极带我进入大专论辩殿堂的刘卫兵和黎陆昕老师；感谢把我从一名大专辩手引领到公诉人论辩方向的黄晓文前辈；感谢宋英辉教授、刘广三教授、陈兴良教授、张明楷教授、林维教授等各位师长教给我的刑事法律思辨方法；感谢我曾参加过的论辩团队的教练和队友指导或陪伴我共同学习论辩；感谢中央电视台吴济榕导演及我的助手和学生在论辩资料收集整理方面给予的无私帮助；还要感谢马力珍编辑、老妈、小妹、老熊和即将来到这个世界的小小鱼，始终鼓励我在紧张的孕期快乐地完成这本书的写作。

最后，想要说的是，公诉无定式，论辩亦无定式，论辩能力的提高，无他，唯多练。

目 录
contents

第三版前言 ··· 1
序 ··· 1
前 言 ··· 1

第一章 案例论辩的意义、技能定位及整体发展
一、案例论辩的意义 ··· 1
（一）案例论辩与大专论辩的区分 ························· 1
（二）案例论辩与真实法庭论辩的区分 ··················· 2
（三）案例论辩的价值与意义 ································ 3
二、案例论辩的技能定位 ·· 4
三、案例论辩的整体发展 ·· 5

第二章 案例论辩的基础性策略
一、树立以评委和听众为中心的基本理念 ····················· 7
（一）对应"以审判为中心"的庭审理念 ·················· 7
（二）案例论辩需克服的两个倾向 ·························· 8
（三）以评委和听众为中心的具体要求 ··················· 9
二、搭建立体辩驳的构架 ·· 11
（一）事实层面 ·· 11
（二）法律层面 ·· 30
（三）价值层面 ·· 39
（四）感性层面 ·· 44

1

（五）不同层面运用的注意 …… 53
三、注重概念的挖掘 …… 54
　　（一）基础概念的挖掘 …… 54
　　（二）上位概念的挖掘 …… 92
　　（三）概念挖掘的意义 …… 109

第三章　案例论辩分阶段的技能

一、案例论辩的整体性要求 …… 111
　　（一）自信、自然是基础 …… 111
　　（二）语言流畅是第一要素 …… 112
　　（三）个人风格的探寻和确立 …… 113
二、开篇立论 …… 115
　　（一）规范全面 …… 115
　　（二）事实的分段描述 …… 134
　　（三）普通事实情境化 …… 136
三、自由论辩 …… 140
　　（一）自由论辩之战场的划分 …… 140
　　（二）自由论辩之情势的控制 …… 158
　　（三）自由论辩之句式语气的变化 …… 167
　　（四）自由论辩之提问的设计 …… 170
　　（五）自由论辩之假设类比的运用 …… 179
四、总结陈词 …… 194
　　（一）呼应开篇立论 …… 194
　　（二）总结争议焦点，进行理论拔高 …… 205
　　（三）追求现场感 …… 209
　　（四）进行价值升华 …… 216
　　（五）精准掌握用时 …… 228

第四章　短时间案例论辩的准备方法

一、短时间案例论辩的经典实例 ·················· 229

二、短时间案例论辩的准备内容、基本模型和准备方式 ········ 275

第五章　团体案例论辩的特殊要求

一、团队论辩和个人论辩的区分 ·················· 277

二、团队论辩的配合技巧 ······················ 278

　（一）彼此熟知是团队论辩的基础 ················ 278

　（二）节奏把控是团队论辩的重点 ················ 278

　（三）内容体现整体性是团队论辩的核心 ············· 281

第一章 案例论辩的意义、技能定位及整体发展

一、案例论辩的意义[1]

(一) 案例论辩与大专论辩的区分

案例论辩在形式上借鉴了大专论辩的许多内容,例如都包含开篇立论、自由论辩、总结陈词三大阶段,每个阶段都相对固定的限定时间等。但案例论辩和大专论辩又有两点显著的区分:

1. 抽象命题与具体案例

大专论辩的命题大多是抽象的,例如全国大专辩论赛的许多知名命题"知难行易还是知易行难""美是主观感受还是客观感受"等,大多涉及社会学、哲学的范畴。而案例论辩的辩题大多是由真实的案件改编形成,针对具体的事件和人物,进行行为的分析认定,评判是否构成犯罪、构成何种犯罪,以及犯罪情节的轻重。

2. 注重技能培养与注重法理阐述

大专论辩因涉及命题的抽象性,考察一名辩手或一个辩论团队时,在注重基本的社会学、哲学等背景知识及通用逻辑之外,更注重口才等论辩的外在表现。而案例论辩因是对具体案件的分析评判,虽然也必须通过口才等良好的外在表现予以展现,但更看重的是法律知识和理论的良好阐述以及刑事法律自有的思辨逻辑。这种区别就决定了一名大专论辩的优秀辩手要转为法律案例论辩的优秀辩手,还需要法律领域的知识积累和专门的训练。当然,大专论辩对口才和基础逻辑的训练,在相当大的程度上有利于案例论辩,大专论辩的优秀辩手通过法律专业学习和案例论辩的专项训练,往往更容易表现突出。

---

[1] 本书所探讨的案例论辩,是指根据高度提炼的案件内容开展的,以开篇立论、自由论辩、总结陈词等相对固定的形式,并明确限定时间进行的案例论辩,且限于刑事案例论辩。不包括以相对完整的案件卷宗为基础,基本按照法庭流程进行的,通常用时较长的模拟法庭论辩。虽然二者的策略与技能存在较多共同之处。

（二）案例论辩与真实法庭论辩的区分

案例论辩来源于真实的法庭论辩，论辩使用的案例通常是真实的刑事案例抽炼形成，有开篇立论、自由论辩和总结陈词等阶段，与真实法庭的宣读起诉书、举证质证和最后的发表公诉意见或辩护意见也能整体对应。但案例论辩和真实的法庭论辩又存在许多明显的区分：

1. 案例论辩控辩双方的立场指定

除了公诉人对律师这种论辩的控辩角色符合真实法庭中的角色扮演，其他的论辩时常要求控辩角色的转化，这种角色的转化对习惯了控方或辩方立场的公诉人或律师而言，不失为一种挑战。

2. 案例论辩的时间限定

在真实的法庭论辩中，控辩双方都可以大段地进行说理辩驳，即便法官有时会打断控辩双方的发言甚至限定发言的次数和时间，但留给控辩双方的辩论时间整体上相对充裕。而案例论辩中，开篇的陈词立论、紧接着的自由论辩、攻辩及最后的总结陈词都明确限定各方时间，且在自由论辩中，由于讲求短兵相接、针锋相对，控辩双方在自由论辩环节基本不可能一次发言占用太长时间，这就决定了案例论辩发言简洁及拆分式发送信息的基本要求。

3. 案例论辩的内容限定

在真实的法庭论辩中，除定性争议之外，对证据的争议往往是抗辩的重头戏，且程序之争、量刑之争也越来越普遍。但综观各个赛事这么多年的案例论辩题，不难发现都是针对案件的实体性问题进行探讨，分析罪和非罪、此罪和彼罪，基本不涉及程序问题和证据是否确实充分的问题。许多比赛规则中还明确限定了不对程序和证据问题进行探讨。虽然在刑事法律理论及真实的法庭论辩中，非法证据排除等程序问题常是控辩双方的重大争议，但这些年来，无论是全国性的案例论辩赛事，还是各省市各地区检察机关、律师甚至政法委、法院、公安等不同主体组织的案例论辩赛，鲜有案例论辩题涉及程序问题。[①] 这主要是因为程序性争议主要是纯法理争议，这种问题以案例论辩的形式展开较难深入浅出、生动有趣，程序性问题的探讨更合适以答辩的方式开展。

---

① 北京市 2012 年十佳公诉人业务竞赛决赛环节的论辩题是较为少见的，在实体问题外包含管辖问题、起诉效力问题等程序问题的辩题。

4. 案例论辩的技能特定

案例论辩由于时间、形式的限定，在具体的论辩技能上，有许多内容不同于真实的法庭论辩。例如，案例论辩在自由论辩环节注重对情势的掌控，特别讲求转化的技巧，且这种转化既可以在不同层面之间来回跳跃，也可以是针对同一层面在不同视角间变化。而真实的法庭论辩，法律人的思辨逻辑是有一定之规的，同一问题的不同层面解构通常有先后之分，不能随意更改顺序，更不能随意跳转。又如，案例论辩的常用技能中包括假设类比的运用和对事实的情境化描述（即强调事实描述的生动性），但是在真实的法庭论辩中假设类比的运用或事实的情境化描述通常运用较少，即便运用，其限制性要求也更高。再如，案例论辩的一些语言表述也区别于真实法庭论辩。案例论辩中许多辩手都常用这样一种语言的表述，即"控方（辩方）今天的意思无非是说……"这种底线逻辑反驳的方法是自由论辩的一个重要方法，但在真实的法庭论辩中，这种"无非"的表述，似乎并不太符合法庭的严肃性，且对庭审相对方（控方或辩方）的态度显得不够尊敬，因此真实的庭审中往往是通过另外一套话语体系进行表达。这种种不同，将在其后介绍案例论辩具体技能时进一步展开。

（三）案例论辩的价值与意义

既然案例论辩和真实的法庭论辩有如此多的不同，那么为什么这么长时间以来案例论辩始终保持着旺盛的生命力，且始终受到普遍欢迎呢？近年来，全国级的大赛事开展的较少，但是各地的公诉人或律师的法律论辩赛始终如火如荼进行着，甚至有些地区的法院和公安机关也积极开展案例论辩，将其作为选拔人才和展现队伍的一种方式。[①]

全国检察业务专家熊红文在《优秀公诉人是怎样炼成的》这本书中，提到这样一个观点："一名优秀辩手不一定是优秀公诉人，一名优秀公诉人一定是一名优秀辩手。"我个人较为赞同这个观点，这同样适用于律师。一名优秀辩手不一定是优秀公诉人或优秀律师，这主要是由于案例论辩的形式所限，有的时候形式的漂亮可能掩盖实质的欠缺，技能的高超可能胜于学理的深厚，优秀公诉人和优秀律师的养成毕竟不是凭借天资一朝一夕

[①] 近年来我确实给个别地方法院及公安机关指导过案例论辩或担任评委。法官或警察的日常工作其实并无强对抗性的真实场景，但案例论辩赛的举办仍然能在一定程度上实现展现队伍，选拔人才的作用和价值。

的事情。但是，基本可以判断，一名优秀的辩手通常具备一名优秀公诉人或优秀律师的基本素质和能力。

我在公诉人和律师的职业身份之外，还曾在法律科技公司任职。刑事案例论辩中严谨的逻辑演进及概念的挖掘方法，都对当时我所负责的法律知识图谱构建起到了重要的借鉴作用。案例论辩技能所要求的良好的思辨逻辑，优秀的叙事能力，化繁为简的概念挖掘方式，对从事其他许多职业应当也是一种宝贵能力。

二、案例论辩的技能定位

评判一场案例论辩的好坏，以及一位辩手的优劣，通常包括以下五方面的基本技能：（1）法律理论。没有良好的理论功底，分析罪与非罪、此罪与彼罪，就不可能令人信服。（2）实践经验。案例论辩通常是一些实践中有争议的复杂疑难案例，实务经验培养出的敏感性往往决定一名辩手是否能够迅速判断案例的核心和焦点。（3）综合知识。如果只讲法理，案例论辩很可能变得枯燥，所以还要讲事理、讲情理，这些内容就可能涉及社会环境、文化背景、风俗习惯等方方面面。（4）逻辑思维。论辩是对立的思想和观点之间的攻防斗争，思维能力的高下直接表现为论辩能力的高下，论辩要求焦点抓得准且快、想得透、挖得深、反应迅速、论证严密。因此良好的逻辑思维能力是取胜的关键。（5）语言表达。语言是才华和智慧的集中体现，法律功底、丰富经验、深邃思想、深沉感情，最后都要通过语言来体现。

在这五方面中，法律理论、实践经验、综合知识决定了一个人论辩的厚度和内涵。这三部分也是我们在真实庭审中需要的基本功。这三部分是案例论辩的基础，不是一朝一夕积累的。但是，作为一名公诉人或律师，如果这三部分很扎实却不善于说，在庭审中不能良好地表达，那肯定还不是一名优秀的公诉人或律师。因为庭审的对抗性和公开性决定了公诉人或律师必须擅长表达，只有把内在的这些内涵良好地表达出来，才能树立公诉人或律师的优良形象。所以法律人的逻辑思维和语言表达也是真实庭审需要的重要能力。这种能力同样需要积累锻炼，而案例论辩恰恰是非常有效的一种训练模式。

因此，我对案例论辩的基本价值定位是，它是一种培训手段，是一种侧重于逻辑思辨和口头表达的培训手段，且是一种较为有效的培训手段。

在其后的探讨中，我们将发现，案例论辩中立体辩驳的构架、概念的挖掘等思辨方法及语言表述技能都对真实法庭论辩技能的提升有着重要作用。

三、案例论辩的整体发展

国内司法实务界法律专业人士案例论辩的基本发展脉络，从各大赛事便能看出个大概。1999 年首届全国女检察官电视法庭论辩大赛，2001 年首届全国律师电视论辩大赛，2010 年首届全国检察机关优秀公诉人电视论辩大赛，2011 年首届全国公诉人与律师电视论辩大赛，2012 年第二届全国检察机关优秀公诉人电视论辩大赛。在这之后，各省市积极组织自己区域范围内的公诉人及律师论辩赛。例如，仅 2023 年，省级论辩赛就有上海市律师论辩大赛、江西省律师论辩大赛、深圳市第三届公诉人与律师电视论辩大赛、广东省第三届公诉人与律师控辩大赛等；省级以下的县市级公诉人或律师的论辩赛更是普遍。

案例论辩走过二十几年的发展历程，核心内容始终保持一致，即始终以司法实践中有重大争议的案件改编成案例论辩题，主要考察控辩双方的法律分析及说理能力等。在保持这个核心内容的基础上，几大全国性赛事也体现出了案例论辩的发展变化。论辩要求上，从最初较为追求大专论辩的语言形式之美，到回归注重法理分析强调法律说理性，再到现在的以法理为依托又要深入浅出易于普法教育，要求越来越高，水平也越来越高。论辩风格上，最佳和优秀辩手的选拔，从最初青睐攻击性强的咄咄逼人型的选手，到现在更偏爱说理性强兼顾平和或诙谐的选手。

电视论辩或前述其他公开的赛事基本都采取三对三的团队论辩模式。这种团队论辩模式主要是因为其面向电视网络观众，需要考虑增加论辩的形式变化，减少单个个体持续发言的单调性。因此，我们看到，在论辩题的选择上，电视论辩赛越来越注重探讨和老百姓日常生活相关联的案例，注重通过论辩开展普法教育。在评委的任命上，电视论辩赛从清一色的法学专家评委发展到吸收社会公众人士担任评委，再到其后引入媒体评审团。在赛制的设计上，在保留自由论辩每方各 4 分钟的基础上，不断缩减个体选手总结陈词的时间，从 3 分钟到 2 分半再到 2 分钟，并尝试借鉴大专论辩赛的一对一的问答攻辩环节。所有这些变化发展，都是在法律论辩的基础上，紧密契合电视网络这一媒体的展现手法。

除了这些面向电视网络观众的论辩赛外，最高人民检察院从 2001 年开始每隔3年举办一次全国十佳公诉人暨优秀公诉人选拔赛，案例论辩一直是比赛的一个重要环节。相应地，各省市检察机关也都通过案例论辩这一形式层层选拔优秀公诉人。优秀公诉人选拔所采用的一对一的个体论辩赛模式和团队论辩模式类似，都是控辩双方首先分别发表陈词立论，而后是自由论辩，最后是控辩双方进行总结发言。[①]

相较团队论辩赛更注重团队协作和集体智慧的体现，一对一的论辩模式基本属于个体能力的充分展现。个人选手论辩水平的发展，在全国优秀公诉人选拔赛中体现得尤为明显。全国优秀公诉人选拔赛对一个辩题的准备时间，从最初的一两天发展到后来只有1个小时，甚至20分钟；展现的形式上，从最开始几乎所有的公诉人都拿着稿子或小卡片发展到现在大多数公诉人都能实现全程脱稿。由于是内部的专业性选拔，优秀公诉人选拔赛始终主要由法学专家或实务专家担任评委，辩题的选择上越来越注重纯法理的探讨。

对照这两种基本模式，三对三团队赛形式上更好看，更符合观众的审美观，但要求队员之间的默契配合，且多是提前知晓辩题有相对长的准备时间，因此往往展现较为充分、较为精彩，论辩技能的运用也较为丰富。但是，从公诉人或律师的日常工作来看，在绝大多数的庭审中，公诉人发表答辩意见、辩护人发表辩护意见、控辩双方在质证环节或最后论辩环节，都是单枪匹马进行的。所以一对一的个人赛，能更全面更好地反映个人选手真实的抗辩水平。

[①] 案例论辩在总结发言阶段，通常都是先控方再辩方，这种顺序较为契合真实法庭论辩先发表公诉意见再发表辩护意见的流程。但也有一些案例论辩在总结发言阶段是先辩方发言再控方发言，例如2023年上海市律师论辩大赛，这种总结阶段先辩后控的流程更接近大专论辩赛的模式，主要考虑发言顺序的平衡。

第二章 案例论辩的基础性策略

"外行看热闹，内行看门道"。案例论辩有许多具体技能，许多人往往较为重视这些具体技能的学习，却忽略了这些具体技能之上的基本理念和方法的学习。案例论辩首先需要学习的就是树立以评委和听众为中心的基本理念，掌握搭建立体辩驳的构架的方法，注重概念的挖掘。对这些理念和策略的真实领会和掌握是一场优秀论辩和一位优秀辩手的根基所在，也决定了论辩的基本风格和层次。

一、树立以评委和听众为中心的基本理念

（一）对应"以审判为中心"的庭审理念

案例论辩，通常是以赛制的方式来体现，既然是赛，从功利的角度而言就是赢得评委，而评委的评判也容易受听众影响，例如现场的掌声就可能左右评委的倾向。所以，要以评委和听众为中心。这与真实的法庭论辩中控辩双方要以审判为中心的要求是一致的。

一谈到理念，有的人会觉得相对抽象，可有可无。有的人会疑惑，我有这个理念啊，可是在具体的实践操作中这个理念究竟有多大影响呢？如果有这个疑惑，那只能说明你了解这个理念，但并未真正地树立该理念，以该理念指导自己的具体行为。

以真实法庭中的"以审判为中心"这一理念为切入。庭审是审判的核心阶段，理论上绝大多数人都会毫不犹豫地说，公诉人在法庭上说服的对象是法官。但在基层的公诉人中其实存在另外一种观念，认为庭审说服的对象不是法官而是群众。理由是，我国目前司法实践中，法官开庭前就已经全面阅卷了解案情并有自己先入为主的判断；开庭的过程中法官经常并不集中精力听公诉人说什么；开庭之后若公诉人在法庭上有问题没有解决充分，法官会积极和公诉人沟通补充相关证据材料；实践中无罪判决率很低，公诉人出庭通常不用担心因为自己能力水平不足导致案件无法定罪。因此，公诉人在法庭上并没有必要非得说服法官。此外，想要说服法官也

是不太现实的，因为基层司法实践中法官经常打断公诉人的发言，不让公诉人多说。基于上述现象，这种观点认为公诉人说服的对象主要是旁听的群众，有群众旁听就应多说、说好，无群众旁听公诉人说不说、说得好和不好，对案件最后的判决其实并无实质性的影响，尤其是涉及上访等特殊背景案件的时候，公诉人在法庭上更重要的是说给群众听，平抚上访群众的情绪。这种观点阐述的理由非常朴素也非常真诚，这其实涉及我们究竟应该如何看待以审判为中心这一理念，它仅是理论层面的抽象的理念，还是具化地在指导我们的工作实践？基层公诉人对这一理念的质疑我们究竟应当如何回应？

上述观点在一定程度上反映了我国目前司法实践的真实状况，但忽视了司法实践中的另外一种真实。虽然我们的司法实践目前因为公诉人出庭支持公诉不力而直接判无罪的案件很少，但是我们也应看到，实践中，不同公诉人出庭支持公诉对法官产生的内心确信其实有很大的不同。同样的案件，有的公诉人出庭，法官根据起诉内容进行判决的态度坚决，公诉人出庭后法官就能够做到完全心中有数，并不需要在庭审之外找公诉人再探讨许多问题；但有的公诉人出庭，法官根据起诉内容进行判决的态度犹豫，总是有许多问题需要事后沟通协商方才敢下判。这种现实的对比其实就充分体现了公诉人出庭支持公诉能力水平的不同，决定了说服法官的程度不同。此外，从诉讼构造和提起公诉的目的来看，公诉人说服的对象当然也是法官。实践中常见的问题，即法官经常打断公诉人发言，不给公诉人在法庭上说服的机会，这实际上是公诉人说服能力技巧方面的问题。当然，以审判为中心，并不代表公诉人在法庭上不需要重视旁听群众，不需要重视被告人和辩护人，但这种重视和兼顾并不是对以审判为中心的否认。

公诉人如此，辩护律师亦如此。虽然实践中不乏有律师出庭主要为了"演"给当事人或家属看，但律师出庭辩护的核心毫无疑问是为了说服法官，进而争取最有利于当事人的结果。

（二）案例论辩需克服的两个倾向

以审判为中心的理念绝不仅是理论上的、抽象的，具体在庭审阶段需外化于行，注意以下几点：首先，公诉人或律师在法庭上需要注意和法官的沟通交流，包括眼神、语言等全方位的交流，而不是全程低头看卷、照本宣科、自顾自话。其次，公诉人或律师在法庭上要充分尊敬法官，要服从法官在法庭上的权威。最后，公诉人或律师在法庭上的论证说理主要是为了让法官听清楚，而不是纠结于非要压制对方。

同样的道理，案例论辩中以评委和听众为中心这一基本理念也不是抽象的、可有可无的，它要求在案例论辩中克服两个倾向：

1. 克服自我表现中心主义

即拿着自己准备好的那套使劲说，总是想把准备好的漂亮话一股脑地倒出来，不管场上情势变化，也不管自己说出来的话是否能和对方有效衔接，更不会根据现场的变化调整自己的论辩思路和争辩核心点。

2. 克服说服对方中心主义

即在案例论辩中一心想说服对方，压制对方，无论是心理上、情感上还是表现上都绝对地显示对方说的都是错的，我说的才是真理的态势。殊不知有句谚语说得好"智者是不可被说服的"，更何况论辩是事先确定了控辩立场的案例探讨，一道论辩题对控辩双方通常是基本均衡的，并不存在一方绝对的对与错，不存在所谓的真理之争，辩论席上短暂的十几分钟或二十几分钟并不存在说服对方的可能性，事实上也没有这个必要。将案例论辩定位为说服对方而非全面探讨问题，往往容易导致"因辩而辩"，忽视朴素的价值判断。例如，某种行为或许不构成犯罪，但肯定不属于正当的道德的，辩方无必要把该行为或行为人彻底抹白，只需要说明不构成犯罪的理由即可。

（三）以评委和听众为中心的具体要求

以评委和听众为中心的基本立场，具体到案例论辩的准备和表现上是有章可循的，例如：

1. 准备时注重评委构成

案例论辩赛，既然是以赛的形式开展的，那么作为团队也好，个人也罢，在注重过程、享受过程中提升锻炼能力之外，追求比赛结果的胜利很自然真实，无可厚非。而想要实现赢得比赛的目标，很多时候就需要注意评委的构成。优秀的辩手、优秀的论辩团队，在案例论辩席上，应当是综合全面的，能够被各种类型的评委一致认可；但坦率地说，不同的评委毕竟有相对不同的考察点，评委的构成有时候会影响论辩准备，侧重点略有不同。例如，评委中法学专家尤其是刑法学专家更注重刑法学理论的深入阐述及刑事法律的逻辑思辨；实务专家可能更希望从一个辩手的风格和说理上看到一个成熟的公诉人或律师的形象，也可能较为注重类似案例、类似问题在实践中的判断和处理；而非法律专业的评委及公众媒体评审团等，可能更注重说理的深入浅出，注重语言表达的艺术性。近年来的几大刑事法律电视论辩赛，几乎每一次都是上述几类评委并存，因此要尽量做到兼顾不同类型评委的要求，这对辩手也往往是更高的要求。

2. 注重和评委听众的交流

案例论辩说服的对象不是对手，而是评委和听众，这就决定在辩论席上虽然是和对手在探讨问题，和对手在针锋相对，但交流的对象主要是评委和听众，和对手的辩驳更主要的是说给评委和听众听的。也正是基于此，我们看到控辩双方辩论席位的角度设置，从最初的正相对到现在相隔得越发遥远，变成基本面向评委和听众。因此，辩手的身体姿态是略朝向评委和听众的，而不是直接和对手对立，辩手的眼神要与评委和听众有所交流，而不是只顾对手。当听到观众席上响起为对手喝彩的掌声时，并不必急于发言压制这个掌声，可以学习同观众一起欣赏对方的高明之处，待掌声减弱再发表己方观点。注重和评委听众的交流，还要求现场能够根据评委和听众的掌声等反馈及时调整自己的论辩风格。举个我自己参加首届公诉人与律师电视论辩大赛的例子，初赛时虽然北京公诉队拿了全场最高分，但当时我们自己的感觉是险胜浙江律师队，因为在初赛的论辩场上，北京公诉队擅长说理，但对浙江律师队各种轻松诙谐的假设类比的回应较为僵硬（其后在自由论辩假设类比的运用中有专门分析），现场赢得评委和听众的掌声不及浙江律师队。为此，在决赛前夜，整个团队全面调整论辩思路，熬夜研究如何将法理阐述得深入浅出，如何针对律师队轻松活泼的风格调整自我的风格，甚至推翻了许多事先精心准备好的论辩材料，最终在决赛场上取得了良好的效果。

3. 确保赛场上的平和稳健表现

如果一个辩手不能把握评委和观众中心主义，就可能要么总想自我表现，无法根据现场情势对事先准备的思路和内容进行及时的调整，对对方在现场提出的超越自己准备范畴的新辩点视而不见，不敢对接，自说自话，缺少实质性的交锋；要么总是想要说服对方，完全被对方牵扯，陷入被动，甚至有时难免冲动，而不能平和稳健地表述，例如，我曾观战过一场跨区的案例论辩友谊赛，辩方抓住控方的一个小细节问，"请问控方，本案中我的当事人黄某某究竟是被告人还是犯罪嫌疑人"，控方开始未回应，辩方继续追问后，控方花了大概 30 秒的时间仔细阐述了被告人和犯罪嫌疑人的区别，以及为什么自己用的是被告人这个术语。且不论辩方问这个问题的动因与意义，在现场出现这种突如其来的甚至有些令自己莫名其妙的问题时，其实并无必要都认真应对，迅速判断非实质问题，即非评委和听众关心的问题时，完全可以用各种方法轻松化解，例如简单回应"在辩论场上怎么称呼并不重要，重要的是对行为的认定，请问……"即可轻松转化表面的难题。这种理念也将在其后论及案例论辩的具体技能时得以实质化的体现。例如，避免冲动，保持平和，才能在自由论辩中精准地分配一道辩题多个辩点所占用的战场；才能较好地养成转化的思辨习惯，有效地掌控自由论辩的情势；才能在面对现场临时出现的各种未能预料到的问题和情形时轻松应对。

二、搭建立体辩驳的构架[①]

在案例论辩中公诉人或律师通常不会没话说，法律人的基本素质决定了我们的公诉人或律师都具备基本的说的水平，但是我们说的话却有可能重复，可能说得不漂亮，还可能只是说理论不容易让人听明白，也可能只是停留在事实表层反复纠结不能深入问题的实质，这一现象在短时间准备的案例论辩中尤为明显。因此需要开拓思路，建立立体辩驳的构架。尤其是自由辩论中，有的时候人们会感觉总计 8 分钟或 10 分钟的自由辩论太长，辩手在这个阶段说明的问题和用语似乎在不断地重复缺乏新意，这一问题常见的原因就是缺乏立体辩驳的构架。即任何一个辩题都可以从多个层面进行分析建构，辩题中的任何一个辩点也可以从多个层面进行分析建构。具体而言，常见的层面主要有以下四种：事实层面、法律层面、价值层面、感性层面。每个层面的分析建构又都涉及许多具体的技能。

（一）事实层面

案例论辩总是依托一定的案例事实，因此对事实的描述是一场案例论辩的基本要求，但事实描述不是案例论辩题字面的简单重复，题目中看似

[①] "立体辩驳"及其后"概念挖掘"的概念，参见黄晓文：《抗辩的艺术——以模拟案例论辩技巧为切入点》，载 https://china.findlaw.cn/bianhu/bianhuzhinan/shenpanjieduan/fatingbianlun/20713.html，2023 年 12 月 27 日最后访问。

简单的事实表述，其实有许多可充分挖掘利用之处。有的时候，我们常觉得某场论辩水平不低，说理清晰，但却难以让人集中精力欣赏论辩之美，难以令人轻松听懂控辩双方想要阐述的道理，甚至有时感觉某场论辩似乎更像是一次学术知识问答，缺乏论辩吸引人的魅力。这其中固然有多种原因，但很重要的一点即在于辩手对案例事实层面的挖掘不足，在说理的过程中和事实的结合不够。

案例论辩如此，真实的法庭论辩也如此，我非常赞同这么一句话"事实都组织不好，庭审怎么会好看"。庭审的最终目的自然不是为了好看，但是事实都组织不好的庭审，通常难以实现说服法官达到有利于己方的目标。控方指控犯罪事实是"织网"，辩方无罪或罪轻辩护也应是基于事实的"破网"。有效的破网并非只抓一点不计其余，而是边破边立，构建有利于己方的事实。

案例论辩，对控辩双方都要求有较强的事实描述能力。事实描述有个基本原则即"对象白纸化原则"。基本意思是，你要想象评委听众完全不了解案情，也不是专业法律人，需要通过你对事实的描述，通过你对法律的阐述，接受并赞同你的观点。只有这样才能在论辩时始终保持平和理性，不是为辩而辩，违背朴素的逻辑和情感。也只有这样才能在辩论时根据底层的逻辑，真正认真倾听对方的观点，更有针对性地进行阐述和探讨。

下面，我们一起来看看案例论辩中事实描述的三大基本点：

1. 复杂事实，根据己方立场的高度概括

（1）事实高度概括的基本含义及示例。

论辩题：关朋、陆海诈骗案
——第二届全国十佳公诉人业务竞赛

被告人关朋，某省江川县某广告公司业务员。

被告人陆海，30岁，某省江川县城关法庭书记员。

关朋的朋友杨兴，原系江川县光华电缆厂业务员，因为业务问题和厂里发生纠纷，跳槽。为得到其曾经经手的，该厂的业务有关的预付款。关朋提出只要你写向我借款的借条并盖上光华电缆厂的印章就能拿到钱。于是杨兴就写了两张，分别是向关朋借款10万元、8万元的借条。均盖上杨兴在光华电缆厂工作时私刻的光华电缆厂的财务专用章，将借条给了关朋。关朋即找到在江川县城关法庭工作的远房亲戚陆海，要其帮忙打官司。陆海根据关朋提供借款情况，为关朋草拟了要求光华电缆厂归还18万元，利息2.4万元的民事诉讼状和财产保全申请。城关法庭受理了此案。其间在陆海的安排下，关朋先后给担任审判的审判长及有关人员送了香烟等物。审判中，光华电缆厂指出借条不真实，印章系伪造的，并提出相应的证据，休庭后法庭指派陆海调查印章的真伪。陆海此时已经怀疑印章是假的，但是为了帮助关朋赢得诉讼，对关朋说"我们设法带上借条上所盖的印章，到工商所查证年检表时偷偷盖上"。陆海带着法庭介绍信，和关朋提供的原有借条上的印章前往工商所取证。在查阅工商所的年检表时，陆海趁工商所工作人员不备，在年检表上偷盖了关朋私刻的光华电缆厂的财物专用章，复印后带回法庭。法庭即此认定借条上所盖的印章和光华电缆厂年检表上的印章一致。判决关朋胜诉，并诉讼执行完毕，款被陆海带走。后经举报，关朋、陆海被抓获归案。

控方：关朋、陆海构成诈骗罪。

辩方：关朋、陆海不构成诈骗罪。

这道案例论辩题，是第二届全国十佳公诉人业务竞赛论辩题。在这里我们不去探讨究竟应当如何定性的问题。2002年9月25日最高人民检察院法律政策研究室《关于通过伪造证据骗取法院民事裁判占有他人财物的行为如何适用法律问题的答复》有相关规定，但对答复本身仍存认识争议。我们一起来分享第二届全国十佳公诉人也是最佳辩手庄伟（现任北京市人民检察院第一分院副检察长）作为控方时开篇立论的一段话，她说："两名被告人关朋和陆海一人拿着虚假的借条，一人盖上了伪造的印章，让电缆厂20余万元的巨款名正言顺地划入自己的名下。控方认为关鹏和陆海的行为已经构成诈骗罪，具体理由如下……"

她的这段话即是站在己方的立场上，对案例事实的高度概括，然后再展开论证。开篇明意，这种对复杂事实高度概括的方法，有效地在一开场就根据自己的立场对案件事实进行渲染铺垫，将评委和听众带入自己描述的事实情景中，让大家更轻松地跟随自己结合案件事实进行之后的法理论证分析。有些论辩,事实较为复杂,评委或听众事先若未认真了解辩题,有的时候难以立即跟进辩手的分析,如此,辩手精心准备的开篇立论的效果难免会打折扣。

这种根据己方立场高度概括复杂事实的方法,在案例论辩中经常用到,我们看两个具体案例:

论辩题:夜半尾随案
——2018年华东律师论辩大赛
上海二队 vs 江苏一队

某日晚,张某在县城广场附近游荡,欲抢劫。次日凌晨1时许,洪某从明月歌舞厅出来。张某见洪某孤身一人前行且穿着时尚,便尾随洪某。洪某行至凤池路时,发现被人尾随。凤池路相对偏僻,当下更是空无一人,洪某心中害怕,便将随身携带的挎包扔到路边,然后加快脚步前行。张某捡起挎包,取出其中的4700余元现金和价值2000余元的手机后,又追上洪某,威胁洪某不准报案,然后逃离现场。

控方:张某的行为构成抢劫罪。
辩方:张某的行为不构成抢劫罪。

[控方一辩开篇立论]

谢谢主持人,尊敬的各位评委老师,各位观众大家好,我方观点认为张某的行为构成抢劫罪。夜黑风高,在偏僻的道路上空无一人,独自回家的洪某遭到了欲抢劫的张某一路尾随,被迫交出了财物,但张某得手后威胁并没有停止,而是进一步地压制洪某不许报警。基于上述事实,我方将从张某的主观方面、客观行为以及犯罪形态三个方面展开论述。

第一,我们来看主观方面,辩题第一句话"张某在城镇广场附近游荡欲抢劫",可见从一开始张某的犯罪意图就是抢劫,确定犯罪对象后,他一路尾随了洪某,他的主观动机正是非法占有、夺取财物的抢劫故意。

第二,我们来看客观行为,张某在夜黑风高的情况下尾随了独自一人回家的洪某,他的行为已经达到了足以使洪某产生恐惧而被迫交付财产的程度,是一种精神强制。因此他的行为符合了抢劫罪的客观行为要件,即当时性和胁迫性。

　　第三，我们来看犯罪形态，在一个确定的犯意之下，张某先是物色对象，这是犯罪预备；确定对象后尾随其后，这是犯罪的实施。洪某基于害怕交付财产，张某得手，此时犯罪已经既遂，既遂之后张某又追上了洪某胁迫其不许报警，此时更加进一步地自证了自己的抢劫意图。在抢劫罪当中，行为人的压制行为并不仅仅限于暴力行为，比如说拔刀相逼，还可以是一种胁迫的方式。

　　今天我们在一片祥和当中来讨论本案的案情，但是当我们设身处地的去恢复案情的时候，我们看到的是孤立无援的洪某被犯意明确的张某尾随其后，他的内心是何等的害怕，被迫做出了财产交付却仍然受到威胁。如果此时洪某没有交付财产，那么将会造成怎样的后果？他的生命安全将会受到怎样的威胁？因此，张某的行为构成抢劫罪，谢谢各位。

论辩题：王小丽故意杀人案
——首届全国公诉人与律师电视论辩大赛半决赛
上海公诉队 vs 北京律师队

　　2003年，王小丽和杜军结为夫妇，但婚后杜军经常酒后殴打王小丽，加之其与外面女人有染，两人于2007年离婚。离婚后杜军还是经常无故纠缠殴打王小丽，不允许王小丽再婚。为此王小丽产生了杀死杜军的念头。由于王小丽知道杜军喜欢喝酒，并且酒量一般，便想出了找人跟杜军喝酒，把杜军喝死的主意。2009年7月初，王小丽邀约了魏刚、魏强帮忙，王小丽对二人讲，离婚后杜军经常纠缠殴打她，她气不过，请魏刚、魏强帮忙治治杜军，喝酒的时候使劲灌杜军。7月8日19时许，魏刚以买保险为名打电话将杜军约出，将其带到郊区一农庄吃饭。吃饭期间，魏刚、魏强二人轮流与杜军碰杯，王小丽在旁也不停地斟酒、劝酒。魏刚和魏强还以自己买保险、介绍亲戚和朋友买保险等理由劝酒，轮流和杜军干杯、拼酒，3人喝下3斤50多度的白酒。其间，魏刚私下提醒王小丽喝死怎么办？王小丽回答喝死活该。当日22时前后，王小丽开车带3人离开饭店，途中，王小丽将喝醉酒的杜军丢在离饭店100多米远的树林边后驾车离开。次日，杜军的尸体被人发现。经鉴定，杜军系乙醇中毒死亡，死亡时间为凌晨4时前后。

控方：王小丽的行为构成故意杀人罪。

辩方：王小丽的行为不构成犯罪。

[控方一辩开篇立论] 谢谢主持人，大家好。王小丽的婚姻不幸是悲剧，但她以犯罪进行报复是更大的悲剧，王小丽实施灌酒的加害行为，导致死亡结果发生，主观放任不计后果，应当认定为故意杀人罪。第一，原因明显，报复不设底线。我们来回顾事实，婚后杜军好酒不忠，离婚后纠缠殴打不许再婚，6年精神肉体的痛苦折磨，王小丽的报复一旦产生便无法遏制，她利用杜军酒量一般的弱点，选择帮手、选择夜晚、选择农庄设计酒局，她要求使劲灌酒进行报复，魏刚提醒喝死怎么办。回答喝死活该，可见报复不设底线，甚至包括剥夺生命。第二，行为连贯，挑战生理极限。我们来分析行为，虚构客户，轮流斟酒、不停斟酒，使杜军喝下大量高度白酒，不省人事又将其丢弃。王小丽全程掌控设计推进，喝酒人数不对等，白酒摄入不均等，导致无法及时排解又得不到救助。最终杜军命丧黄泉。一言以蔽之，王小丽正是台前幕后黑手，其接二连三的行为一步步将杜军推向死亡的深渊。第三，主观放任不计死亡后果。分析故意，杜军乙醇中毒死亡是客观事实，魏刚有提醒，王小丽不顾忌，始终掌控灌酒，王小丽不限制，事后独一烂醉如泥，王小丽又丢弃。王小丽对杜军死亡的主观放任显而易见，逼死了杜军无法自救，丢弃树林不见她救，王小丽才是杜军死亡的罪魁祸首，总体有报复动机，加害行为，有死亡后果，有放任故意，控方认为王小丽构成故意杀人罪，谢谢。

这两场案例论辩，控方的开篇立论，都属于根据己方立场对事实的高度概括。第二场论辩的控方在开篇立论中先后两次运用这一论证方法，前后呼应，结合案件事实更加紧密，因此渲染的效果也就更加突出。

(2) 事实高度概括的具体要求。

根据己方立场对事实的高度概括，有的时候甚至成为控辩双方在开篇立论中首次交锋的亮点。即控方渲染事实后，辩方站在自己立场上想办法把事实往回拉。例如：

第二章　案例论辩的基础性策略

论辩题：张某挪用公款案

犯罪嫌疑人张某，男，38岁，系某国有银行某支行的副行长（主持工作）。张某之妻吕某为一私营公司法人代表。

2000年3月的一天，吕某向张某提出，她的公司急需一笔款项，让张某想法解决。张某本想从本行放贷给吕某，但考虑到吕某公司现状不太符合贷款条件，加之得知自己即将升任行长，为不致节外生枝，张某、吕某遂与平时多次给予贷款、关系密切的一国有公司总经理许某商量，称先由许某向张某所在银行申请贷款，由张某批准放贷后，所贷款项由许某全部无息借给吕某所在公司，许某考虑到张某平时对自己的照顾，即答应张某之所请。用此方法，吕某公司获得张某银行资金3000万元。6个月后，吕某将该款项通过许某公司如数归还给张某所在银行。2001年3月，许某向张某提出巨额贷款，张某不予应允，许某为报复，将此事向纪委举报，案发。

控方：张某的行为构成挪用公款罪。

辩方：张某的行为不构成挪用公款罪。

这道论辩题，我在开展公诉实训课时组织国家检察官学院的学员进行了模拟论辩，其中一场模拟论辩控辩双方在开篇立论即给大家留下了深刻的印象。

控方：认定犯罪必须以事实为依据、以法律为准绳。本案中，张某作为国有银行副行长，为放贷给妻子，规避规定，以他人为跳板，最终将银行的钱借给其妻子用于经营活动，构成挪用公款罪。具体理由如下……

辩方：以事实为依据、以法律为准绳，是今天我们控辩双方都要谨慎恪守的一个基本原则，但很遗憾今天控方首先在事实的认定上犯了错。本案的事实是什么？事实是，张某正常放贷给他人，他人获得贷款后和张某妻子所在公司自主进行资金拆借。这是两个完全独立的事实，两个独立的法律关系。张某没有挪用公款的行为。第一……

这场模拟论辩，控辩双方在开场都用到了事实高度概括的方法，针锋

17

相对，颇为精彩。在这里双方运用的事实概括体现出了这一方法在具体运用时的两个基本特点：

第一，事实高度概括需紧扣犯罪构成要件。

控方不是将指控犯罪的法条和事实完全分离，而是根据法条，紧密结合犯罪构成要件进行事实概括。根据我国《刑法》第384条规定，挪用公款罪是指"国家工作人员利用职务上便利，挪用公款归个人使用，进行非法活动的，或者挪用公款数额较大、进行营利活动的，或者挪用公款数额较大，超过三个月未还的"。其中的"归个人使用"根据司法解释的规定，具体包括："将公款供本人、亲友或者其他自然人使用的；以个人名义将公款供其他单位使用的；个人决定以单位名义将公款供其他单位使用，谋取个人利益的"。控方的事实概括，虽然用语简洁，但实际有效地包括了对挪用公款的主体、主观方面、客观行为的描述，唯一小小缺憾是在描述事实时没有说明挪用数额巨大这个基本点。一般情况下，相比较控方在事实概括时要求紧密结合犯罪构成要件，运用"求全"的方法，辩方基于自己以驳为主的立场，在事实概括时往往只抓重点，并不需要求全。因此，上述模拟论辩辩方重点强调的是两个事实、两个法律关系。

第二，事实高度概括应尽量简洁生动。

控方使用"跳板"这一词就非常好地体现了中间人许某及许某公司在整个犯罪中所起到的作用，让人印象深刻。辩方强调的"两个事实""两个法律关系""自主资金拆借"也都非常简洁形象，容易被记忆。

根据己方立场对事实的高度概括，在开篇中使用有利于一开始吸引听众，但并不仅限于在开篇立论中使用，在自由论辩阶段也常用，有利于不断重复强化事实，强化评委听众的认知。例如上述的模拟论辩，在自由论辩阶段中，对许某这一中间环节的事实认定是争议的焦点，控方立足从整体上看，不断强调许某不过是个"跳板"，辩方则力图拆分事实分别单独评价，不断强调是"两个事实""两个法律关系"，张某从银行放贷给许某是合法的，许某借钱给吕某的妻子是"自主资金拆借"。这种在自由论辩阶段和立论时事实概括的重复并非多余，而是不断强调自己的立场和根据自己立场进行的事实描述。

在真实的法庭论辩中，并没有哪个流程环节必然涉及对案件事实的整体性高度概括。但是通过证据的印证采信，对某一事实或情节进行概括性描述往往是争议的焦点。

2. 事实描述的情境化

（1）情景化的基本含义。

所谓的情境化，其实就是指描述事实的生动性，只有生动的事实描述才可能让人爱听，才能让人听起来印象深刻。

论辩题：钱某抢夺案

——北京海淀检察院 vs 上海浦东检察院论辩友谊赛

1999年10月16日下午，被告人钱某遇到陈某（在逃），闲聊中陈某提出去搞一辆摩托车，钱某表示同意。后陈某去寻找目标，钱某在某加油站处等候。当晚8时许，陈某雇请宋某驾驶两轮摩托车到加油站载上钱某一同到一偏僻处，以等人为由让宋某停车等候。陈某趁宋某下车未拔出钥匙之际，将摩托车开走，宋某欲追赶，钱某则以陈某用其车去找人会回来还车等理由稳住宋某。后钱某又以去找陈某为由，叫宋某在原地等候，自己趁机逃跑。经鉴定，该摩托车价值人民币5905元。

控方：钱某的行为构成抢夺罪。

辩方：钱某的行为构成诈骗罪。

［控方系海淀检察院现某部主任许丹检察官的开篇立论］

本案是一起存在分工配合的共同故意犯罪，钱某是这起共同犯罪的一名积极实施者。从一开始，两名嫌疑人就形成了共同的犯意，要去"搞"一辆摩托车，即不惜用触犯刑律的手段去获得、去控制一辆不属于他们的摩托车。正是在这种模糊的共同故意支配下，二人实施了下面的行为，即①以使车、用车为借口，暗度陈仓，准备犯罪条件；②以公然夺取为手段，直捣黄龙，占有涉案财物；③以混淆真相为烟雾，行缓兵之计，以图脱身。多么精心而复杂的计划啊。我们说要判断一个复杂事物性质，就必须抓住该事物内部的主要矛盾。而公然夺取这个环节，就以其在整个计划中的地位、作用，异军突起，成为关键因素。让我们把画面闪回到本案高潮的那一刻吧，马达轰鸣，青烟未散，犯罪者公然用摩托车那非人力所及的速度剥夺了被害人对财物的控制和所有。因此，本案应定抢夺罪。

这是一次一对一的案例论辩友谊赛，同样的辩题需辩多场，不同的辩手担任控方对这道题自然有不同的解构和表述。评委和听众一直在听同样的辩题难免听觉疲劳;但这份控方立论,让大家耳目一新,精神不免为之一振,不自觉地打起精神想要听听这类似说书般生动的立论将如何展开,"欲知后事如何,且听下回分解"。这就是事实描述情境化的意义:生动形象,让人印象深刻。

(2)事实描述情景化和真实法庭论辩的关系。

在真实的法庭论辩中,因控辩双方的争议在法理法律层面外,更多的是证据,即通过证据尽量客观地呈现事实,故控辩双方较少存在对案件事实进行加工整合生动化表述的客观需求。但控辩双方往往带着自身立场对事实进行不同视角的阐述,这种限定立场的事实表述就和案例论辩中的事实描述情景化有相似之处。

我在本书旧版本的写作时,秉承法律人对事实描述应当客观中立的基本原则,认为"真实的法律工作,无论是案件分析还是案件汇报,抑或法庭论辩,要求对事实描述的客观性,尽量不因为自己的立场不同而对事实描述带入自我的主观判断色彩。"① 但现在要特别提出对这一观点的修正。在司法实践中,只要到了法庭论辩阶段,控辩双方的立场已经天然限定,各自在庭审上所追求的目标也非常明确,一方指控犯罪,另一方出罪或罪轻辩护,因此在描述事实时必然带有各自的立场。例如,前述举例的某国有银行副行长挪用公款罪,控方势必把中间环节的事实界定成"跳板";辩方强调中间环节的独立性。再如,在交通肇事案件中,控方描述事实常直接说"撞车或事故发生时";而辩方很可能会特意强调"意外发生时"。在拐卖妇女儿童的犯罪案件中,控方可能使用"出卖"来描述某一事实;与之相反辩方却用"送养"进行界定。

(3)事实描述情景化的注意点。

案例论辩虽然讲求事实描述的情境化,但因为是法律专业人士的论辩,这种情境化仍有其内在的一定之规:

首先,要注意度的把握。生动的目的是让事实及说理深入浅出,因此实际上还存在如何把握度的问题。并不是为了追求生动而没有限制地进行人为加工。在有些案例论辩中,我们听到某个辩手说的话,有相当多的绕口令、俏皮话、煽情诗,虽然有一定的现场效果,但不免令人质疑,站在

---

① 叶衍艳:《刑事案件论辩策略与技能训练》(第二版),中国检察出版社2018年版,第14页。

论辩席上的真的是我们的公诉人或律师,是我们的专业法律人吗?因此,事实描述情境化只是在论辩中穿插使用的辅助小手段,绝不能没有限制地扩张,抢占说理论证这一论辩的核心内容,仍需依托法言法语这一基础,不能矫枉过正。

其次,要紧密围绕犯罪构成要件。生动的目的既然是辅助说理,那么就需要紧密围绕说理的实质内容,即结合法理,紧密围绕犯罪构成要件展开。例如前述许丹检察官的那篇"说书式"的开篇立论,对其语言华丽度的掌握,或许仁者见仁,智者见智,但值得充分肯定的是,这篇立论生动的语言之外,具体内容从主观到客观,从犯罪预备到客观行为,强调了该案例中抢夺罪和诈骗罪的关键性手段区分,对该案的法理基本点几乎没有遗漏,充分体现了公诉人的扎实法律功底。

我们再欣赏一场事实描述情境化运用较好的论辩:

论辩题:王强故意杀人案
——首届全国检察机关优秀公诉人电视论辩大赛半决赛
上海公诉队 vs 广东公诉队

王强(男)与苏梅(女)自2005年起即以夫妻名义共同生活在一起,但始终没有办理结婚手续。2008年以来,王强在外又与其他女子有染,因此苏梅多次与王强吵闹,并欲与王强分手,但发现自己已经怀孕。苏梅遂告诉王强自己已经怀孕,劝阻王强与其他女子断绝两性关系,但王强依然如故,并称"咱俩又没有结婚,我和谁交往是我的自由。你也不是我老婆,凭什么管我"。2008年底的一天深夜12时许,王强回到家中,苏梅与王强又发生激烈争吵,痛哭流涕,伤心欲绝,于是从床下拿出事先准备好的毒鼠强,告诉王强"你要是这么继续下去,我就吃毒药不活了",王强表示"想不想活是你的自由,我不能干涉你,你也不要干涉我"。于是,苏梅将毒鼠强倒入口中吞下,顷刻间毒发身亡。王强在一旁目睹苏梅吃药自杀的全过程,没有阻拦。在确认苏梅死亡后,王强向苏梅的父母打电话,告知苏梅自杀身亡。

控方:王强的行为构成故意杀人罪。
辩方:王强的行为不构成犯罪。

[控方一辩开篇立论]

主持人、评委,大家下午好。托尔斯泰说过,幸福的家庭总是相似的,不幸的家庭则各有不幸。我们今天要讨论的是一条年轻的生命消失了,她腹中的小生命也随之无缘于人生,谁该负责,负什么责,我方认为正是由于王强的所作所为将苏梅一步步推向死亡,他的行为已构成了故意杀人罪,让我们看看本案中的三个阶段。第一阶段:苏梅用3年的全心付出换来的是王强与其他女子有染,怀有身孕的苏梅无法接受和面对即将出生的孩子没有父亲的现实,她极力挽回和争取得到的却是王强的不屑一顾和我行我素,王强的薄情寡义,使得苏梅百般无奈下准备了毒鼠强。第二阶段:苏梅用一年的全力争取,换来的是王强的变本加厉,夜深人静12点钟,苏梅终于等到了那个不愿回家的男人。夜深人静的最后一次争吵,王强的冷漠无情,使得苏梅悲痛欲绝地拿出了毒鼠强。第三阶段:苏梅一生全部的寄托换来的却是王强一句"想不想活是你的自由",在生与死的边缘,苏梅渴望得到的是生的挽留,得到的却是死的回应。王强的薄情寡义、决绝无情使得苏梅万念俱灰,终于吞下了毒鼠强。死亡迫在眉睫,救助全靠王强,然而此刻的王强却选择了不作为,他平静目睹了苏梅服药,倒地,挣扎,直至没有任何一丝反应,他平静冷漠的确认,不带任何一丝怜悯。我方认为正是由于王强的一系列先行行为,激发了苏梅自杀的念头;正是由于王强的一次次冷漠,推动了死亡结果的临近;正是由于王强的一次次疏忽,导致了死亡结果的发生,这种行为王强应当救助,能够救助,却不予救助,这种行为与一把血淋淋的匕首又有什么两样,因此他的行为,应当受到刑法的评价,如此才能对得起生的尊敬、死的敬畏,谢谢。

这场论辩赛,控方开篇三阶段的事实描述方法,仿佛在述说情景剧,并且特别注意细节的刻画,例如对案例题中给定的深夜12点的场景化描述,对王强语言和行动的表述,都让人仿佛身临其境,十分生动形象。并在这种事实情境化的过程中紧密结合犯罪构成要件展开论述,第一阶段的事实描述说明了王强的先行行为;第二阶段的事实描述说明了王强的先行行为导致的现实危险性,从而说明王强具有救助义务;第三阶段的事实说明了王强具有救助能力却拒不救助,导致危害结果的现实发生。这样精彩的开篇立论的确让人印象深刻,具有很好的现场效果。

3. 事实描述的精细化

（1）事实描述精细化的基本含义。

所谓精细化就是不浪费案例给定的任何词语，针对每一句可能有用的话、每一个可能有用的词语，从自己的立场出发做足文章，成为自己的论证理由。

论辩题：李伟受贿案

被告人李伟，男，40岁，县商业局局长。

2002年3月，县商业局筹建办公大楼，要求承建该工程的建筑公司较多。县第三建筑公司经理方文明为承包到该工程，即让公司会计张清从银行取出5万元人民币，卷成烟卷状放入红塔山烟盒内，用人民币组装成一条香烟，准备送给李伟。2002年4月7日晚上8时许，方文明带着张清去李伟家，将香烟送给李伟，并称："听说李局长对烟很挑剔，这里面可是有好货，还请李局长发包工程时多关照我们公司。"李伟手里掂着香烟说："我们会认真研究的。"后李伟将商业局办公大楼工程发包给了第三建筑公司。但案发后李伟否认香烟里有钱。

控方：李伟的行为构成受贿罪。

辩方：李伟的行为不构成受贿罪。

这个辩题是一个非常好的事实描述精细化的训练题，我在各地培训案例论辩时多次用到。这道题从整体上涉及主观的判断标准、司法推定的运用、排除合理怀疑等问题，我们暂且不从这些方面全面考虑如何破题，仅探讨如何从事实推定层面认定其主观是否明知，这也是这道辩题的核心争议所在。这道辩题的事实描述相对简单，只有充分挖掘、做足文章才能使焦点问题的事实论证变得丰富多彩，避免话语的重复。因此，以下词语从控辩方角度均有文章可做。我举几个关于这道辩题在论辩过程中控辩双方精彩的针锋相对之处：

①关于"好货"。

控方："为什么要说好货？这是特别强调，言外之意显露无疑。且情理上不可能只送一条香烟，要送得送两条。强调好货至少咱也得是中华吧。"

辩方:"红塔山难道就不是好货吗,您知道最好的红塔山香烟一条多少钱吗?您知不知道红塔山也有定制的,有人不爱中华就爱红塔山吗?"

②关于"掂一下"。

控方:"李伟是个老烟民,一掂即知香烟的轻重区分,掂后即知内藏乾坤。"

辩方:"李伟对烟很挑剔,这可不是事实哦,仅是方文明说的,还是听说的。李伟很有可能和我一样压根不抽烟,不抽烟的人即便掂了香烟,又怎知香烟的轻重区分呢?"

辩方:"掂一下,就送我一条红塔山?这明显是一种轻蔑的表示,并不代表了解了香烟的分量。"

③关于"研究"。

控方:"研究研究,烟酒烟酒,老百姓都心知肚明,为何辩方始终视而不见呢。"

辩方:"定罪得讲证据,咱不能肆意推断。发包工程难道不需要研究吗,难道可以直接拍板吗。研究研究合情合理。"

④关于"晚上8点多"。

控方:"月黑风高,夜晚跑到局长家,不是为了行贿送礼,又是什么?"

辩方:"对方辩友,真的很抱歉,我的当事人白天都太忙,只有晚上下班才有空拜见局长啊。"

⑤关于方文明和会计张清一起到李伟家中。

控方:"为什么带会计,就是怕李伟收了钱还抵赖,好歹有个人证。"

辩方:"控方错啦,人家送礼都是偷偷摸摸,哪有傻子当着别人面还敢收礼的呢?会计同行,恰恰证明李伟问心无愧啊。"

上述这些控辩双方的争论点及表达语言,有些可能稍显不够严谨,有些甚至并无实质意义,但我们要从中看到任何一个点、任何一个词语其实都有文章可做,都可以进行同一事实层面的针锋相对。我们要从这些例子中学到案件事实描述精细化的基本概念,在研读论辩题时多一个切入的角度,多一种辩驳的思路。

(2)事实描述精细化与真实法庭论辩的关系。

这种讲求事实细节推定的思辨方式,对法律人的日常工作也有一定的借鉴意义。在日常法律工作中，在真实的法庭论辩中，控方往往求全，辩方往往更注重细节，对事实细节的争议往往成为案件争论的焦点。因此，法律人不仅需要能够从整体上看待事实之间的联系，同样需要注重细节，并注意细节的各种可能性，从而寻找细节整合后的合理性判断，有效排除合理怀疑。

我们再来看一道案例论辩题。

论辩题：恋爱风波
——首届全国律师电视论辩大赛半决赛
河南律师队 vs 黑龙江律师队

在某市打工的吴来福与杨桂花谈恋爱2年多，因性格不合而分手，但仍保持一般来往。后来杨桂花认识了做生意的张有财，经过一段交往，彼此产生了感情，张有财出资为杨桂花租了住房，有时晚上与杨桂花同居在一起。在此期间，杨桂花从未向张有财讲过其与吴来福谈过恋爱的情况。

某日晚10时许，吴来福来找杨桂花，此时，杨桂花与张有财住在里面，张有财听到敲门声起身想去开门，杨桂花不让。吴来福觉得屋里有人，但又没人开门，迟疑了一会儿回家去了。第二天早上7时许，吴来福因担心杨桂花发生意外又去杨桂花家。敲了几下门没人应，就从门缝往里看，发现地上有杨桂花的鞋子，就又敲门，仍然没人开。于是吴来福就从窗户上往里爬，刚进屋落地，张有财穿着内衣从里屋出来厉声问道："你是谁，要干什么？"吴来福见是一个陌生男人，不由分说，上前推张有财往里屋闯，张有财不让，两人厮打在一起。吴来福将张有财打倒在地，拔腿往里屋冲去，倒在地上的张有财从地上挣扎起来，随手拿起一把菜刀，紧随其后，看见吴来福正要掀杨桂花的被子，张有财举起菜刀向吴来福砍去，造成吴来福头部重伤。后吴来福以故意伤害罪向公安机关控告，要求立案追究张有财的刑事责任。

辩题：张有财的行为是否属于正当防卫？
控方：张有财的行为不属于正当防卫。
辩方：张有财的行为属于正当防卫（或假想防卫）。

正当防卫类的辩题属于案例论辩中的常见辩题。根据是否构成正当防卫的基本要素，本题的一个核心争议点在于在当时的情景下吴来福的入室行为是否可以被张有财认为是不法侵害。控辩双方必然要站在各自立场上，针对吴来福和杨桂花的关系、吴来福的入室时间、入室方式、入室后所见、入室后所感等情景进行符合生活经验常理的细节刻画，针锋相对。这即是事实描述精细化在自由论辩中的典型用法与意义。

[控方一辩开篇立论]

具有防卫目的的行为是否属于正当防卫？过失的犯罪该不该承受法律的制裁？相信大家都有自己的答案。我方认为，张有财的行为不属于正当防卫，而是假想防卫。正当防卫是我国法律赋予公民的一项在特定场合下利用个人力量制止不法侵害的权利。它的成立就是以不法侵害的存在为前提，否则正当防卫将成为无源之水、无本之木。对本案加以理性地分析，我们不难发现：第一，吴来福爬窗入室，推开阻拦直奔里屋的一系列行为，都是在关心他人安危的动机和目的支配下的良善行为，是在特定环境下采取的有节制的必要手段。事实证明，吴来福没有也不可能给任何人带来损害，因此本案中正当防卫的前提并不存在。第二，张有财作为正常的成年人，他应当预见，杨桂花由于回避了来人，来人与杨桂花并不陌生，他应该知道赤手空拳的来人无心与他过多地纠缠。他还应当看到，杨桂花身边并无紧迫、现实的暴力行为发生。然而，他却由于自己主观上的疏忽大意，错把吴来福的良善行为作为不法侵害予以防卫。其行为已触犯我国《刑法》第235条之规定，构成过失致人重伤罪。权利与义务相统一，是我国法律的一个基本准则。张有财错误行使自己的权利，造成他人重伤的后果，理应受到法律的制裁。只有这样，我们才能在提倡正当防卫的同时，确保这项神圣的权利不被侵犯。

[辩方一辩开篇立论]

我方认为张有财的行为属于正当防卫，不是过失伤害。《刑法》第20条规定，为使国家公共利益、本人或他人的人身财产及其他权利免受正在进行的不法侵害，而采取的制止行为正当防卫，不负刑事责任。本案中张有财对吴来福不法行为的非法性，有着明确和正确的防卫认识，而其防卫目的无非是想保护自己与杨桂花合法的住宅安全、隐私权和人身权免受不法侵害，其防卫意图正当无误。排除警察公务、紧急避险、误入或准入等一切正当合法事由，吴来福的一系列入室行为没有合法的可能。不法侵害的客观性和现实性，也使张有财没有时间、没有必要、没有可能去揣测。刑法对作为正当防卫对象的不法侵害人，没有主观过错和责任能力的特别要求。吴来福对杨桂花的主观善恶，不能影响其非法身份的客观成立，防卫对象正当无误。从非法爬墙入室开始，至离开他人住宅现场为止，吴来福的不法侵害在持续中扩张，在扩张中深入，在深入中持续，从未停止和间断。防卫既未提前也未滞后，防卫时间正当无误，吴来福的不法侵害，还具有突发性、暴力性、紧迫性和危险性，张有财也是在屡防屡败、防不胜防的危急关头顺手一击。根据正当防卫积极的立法精神，大大放宽的刑法限制和日益宽松的法理解释，防卫既为制止不法侵害的继续和深入所必需，也未过度杀伤，防卫限度正当无误。综上，张有财的防卫限度在对象、时间和限度均合法正当，控方欲加之罪，情理不容、法理不通。

[自由论辩]

控方：对方律师讲了那么多正当防卫条件，但本案的关键是，吴来福的行为是不是不法侵害？我们注意到对方将吴来福关心他人的良善行为说成是不法侵害，从而得出张有财的行为是正当防卫的结论。那么请问对方，你们认为吴来福这么做的目的是什么？你们判断不法侵害的标准又是什么呢？

辩方：《刑法》第20条已经明确告诉我们，作为正当防卫目标的只是不法侵害。不法侵害与故意侵害与恶意侵害，究竟是不是一回事，请控方直接回答。

控方：一个不法侵害行为是否成立，应当结合行为人的主观动机，加以辩证的客观判断。按照对方的观点，我们只要认为形式上讲他的行为是不法侵害行为，我们就可以把它推定为不法侵害行为。如果这样的话，那么请问对方，如果一个异性为了抢救他人进行人工呼吸，你说，他是性骚扰还是热情助人呢？

辩方：只有用合法的形式表现出来的善意才能叫作完整的善意，而吴来福的善意是通过破窗而入完成的，是通过对张有财的殴打来完成的，是通过欲掀杨桂花的被子来完成的，其实现善意的手段违反了法律的规定，这让人难以接受。

控方：我注意到对方律师一再谈吴来福的行为，那么你们看没看见这个行为的前提条件——他之所以入室是因为喊人不答应，而鞋在床前，之所以进行厮打，是因为从一个自己熟悉的女人房间里，走出了一个陌生的穿着内衣的男人。对此，在吴来福的主观意识里，他会产生一种怎样的关切心情呢？所以我方一辩已经明确肯定了这一点，吴来福所有的行为都是在他关心他人安危的动机指使下产生的合理的、有限度的而且是必要的行为。

辩方：看来，控方显然把吴来福对杨桂花的所谓善意视为护身法宝。通常而言，好心一般都能办好事。那么试问：吴来福带着对杨桂花的好心好意，究竟为张有财和杨桂花办理哪些好事？

控方：一个关心昔日恋人安危的人，是好人还是坏人？我相信对方律师和在座的各位，一定都会作出自己正确的选择。

辩方：如果控方律师拒绝回答或不想回答，辩方愿意代为回答。吴来福的所谓好人好事就是：凌晨7时作为一个陌生男人，爬窗而入，斥问不答，不由分说边推边闯，打人倒地。这就是所谓的好人好事吗？

控方：但是有一个前提就是：你必须要正确认识他是不法侵害。

辩方：请问控方，难道吴来福基于所谓的善意就可以随意侵入他人住宅如入无人之境吗？难道吴来福由于一厢情愿的护花心情，就可以视他人权利如草芥吗？难道吴来福凭主观臆断，就可以为所欲为、旁若无人吗？难道吴来福只有这样做，其权利才能得到尊重，别人的自由和安全可以忽略不计吗？控方对吴来福的行为不断美化和刻意拔高，不觉得高处不胜寒吗？

控方：吴来福的行为是在当时特定情况下不得已而采取的必要措施。因为吴来福不是算命先生，他不可能隔着窗户就知道杨桂花的安危啊！

辩方：不要忘了，吴来福两次叫门的时间是在深夜10点以后和早晨7点之前，都是主人的就寝时间。地上有鞋更说明主人没有起床，在如此不适宜的时间造访，不受主人欢迎被拒之门外属于正常现象。如果他真的担心主人的安危，也完全可以拨打连3岁小孩都知道的110报警电话。

控方：对方律师强调了两个私人时间，我想请问对方律师，私人时间不进行私人探访，难道还要进行公务往来吗？

辩方：可惜他要探访的是一个单身女人，而且他跟这个单身女人已经断绝了恋爱关系。

控方：请注意他们有着互相友爱的朋友关系。

辩方：离婚了，尚且不要来找我，更何况是恋爱终止，只保持一般关系。难道一朝谈恋爱，家门就永远不得安宁吗？

[总结陈词]

控方：主持人、各位评委，一个人形式上符合犯罪特征的行为，怎样才能不受法律的追究呢？毫无疑问，那就是排除社会危害性的行为。所以，对方律师就给张有财的行为带上了正当防卫的光环。他们撇开吴来福关心他人的主观意志，把他的行为说成是不法侵害，他们抓住张有财伤害他人的主观意志，却又把他的行为说成是合法防卫。但请注意对方律师用任意标准取代了法律原则。他们对张有财使用了主客观相结合的判断标准，而对吴来福却使用了客观归责的判断标准。这种自相矛盾的分析，怎么能得到公正客观的结论呢？正像我们不能把多姿多彩的世界贬称单一色调一样，我们也不能把人们友爱互助的行为限制在同一种模式内。请扪心自问，一个关心朋友安危、多次敲门无人应答才翻窗而入的人，他应当受到责备吗？一个为了推开阻拦才进行厮打，对方倒地后不再进行加害的人，他能够实施不法侵害吗？如果我们离开了本案的具体情况，对吴来福关心他人的行为横加指责的话，好心就不会得到好报，热血就会白白流淌，也许有一天高尚就会成为高尚者的墓志铭，难道这是我们大家愿意看到的情况吗？诚然，我国法律赋予了公民正当防卫的权利，但正当防卫不是无条件的防卫自由。他首先要求行为人在主观上要对不法侵害的存在有着正确的认识。但是在那个黑色的早晨，张有财把善良看作是邪恶，把友爱当成了侵害，他所实施的假想防卫与正当防卫背道而驰。当然作为张有财也有令人同情的一面，因为当他举起手中的菜刀时，他还以为是英雄豪杰和护花使者，但是同情代替不了法律。我们说，一个人在选择自己的行为时，如果将自己道义和法律上的义务置于脑后，按照自己自由意志的选择，而触犯了法律构成了犯罪的话，他就应当为此受到道义上的谴责，并承担法律责任。所以张有财必须对其过失犯罪行为承担责任，否则的话就是对犯罪的放纵，同时也是对正义的背叛。

辩方：听到对方把张有财指控为罪犯，我们不禁要问：张有财为了保护自己和杨桂花的合法权益，他到底做错了什么？看来面对突如其来的袭击，控方给我们提供的答案就是祈祷和祈求，可以祈祷不法侵入者他是出于善意的关心，也可以乞求不法侵害人可以高抬贵手，但这显然不是我们立法的本意。因为我们国家的法律，不会让合法者的权益表现得如此苍白无力，显而易见，控方对于张有财的主观方面认识是有错误的。张有财的主观方面，他的主观意志是一种积极和主动的行为，其主观方面只能构成故意，或者是正当防卫的故意或者是伤害的故意。而对方所说的什么过失根本就不存在。对方找不到指控张有财故意伤害的理由，那么又不肯承认张有财是正当防卫，因此他们找到了一个非常折中的方法，就提了一个过失犯罪。很遗憾地告诉你，在罪与非罪这个问题上，根本没有什么折中可言，而对于张有财的行为，他确确实实构成正当防卫，这是无可辩驳的！那么对于吴来福破窗入室，大打出手，其侵犯了张有财的合法权益，侵害了杨桂花住宅权和个人隐私权，因此他是地地道道的不法侵害。面对这种不法侵害的最后选择和唯一选择，是刀砍下后，制止了不法侵害，防卫即行停止，没有超过必要的限度。我们都看到了，张有财和吴来福都想成为杨桂花的护花使者，但遗憾的是他们两个都以为对方是摧花歹徒。不同的是张有财的护花行为是建立在不法侵害确实存在的前提下，而吴来福的不法侵害是建立在他的英雄救美、堂吉诃德式的幻想中。因此我们认为，在这样一个法治的社会里，我们个人权利和尊严是受到法律保护的。对于个人权利和尊严的保护程度是社会文明的标志。在深夜和清晨，我们的窗外不知有多少个抱有各种念头的不法之徒。如果我们苛求了张有财，就等于让这些不法之徒能够破窗而入；如果苛求了正当防卫，就等于是放纵了不法侵害。因此我们相信，我们文明的社会中，终将给合法者以最大的权利，保护他们的安宁与自由。

（二）法律层面

1. 法律层面论辩的基本内容

案例论辩是基于高度概括的案件事实的法律争议探讨，事实层面之上即是法律层面，这也是一场案例论辩说理性的集中体现。法律层面一般是指根据犯罪构成要件进行分析，具体又包括：

(1) 对法律条文、司法解释等规定的具体理解。

(2) 对法律概念的理解界定。法律概念这部分涉及构成要件的精细化拆分，概念的挖掘，往往是案例论辩的重点和难点。我们将在其后概念挖掘部分全面展开。

(3) 法理的运用判断等。

在这里我们先简单感受一道辩题在法律层面通常要展开的基本点。

论辩题：王老师的心愿
——首届全国律师电视论辩大赛半决赛
新疆律师队 vs 湖北律师队

退休教师王敬轩患癌症住院达一年之久，花去医药费十多万元，但病情日益恶化，病人痛苦万分。医生诊断存活期不超过一星期。在此情形下，病人再三要求医生给自己实施安乐死，家属也希望让亲人早日解脱痛苦。医生经痛苦抉择同意病人及家属的要求，王敬轩被停止一切治疗，当日病逝。

辩题：医生是否应当承担刑事责任？
控方：医生应当承担刑事责任。
辩方：医生不应承担刑事责任。

[控方开篇立论]

根据我方查证本案事实和法律规定，我方认为医生应负刑事责任。首先，医生的行为具有刑事违法性。作为医生，本应按照《职业医师法》第3条规定履行防病治病救死扶伤的神圣职责，而本案的医生却背离执业准则，放弃法定义务擅自接受病人结束其生命的要求。主观上明知停止治疗会发生病人死亡的结果，却仍然追求这种结果的发生。客观上以不作为的方式，非法故意剥夺了病人的生命。其违法行为，与病人的死亡结果之间，存在刑法上的因果关系，违背了刑法上的禁止性规定。

其次，我方认为，医生的行为也具有社会危害性。我们知道，人的生命权是承载其他权利的基础，具有至高无上性，因此国家十分强调对生命权的保护。而本案的医生却背道而驰。(1) 在无任何法律授权的情况下，以不作为的方式非法故意剥夺他人生命,具有严重的社会危害性。(2)医生独自诊断病人的存活期,误导病人作出错误的意思表示,并以帮助的方式完成了对生命权的侵害。(3)医生的这种行为如果被认可和效仿,将会造成病人随意轻生,医生随意杀人,有人甩包袱,有人钻空子,有人挣黑钱的混乱局面。死亡权和杀人权的滥用,必然会严重地破坏社会安定。

综上所述,我方认为医生的行为已经触犯了我国《刑法》第232条的有关规定,构成犯罪,应负刑事责任。

[辩方开篇立论]

一个人能够健康地来到这个世界上度过了快乐年华之后,再安乐平静地离去是多么美满的人生,而本案的事实是临近死亡的病人,真诚地要求医生为帮助其减轻痛苦,采取适当措施使其自然死亡。控方律师指控医生构成故意杀人罪与事实不符,与法律不符。我们认为,安乐死的本质不是生与死的选择,而是死亡方式的选择。在这起典型的消极安乐死的案件中,医生不应承担刑事责任。理由如下:

第一,从法理上,医生的行为不符合犯罪的基本特征,其行为不具有社会危害性。主观方面,医生停止治疗完全出于善良的动机,目的是减轻病人临终前的剧烈痛苦;客观方面,医生在病人及其家属的再三请求下停止治疗,既符合本人的利益,维护了其尊严,也减轻了家属的负担,对国家和社会有利。

第二,从刑法的规定看,犯罪是刑事责任的前提,刑事责任是犯罪的必然法律后果。我国《刑法》第3条规定了罪刑法定原则。第14条又规定了故意实施危害社会的犯罪行为,应负刑事责任。而医生的行为没有社会危害性,没有构成犯罪的罪过,不是法律规定的犯罪,依法不应承担刑事责任。

第三,从我国司法实践看,从未有过追究消极安乐死案件中医生刑事责任的先例。

第四,从国外司法和立法实践看,消极安乐死的医生不负刑事责任,已经形成共识。而且在荷兰、美国、英国等许多国家已有不少认同安乐死的案例和立法先例。人有生的权利,也应当有安乐死的权利,人应当有尊严、有价值地生存,否则延长的不是生命的欢乐,而是绝望的痛苦。

这场论辩赛,控方从刑事违法性和社会危害性角度阐述为什么医生的行为构成犯罪，而辩方立论从法理、法律规定、司法实践、国外司法和立法实践等多个角度全面阐述己方观点，这些角度都属于法律层面的挖掘。

2. 法律层面论辩的基本运用

在开篇立论阶段，无论是控方还是辩方，为了完整阐述自己观点，法律层面的探讨通常相对容易自觉做到，都会明确说明法律的规定，紧密围绕犯罪构成要件等。

在总结陈词阶段，法律层面的探讨一般也不容易被忽视。总结陈词阶段法律层面存在的问题往往是探讨的深度不足，这主要是缺乏"概念挖掘"的意识和能力。关于概念挖掘其后我们将专章展开探讨。

在自由论辩阶段，法律层面的探讨的主要不足是在于不能有效结合案例事实，相对深入浅出地对核心争议的法律问题展开论述。

我们还是看一场真实的案例论辩：

论辩题：王宏盗窃案
——首届公诉人与律师电视论辩大赛
广东公诉队 vs 上海律师队

东海洗浴中心老板王宏化名王力，于2010年6月18日向金源典当行老板黄明借款人民币4万元。后以其价值30万元的自用小轿车作担保，并将汽车和车钥匙都交黄明保管。又于同月25日、29日两次向黄明借款人民币26万元，同时约定若在同年7月31日前未能归还借款30万元，黄明有权转卖该车以抵作还款。同年7月29日凌晨4时许，王宏因不能归还上述款项，遂持该车的备用钥匙将车开走。黄明发现车辆不见后怀疑是王宏所为，遂打电话向王宏核实，王宏承认是自己把车开走，并于8月14日归还黄明人民币4万元。黄明多次联系王宏让其归还车辆，王宏拒绝，黄明遂向公安机关报警。

控方：王宏的行为构成盗窃罪。
辩方：王宏的行为不构成盗窃罪。

[控方一辩开篇立论]

谢谢主持人,大家好。正如刚才主持人所说,看完刚才的短片大家心里一定有一个疑问。那就是车主王宏能不能偷自己的车呢?我方认为王宏的行为构成盗窃罪,理由有三:第一,涉案车辆虽然是王宏所有的,但却已被他人合法占有。本案中典当行老板黄明已经通过质押合法占有了车辆。然而,一夜之间平稳占有的车辆不翼而飞,按天实行的担保再难实现。归根结底这都是王宏惹的祸。正如卢梭曾说过,"人生而自由,却无往不在枷锁之中",此时的王宏所有权已经受到限制,而他人的合法占有成了盗窃罪保护的客体。第二,王宏开走车辆的方式是秘密窃取,案情告诉我们是王宏在凌晨4点用备用钥匙偷偷将车开走。之所以选择凌晨4点,看中的就是夜深人静无人知晓。而之所以选择用备用钥匙,用的就是一招偷梁换柱、暗度陈仓,这是典型的盗窃行为。第三,王宏拿走车辆是出于非法占有的目的,王宏明知已经无力还债而仍然将车开走,并拒绝还车,就是能还而不还。一方面是黄明对车得而复失,排除了权利人的占有,另一方面又是自己对车失而复得,利用了该车的价值,排除与利用结合,就是非法占有的目的。

至于其事后有承认和退赃的情节,则均不影响对其行为当时目的的判断,综上所述,我方认为,王宏行为已经超越了民事上的不能还,发展到了刑事上的不想还。超越了民事上的有过错,发展到刑事上的有罪过,行为性质当然超越了民事违约,而构成了刑事犯罪。在财产流转日益频繁的今天,我方想仅以此案警告更多的"王宏","莫伸手,伸手必被捉",谢谢。

[辩方一辩开篇立论]

谢谢主持人,大家好,控方说王宏盗窃,但是我们知道常说的盗窃是指拿别人的东西,但本案的特殊性就在于王宏拿走的是他自己的车。这也算盗窃吗?当然不是。理由有三:第一,取车不讹诈,主观无犯意。假如王宏把车开走之后,去讹诈甚至索赔,我们当然可以说他主观上有非法占有的目的。但是,事实并非如此,面对质问,王宏既不隐瞒,也不索赔,还继续还款。更重要的是那30万元的债务并没有随着远去的车轮而消逝在尘土之中。第二,担保不合法,盗窃无依据。要指控王宏盗窃,首先要认清黄明对那辆车的占有是否合法,双方之间形成了怎样的法律关系?是质押、抵押,还是留滞,约定不能确定。而法律却明确规定要成为一个有效的质押担保必须签订书面合同,办理登记手续。因此这是一个要式法律行为。要式不存在效率，效力便不存在，我来打个比方，这就好比是一对同居但没领结婚证的男女，就不是法律意义上的夫妻。一方可以随时走人，另一方却无可奈何，道德上或许有谴责，但法律却爱莫能助。第三，行为虽失信，刑法当谨慎。根据《刑法》第91条的规定，当我们把个人财产交给诸如像邮局、银行等单位时，可能转化为公共财产，此时我们取走可能构成盗窃，但本案恰恰不具备这样的情形，即便退一步来讲，在今天这样一个民事借贷纠纷当中，王宏最多也只是民事违约而绝不是犯罪。我们说法律的力量就在于禁止我们去侵犯别人的权利，但并不限制我们行使自己的权利，王宏无罪，谢谢。

[自由论辩]

控方：谢谢主持人，大家好。刚才辩方认为本案的质押合同不成立，我们知道《合同法》第36条明确规定，未签订书面合同，但一方已履行主要义务，对方接受该合同成立。也就是说，从实质上理解本案质押合同成立，并且生效。那么控方想问辩方的是，按照辩方的逻辑，黄明不是合法占有，难道他是非法占有吗？

辩方：你怎么只看担保，却不看物权呢，他违反了物权法定的原则，所以当然是不成立的。我想请问王宏虽然凌晨取车，但他不隐瞒没索赔，你又从哪里看出他有非法占有的目的呢？

控方：意思自治才是合同的精髓，我们说使法律相协调才是最好的解释方法，因此本案中那个质押合同，不仅成立，而且有效，既然是合法占有，当然应当保护了。请问，如果本案第三人，比如说王宏早10天来偷，难道他就不构成盗窃了？

辩方：我明白了，控方的逻辑就是，凌晨取车就是贼。大家想想，凌晨4点我带着老婆开着车，吃完火锅去唱歌，咣当一声被人拦了，说我是偷车贼，这冤不冤呢？

控方：对方辩友没有注意到，本案中的王宏凌晨4点取车不是为了秘密窃取，难道是为了不堵车吗。对方刚才没有回答我方三辩的问题，本案中如果是由第三人来偷，显然构成盗窃罪，那么我方想请问了，第三人来偷就定罪，王宏来偷为什么就不定罪呢？

辩方：改变占有就是偷吗，让我们来看一个真实的案例，某人凌晨4

点悄悄取走了自己被公安扣押的车辆，事后不隐瞒，没索赔，请教控方是不是盗窃呢？

控方：改变占有当然是偷，因为占有本身就是盗窃罪保护的客体呀。这不仅是维护实质功能的需要，同时这也是刑法的规定。《刑法》第91条第2款明确规定在国家机关等单位保管之下的私人财产，以公共财产论，这不能说明在个人财产和所有权分立的时候刑法要保护占有吗？

辩方：控方你只知道法律规定，却不了解司法实践。刚才这个案例来源于这本《刑事审判参考》第26页，法院认为既没有隐瞒，也没有索赔，就说明主观上没有非法占有的目的，所以最后定的是非法处置扣押财产罪而不是盗窃罪，控方如何解释？

控方：不隐瞒不索赔只是作案手段的不同，并不影响认定犯罪本质特征，我们说了《刑法》第91条第2款明文规定，同样的私人财产国家占有就保护，难道个人占有就不保护了吗？

辩方：但是第91条并不用于本案，这才是关键。我们说盗窃是指你把别人的东西变成自己的，或者是第三人的。那么我想请教控方了，本案当中王宏到底想把黄明的什么东西变成他自己的呢？

控方：实际上世界上没有两片相同的树叶，所以用其他的个案来类比本案本来就是不严谨。

我们说法律的生命不在于法律条文，而在于逻辑。实际上第91条的管理、运输和使用都有占有之意，因此占有也是盗窃罪保护的客体。对方今天只盯着王宏所有，却无视黄明的占有，那么我们想请问，俗话说覆水难收，泼出去的水都收不回来。为什么抵押出去的车，倒能拿回来了呢？

辩方：对方认为改变占有就是偷吗，打个比方，我为逃30元停车费悄悄把自己30万元的车开回去了，我算偷吗？

控方：我们说因为对方逻辑很简单，因为有所有权所以就可以随便行使，房东出租了房子，能趁租客半夜睡觉破门而入吗？我们说既然出租了那就是"风可进，雨可进，房东不可进"。房东要来他可以构成非法侵入他人住宅罪，本案的王宏乱来就可以逃脱盗窃罪吗？

辩方：所以说拿车的不一定是盗贼，也有可能是车主，这就好像骑白马的不一定是王子，也有可能是唐僧。请问控方一个简单的问题，这辆车是不是王宏的，王宏有没有隐瞒，有没有索赔？

控方：这就是辩方一直的问题所在，反复说车是王宏自己的，但是自己的所有权恰恰已经受到限制。辩方的观点就是让所有权笑傲江湖，其结果呢，只能让江湖乱了套。

辩方：取车不讹诈，主观无犯意，当然就不构成盗窃，谈完主观，谈客观。我想请问，一个民法上悄悄取回的行为，在民法上是允许的话，那刑法凭什么认定是盗窃呢？

控方：对方想用民法来否定刑法，实际上这也是不行的，因为民法与刑法之间的关系从来就不是非此即彼的。所以我们说，本案既是民法又是刑法。关键要来看刑法的规定，刚才我们说了，自有之物在他人占有时也能构成盗窃罪的对象，因此我们要对王宏说，当初是你要分开，分开就分开，现在又要用盗窃把车拿回来，汽车不是你想拿，想拿就能拿，让它离开，让它转卖，放手你的爱。

辩方：对方所为的观点就是，只看合同法不看担保法，不看物权法。你见或者不见，物权法和担保法都在那里。

控方：关于本案的客体和对象，我方已经阐述得非常清楚，接下来我们再来看客观行为。请问，王宏在凌晨4点用备用钥匙将车开走这是不是秘密窃取？

辩方：拿备用钥匙开自己的车这有什么错，按照您的逻辑，备用钥匙只是备备而已，不能用的钥匙呢。

控方：我们已经说了，这辆车已经不完全是王宏自己的车，它的所有权受到限制了，我们刚才论证了不讹诈取车只是客观行为，既然要论证主观目的，我们就要请问辩方了，本案中的王宏究竟是为什么要将这辆车开走呀？

辩方：质押成不成立，就是本案的关键，我想请问了双方有没有按照法律的规定签书面合同、办登记手续这个问题。

控方：我们说判断目的要综观本案，可以用一副对联来概括本案，对联的上联是"王宏交车取钱"，下联是"王宏盗窃赖债"，横批只能是

"非法占有"。我倒想请问辩方,是不是有了社会承认,这样可以挑白呢,我们刑法当中,判断主观目的依据的是行为时,还是行为后呢?

辩方:我明白了,你方逻辑无外乎,人生最痛苦的是什么?你取了自己车坐了牢。人生最最痛苦的是什么?你取了车,还了4万块钱,还被警察抓呀。

辩方:今天控方的逻辑,就是说凌晨4点悄悄拿走就是盗窃。那么,就想请问了,悄悄拿走就一定是盗窃吗,我经常悄悄拿走我老公的私房钱这也算偷呀,新的婚姻法司法解释,已经让女人很难做了,如果这样算偷的话,那我们女人是不是悲催了。

辩方:占有源于担保,但担保不合法,占有就不能对抗所有权人,就是今天控方犯下的最大错误。再来看看社会危险性,我就不明白了在这个案子当中,如果车是赃物的话,那么他应当返还给谁呢,是王宏呢,还是黄明呢?

辩方:根据法律规定车辆应当返还给失主,那么请问车辆的主人到底是谁,是王宏呢,还是黄明呢?

辩方:那么丧失占有,它是不是就是失主的。如果说我在超市寄存了一个包,结果包被偷了,警察是把这个包还给我呢,还是还给超市呢?当然是我了。

辩方:再让我们来想一想,这个案件当中有什么损失,我就不明白黄明在这里面到底是损失钱呢,还是损失了车呢?

辩方:根据盗窃罪的司法解释,第5款有13条列举了所有损失的计算依据,但没有一条计算是占有或者是担保利益。

辩方:今天对方另外一个错误是他就认为有了口头约定就必然有法律效力,是这样吗?那么我们说男女朋友婚前山盟海誓说我要跟你过一辈子,结果他却跟别人领了证,你能说这个有效力吗?

辩方:今天控方的错误,就是把合法占有和非法占有相混同了起来,我们说所有权人取回了自己被他人不合法占有的车,当然不构成盗窃。

这是一场较为精彩的自由论辩,在论辩过程中,涉及概念的挖掘、假设的运用等多种技巧,我们都将在其后逐步地拆解说明。除盗窃罪的客体是否包括财产的占有权外，这场论辩争议的核心点主要在于王宏将自己车辆偷偷取回的行为，是否意味着其主观上具有非法占有的目的。这个核心争议点的底层逻辑又大致可以拆解为：

控辩双方在这个问题上来回纠扯了很长时间，也充分运用了各种形象的漂亮语言进行论证。在这种纠扯不清的情形之下，听众其实很期待控方能够从法律层面结合事实进行严谨的论证总结。但是很遗憾，控方在双方纠扯不清的时候，不是从法律层面进行进一步的深入分析，继续强调控方在立论中的法理论证，进一步阐述排除加利用就是非法占有的实质，而是用对联这一轻松的方式进行了自己的立场总结（具体见自由论辩下划线部分）。

对联也好，比喻也好，这些都是法律论证的辅助手段，在法律论证没有有效总结系统说清时，仅靠这些辅助手段进行论证，一般难以取得预期的效果。同样的缺憾在辩方身上当然也一定程度的存在，但由于控方"立"而辩方"驳"的天然立场，相比较控方，自由论辩中辩方的这一缺憾往往显得不那么突出。这也就是为什么俏皮话等论辩的辅助手段辩方使用往往效果更佳，而控方必须在充分论理的基础上使用方有效果。

（三）价值层面

1. 价值层面探讨的基本内容

价值层面是指一道辩题从应然角度，对案件实体处理（罪与非罪、此罪与彼罪、罪轻与罪重的选择结果），分析判断的方法等进行利弊的权衡。一道辩题价值取向的论证角度多种多样，常见的有罪刑法定原则、刑法用语解释的原则等。在真实法庭论辩中，我们常论及的案件处理的社会效果，往往也涉及价值层面的问题。

例如，2018首届华东律师论辩赛"茶店伤人案"，辩方总结陈词在强调"无限防卫权不是犯罪"的最后，进行了价值升华：

"是的，行凶让人恐惧，可如果面对行凶却不能反抗，如果反抗就构成犯罪，更让人恐惧，法律不应该让人陷入恐惧，而应当帮助我们抵抗恐惧，让我们享有免于恐惧的自由，谢谢各位。"

关于一道辩题在价值层面如何进行挖掘，我们将在总结陈词的"价值升华"部分进行专项探讨。

2. 价值层面探讨的主要运用

（1）价值探讨在总结陈词中的运用。

案例论辩中，在最后的总结陈词阶段通常都涉及价值升华。且价值升华部分论述的繁简方式是精准控制结辩时的一个特别好用的技巧。因此价值层面的论述往往集中在总结陈词阶段。

论辩题：喜宴上的不义之财
——第二届全国检察机关优秀公诉人电视论辩大赛半决赛
福建公诉队 vs 吉林公诉队

2012年5月8日晚，雅莉让丈夫张山陪自己参加同事的婚宴，现场气氛热烈，性格豪爽的雅莉与同事们频频碰杯，至深夜酒席散时已有醉意，丈夫不断催促该走了，雅莉顺手拿起"自己的"手包坐上张山的汽车回家。第二天一早，雅莉发现桌上放着两个相似的名牌手包，一个是自己的，打开另一个，发现包内有钱夹、化妆品、少量现金及姓名叫王萍的身份证和驾照。雅莉问过丈夫后，知道自己的手包一直由丈夫保管，自己走时拿了别人的手包。丈夫让雅莉赶快把包还回去，雅莉口头答应，但一直懒得行动。3天后，雅莉见既没有人找来，也没人向自己问起拿错包的事情，遂将该手包以6000元的价格卖给一个渴望该名牌手包已久的朋友，将包内身份证和驾照等丢弃。1周后，公安机关根据失主报案及相关线索找到雅莉，雅莉马上退还了6000元，并辩称自己当时想还，可找不到失主。经估价鉴定，该名牌手包价值16000元。

控方：雅莉的行为构成侵占罪。
辩方：雅莉的行为不构成犯罪。

[控方三辩总结陈词]

大家好，刚才辩方最后一句问我们说，雅莉有没有构成犯罪，我方告诉各位雅莉当然有，原因是什么，原因是对方的立论从一开始就只有一个字那就是"猜"，一开始他们猜测的时候，在没有事实和法律文义解释依据下，猜测代为保管只能是一个委托保管物，可我方今天就不明白了，今天您没有任何的司法解释支持您，您怎么就能这么猜呢。今天无论是《民法通则》第 92 条还是《物权法》第 245 条都告诉我们不是自己的东西您侵占，您就有返还义务，由此带来了保管义务，你替别人保管东西，不是代为保管物，还是什么呢，你方没有解释清楚啊。第二点对方又猜他说今天这个雅莉她没有拒不返还，因为她还了 6000 元钱，可是对方辩友，我们难道不觉得奇怪吗？这 6000 块钱是什么钱，是卖包的钱，可是雅莉拿的是什么东西，是 6 项财物，这 6 项财物，咱们就不说那包剩下的 1 万块钱怎么处置的问题了，那还有那钱夹，还有那钱，您怎么不去算呢，雅莉今天警察一过来，她只愿意交出自己的收益，题目从头到尾都没告诉您说，雅莉愿意返还其他部分，您告诉我说雅莉想全部返还，这不还是在猜吗？所以您方今天跟我方玩的游戏无非就是台湾综艺节目《我猜我猜我猜猜猜》。可是今天雅莉到底有没有犯罪，您方可以拍着胸脯告诉我方吗，您可以拍着胸脯说，刑法有谦抑性，雅莉是无罪的，结果您一回头，我手包哪去了，怎么就不见了呢，所以您今天如果不想生活在一个时时刻刻得把手包勒在腰间当炸药一样的社会，如果您不想生活在一个连最基本财务安全都保障不了的社会，那就请您用掌声告诉我，雅莉有罪。谢谢！

[辩方三辩总结陈词]

谢谢主持人，各位评委，各位观众，综观整场辩论控方之错归于两点，从行为来看，控方以事后鉴定推主观，客观归罪，却无视案件中的一幕幕。案中雅莉失手误拿手包，系无心之过，继而变卖系侵权之举，第一时间退还才是无罪之明证。从对象看，我们回眸案中那是非之包，失手误拿王萍从来不曾委托过。要了就还，雅莉从来不曾犹豫过，物不是保管物，人不是贪占人，又何来的侵占之说呢，至此雅莉无罪是不言自明，各位评委，各位观众，刑法之所以将侵占罪定为亲告罪，就表明了一个法治社会应有的理性态度，鼓励用民事手段定分止争，成本更小，效果更佳，刑法作为最后的防线只惩罚真正拒不退还的极少数。对于知错已改的雅莉之辈，法律可以亮起警示灯，但绝不应扬起杀威棒，这样即便是不懂法，但苦求公平的芸芸百姓，也一定会攒一个慈悲为怀，今天我们容忍雅莉及时改过，也是在提醒和警示多数人不要犯错，当人人都能选择做对的事，雷锋时代也将不再遥远。谢谢大家！

上述论辩，控方的总结陈词从社会安全保障的角度，辩方总结陈词从刑法谦抑性的角度分别进行了价值升华。

(2) 价值探讨在开篇立论中的运用。

在开篇立论阶段，因重点在于结合案例事实完整阐述己方观点，有时甚至还需要较好的反驳对方核心观点，时间较为有限。为了充分展开论理，一般较少用到价值论证方法，即便用到也是点到即可，但这只是一般性的陈词模式，并非绝对。

我们一起看一场在开篇立论中用到价值升华的实例：

论辩题：高利贷的诱惑
——第二届全国检察机关优秀公诉人电视论辩大赛
重庆公诉队 vs 甘肃公诉队

华丰公司系一家生物制药企业，2010 年以来资金短缺严重。为此，董事长张良于 2011 年 6 月提议让公司员工融资来缓解矛盾，获董事会一致通过。为尽快融到资金，在发布融资公告时，还称将与美国公司共同研发生产具有抗衰老功能的基因药物。规定公司员工可参与融资，期限为 3 年，利息为月息的 3%，利息每季度支付。同时派人与美国公司联络合作事宜，被美国公司拒绝。公司决定自行研发该类药品，遂设立基因药物研发中心，招聘 3 名专家从事抗衰老基因药物的研发。对外则封锁相关消息。

因利息明显高于银行储蓄利率，公司员工踊跃参与。部分社会群众得知这一"吃高息、赚大钱"的消息后，也纷纷找该公司员工要求参与投资，公司员工遂以 2% 的月息对外集资，自己收取 1% 的好处费，然后用自己名字在公司集资。对这一情况，张良及董事会成员通过各种渠道得知，但认为与公司无关，睁一只眼闭一只眼。其中董事会成员李栋、王建和财务总监白华也以 2% 的月息以自己名义分别代别人集资 300 万元、200 万元和 150 万元。

由于公司实际经营情况不佳，产品滞销，且研发中心负责人多次反映由于设备、资料及技术水平有限，研发进展迟缓，没什么成效，研发出产品并投入应用几乎无望。鉴于对后续能否继续支付到期利息感到害怕，公司财务总监白华于 2012 年 9 月 10 日到公安机关主动交代了上述事实。经公安机关立案调查，至 2012 年 8 月底，公司以 180 名内部员工名义共集资 2.6 亿元，涉及直接、间接人员 1732 人。除用于维持公司正常经营、研发

第二章　案例论辩的基础性策略

和公司派人赴美谈判开支 700 万元外，其余大部分用于归还贷款及到期利息、发放公司员工工资以及给公司高管人员发放奖励等。经最后评估，公司实际资产总值不足 5000 万元。董事长张良及其他董事会成员到案后也如实供述了上述事实。

控方观点：华丰公司构成集资诈骗罪，不成立自首。

辩方观点：华丰公司构成非法吸收公众存款罪，成立自首。

[控方一辩开篇立论]

法律应坚持教育和惩罚并重，诚然今天中小企业的发展在互享着宽松的融资环境，但重罪轻责绝非是一个好的、恰当的教育方式。控方认为华丰公司的行为，是带有非法占有目的的非法集资，应构成集资诈骗罪。我们都知道目的犯不仅可以通过直接故意的心态驱使，同样可以通过间接故意的心态来实现，华丰公司本来就资金严重短缺，却在毫无把握和美国公司合作时，对外宣称将共同研发尖端领域的生物制药，此时其高息巨额融资，所面临的危险性显然难以避免，而此后被美国公司拒绝，他们要封锁消息，面对技术有限资金不足，研发无望，他们依然不计后果继续募集资金，给社会公众造成了其具有坚实实力的假象，所以华丰公司的行为最终也体现在了 2.6 亿元集资款的用途上，2.6 亿元集资款绝大多数是被用来还贷款、发奖金、发工资，而真正用来生产经营的部分，其比率与融资总额明显失衡，非法占有的目的众目昭彰。所以华丰公司的行为不仅破坏了国家的金融管理秩序，更侵犯了财产权，应当定性为集资诈骗罪。至于自首的问题，基于该犯罪是董事会的决策，而不是财务部门的决定，白华作为财务总监，未经过董事会的授权，自然不能代表本单位的意志，因此也就不能成为单位自首。

[辩方一辩开篇立论]

谢谢主持人，大家好，对于一家发展中企业因资金短缺面向公众，非法集资融资的行为，到底是该用集资诈骗罪进行严厉打击呢，还是用非法吸收公众存款罪做惩罚性引导呢，我方认为后者更为适当。内因是事物变化的根据，外因是事物变化的条件。本案的内因是华丰公司需要融资，外因是员工融资僭越法尺。公司的默许使得个人转变为单位行为，但融资的初衷和资金的用途却从未改变，虽然出现了由于经营不善而导致社会公众

43

财产损失的不良影响，但经营有风险，投资需谨慎，损害结果并非华丰公司的初衷和积极追求的结果，也正因如此，损害出现之后对华丰公司的财务直接负责的主管人员、财务总监白华就代表本单位主动向公安机关投案自首，由此更可以看出华丰公司有非法集资之行为却无非法占有之目的，以非法吸收公众存款罪评价更为符合罪责刑相适应的法律原则。<u>追根溯源，本案背后的社会根源是融资难成为实体企业发展的最大拦路虎，作为法律人我们更应当以发展的眼光看待民间借贷危机，从上游着手完善金融管理体制才是生存之道，才能从源头上杜绝高利贷的诱惑，谢谢大家。</u>

这场论辩，控辩双方都在开篇立论就用到了价值升华，控方放在立论的最开始，辩方放在立论的结束部分，但双方在立论上的价值升华都比前述总结陈词阶段的价值升华要简短精练。关于一道辩题价值层面如何进行挖掘，我们将在其后的总结陈词部分展开。

（3）价值探讨在自由论辩中的运用。

在自由论辩阶段，对同一问题展开不同维度不同层面的探讨是一个重要策略。价值层面虽然不是案例论辩探讨的核心内容，但适当加以运用，往往能锦上添花。自由论辩阶段提及价值探讨一定程度上还有利于和总结陈词阶段的价值升华相互呼应。

（四）感性层面

1. 感性层面探讨的基本内容

（1）站在不同立场的煽情。

感性层面的挖掘通常就是我们所说的煽情手法。既然煽情就需要有特定的立场或基点。常用的感性基点包括国家、被告人、被害人、普通公民等。无论是单独使用某一情感基点还是综合使用多个情感基点，根本目的都是使评委和听众觉得，己方的立论合情合理，更易于接受。感性手段的运用，对于赢取听众的支持，控制场上局势有特殊的作用，容易引起评委和听众的共鸣。

例如，在全国首届律师电视论辩大赛"医生帮助重病患者实施安乐死是否应当承担刑事责任"的论辩中，在自由论辩阶段控辩双方多次用到了情感渲染的方法。同样是站在病人的立场上：

辩方：本案中病人是自己处置自己的生命权。病人意识痛苦不堪，你们却要求他硬撑下去，难道你们还希望他像海燕一样坚强地说：让暴风雨来得更猛烈一些吧！这太残忍了。

控方：本案的医生接受轻生，鼓励死亡，践踏生命，这恰恰是不人道的嘛。我们应该提倡的是人与人之间的平等、友好、团结、互助的新型关系，应该提倡乐观主义的、积极的、向上的人生观。对于轻生的、痛苦的病人更应该给予精神上的帮助、关怀、支持和鼓励，而这位医生却宣扬了悲观的、消极的、低沉的生命观，更具有社会危害性。他停止所有的治疗，眼睁睁地看着我们活生生的有30多年教龄的王老师一步步地在痛苦中、在煎熬中走向死亡。难道这是人道的吗？

这是典型的出于同样情感基点的交锋。我们再一起来看一道论辩题：

论辩题：陈刚玩忽职守案
——第二届全国检察机关优秀公诉人论辩大赛华北大区赛决赛

北京公诉队 vs 天津公诉队

李南持内容为"今借李南现金壹万元。借款人宋涛，2010年5月1日"的借款借据向某法院提起民事诉讼，要求法院判决宋涛归还借款和利息并承担诉讼费用。法官陈刚独任审理此案。在庭审中，陈刚依照法定程序进行了法庭审理，查明：借条签名为宋涛本人所签。但宋涛辩称：借条是李南拿着刀强迫他写的。对此，陈刚问宋涛是否报案。宋涛称没有报案，也没有其他人知道。陈刚当天作出判决要求宋涛归还借款一万元及利息，并承担全部诉讼费用。宋涛接到判决次日在法院门前自杀身亡。后经查证：借条是李南强迫宋涛所写。李南事后因本案被判刑。

控方：陈刚构成玩忽职守罪。

辩方：陈刚不构成犯罪。

这道论辩题若进行情感挖掘，既可以站在自杀者宋涛的立场上，渲染自杀者的可怜，激起评委和听众的同情；也可以站在法官的立场上，强调与事实不符的判决不等于错案，不应追究法官的刑事责任，强调对司法权和司法人员应有的尊敬和基本的执业保障，引起评委和听众的认真思考；还可以站在一般人的立场上，评析宋涛自杀是否合乎常理，法官如此定案是否合乎经验法则，以及对类似问题究竟应当如何正确处理等。

(2) 情感的适度退让。

情感层面的渲染，在广义上其实也属于价值层面的挖掘，因为情感的基点也属于一种基础价值的选择，这在其后总结陈词的价值升华部分我们还将予以说明。在一场案例论辩中，情感层面的挖掘除了煽情外，其实还包括另外一层含义，即情感的适度退让。无论是案例论辩还是真实的法庭论辩，都要遵守朴素的价值观，完全没必要锱铢必较。

我们来看一道论辩题：

论辩题：冲动的代价
——第二届全国检察机关优秀公诉人电视论辩大赛半决赛

河北公诉队 vs 广东公诉队

李勇，男，28岁，恒通商贸公司经理。2012年9月22日15时前后，李勇驾驶宝马车停放在某小区公寓东侧通道上，与女友在车内聊天。被害人吴明（男，54岁）骑三轮清洁车经过此地，因宝马车挡住去路，吴明上前拍打宝马车后侧两下，要求李勇让路。李勇觉得很没面子，下车与吴明争吵，并推搡吴明，双方厮打2分多钟，被吴明的同事及李勇的女友劝阻隔开，各自向相反方向走去。分开20米后，李勇突然转身追打吴明，把吴明推倒在地，踢踹吴明的胸腹部，并骂道："老家伙，让你嘴硬，看老子整不死你。"半分钟后被周围人拉开。吴明走了几步后突然倒地。李勇的女友及吴明的同事马上拨打120、110，急救车很快到达现场，经抢救无效，吴明死亡。

经法医鉴定：吴明的损伤主要表现在下颌部、颈部右侧及胸腹部擦挫伤。镜检发现，吴明有心脏冠状动脉粥样硬化，其中冠状动脉左前降支管腔重度狭窄，达75%以上。结合尸检检验所受损伤轻微，不足以致死，未见其他致死疾病，故其死因符合冠状动脉粥样硬化性心脏病急性发作，致循环功能衰竭死亡。根据冠心病发病特点，情绪激动、剧烈活动、轻微外伤等均可以造成发病的诱因。

控方：李勇的行为构成故意伤害（致人死亡）罪。

辩方：李勇的行为构成过失致人死亡罪。

第二章 案例论辩的基础性策略

[控方一辩开篇立论]

谢谢主持人。尊敬的各位评委，对方辩友，大家好。生命与健康无价，冲动之下伤害他人致死，必然要付出相应的代价。我方认为李勇的行为，构成故意伤害罪，理由有二：第一，从客观要件来看，在连续侵害过程中，李勇对吴明从前期的推搡行为升级为后期的追打、推倒、踢踹胸腹部，已经演变为损害其身体生理机能的故意伤害行为，这一行为对于身患重度冠心病的吴明而言，内含着导致其病发身亡的高度危险，并且在本案中该危险最终以吴明死亡的方式现实化，行为和死亡结果之间具有刑法上的因果关系。第二，从主观要件来看，李勇具有伤害的故意。本案中根据当时的客观情况和李勇的主观认识能力能够认定，李勇明知会给吴明造成身体伤害的结果，仍然实施伤害行为，同时从李勇对吴明的叫骂声中也证实，其对吴明身体受到伤害这一结果持故意态度。在生命的最后一刻，吴明一定渴望知道，法律究竟会给自己一个怎样的公道。作为司法者，准确定罪才能予逝者以慰藉，给生者以警告，还社会以公正。综上，我方认为，李勇的行为构成故意伤害罪。谢谢。

[辩方一辩开篇立论]

谢谢主持人，大家好！吴明的离去让我们感到深深的惋惜，而李勇的冲动应该留给我们更多的警惕。我方认为李勇的行为构成过失致人死亡罪，理由有三：第一，主观方面无故意，伤害行为难成立。主观见之于客观行为和结果。李勇和吴明萍水相逢，并无宿怨，其没有伤害的动机。双方厮打两分钟后被劝阻隔开，可见李勇并未恃强凌弱，取得优势。追打踢踹只导致损伤轻微，可见李勇对其行为有足够的克制。综合起因动机手段方式，持续时间和损伤结果，李勇对吴明仅是生活语境中的一般殴打，而非刑法意义上的伤害行为，其在主观上是疏忽大意的过失。第二，基本犯罪不成立，结果加重没道理。这也是控方在法律适用上难以解决的矛盾。要认定结果加重犯，须以成立基本犯为前提，吴明不能认定轻伤以上，李勇不能成立故意伤害罪的基本犯，也就失去了认定致人死亡这一加重结果的基础。第三，分清因果看主次，罪责刑罚要一致。本案中的特异体质，多因一果，应当成为衡量此罪与彼罪的一把尺子。我们说，李勇固然要为其行为付出冲动的代价，但是理性的刑事司法绝不能再对其作出冲动的惩罚。谢谢。

[自由论辩]（省略）

[控方三辩总结陈词]

谢谢主持人，大家好！在李勇的踢踹之下，吴明再也看不到自己挚爱的家人和这个美好的世界。他的行为不仅刺激了吴明脆弱的心脏，也在考问着我们的灵魂。我们能做的，就是对李勇行为的精准定罪，以告慰吴明的灵魂。综观今天整场论辩，我想焦点首先在于李勇主观上有无伤害的故意，实施的是伤害行为还是一般殴打行为。今天辩方告诉我们，不论是前两分钟的厮打，还是后半分钟的踢踹都应该统一评价，是口角纠纷的持续。但是我们看到，过失犯罪的实行行为，违反的是生活中一般谨慎注意义务的轻微行为。如果说，前两多分钟的厮打，尚可以评价为一般殴打行为，那么被分开20米后，又对54岁的吴明转身追打，推倒在地，向其要害部位持续踢踹，行为的危险性和主观恶性程度已逐步升级，足以评价为具有伤害故意的伤害行为。今天辩方的第二个错误，就是忽视了故意伤害致死是法定的一罪，一旦死亡结果出现，没有必要对中间的伤害结果进行单独的刑法评价。更不能因为损伤行为而倒推行为当时的性质。正因为如此，我方才认为，李勇的行为构成故意伤害罪。相信吴明在生命的最后一刻，也渴望看到的是罚当其罪。请尊重生命，谢谢。

[辩方三辩总结陈词]

谢谢主持人，大家好。今天控方恰恰忽略了两个问题：一是只看行为不看结果。控方始终没有给出我们一个清晰的可以量化的标准，在殴打和伤害之间划出一条界限。今天，控方说踢踹就是伤害，却没有看到后果是如此轻微。显然李勇对暴力程度进行了有力的控制。这种有力的控制又怎么能够体现他有伤害的故意呢？何况，故意伤害罪作为结果犯，如果基本犯都不成立，结果加重从何谈起？面对法医鉴定损伤轻微4个字，我还想再问一次，控方您怎么看？二是只看结果不看原因。吴明的死是典型的多因一果，李勇的行为是诱因，但是吴明的特异体质才是主要原因。控方把全部责任归结到李勇身上，这让我们情何以堪心何以安。其实，李勇本来没有伤害的故意，其行为也没有造成基本犯所要求的轻伤后果，也不是吴明死亡的主要原因。认定其过失致人死亡罪，罚当其罪也符合实质正义的观念。作为今天这场比赛最后一个发言的辩手，我首先要为在这场悲剧中失去生命的吴明表示深切哀悼，但是同时我是一个法律人，所以我只能也必须还给李勇一个公正的法律 style。谢谢大家。

这场论辩，从开篇立论到总结陈词，控方始终站在被害人的立场上强调应当认定李勇的行为构成故意伤害（致人死亡）罪，而辩方坚持法律人的客观立场，认为只能认定李勇的行为构成过失致人死亡罪。双方的情感基点十分鲜明，且贯穿始终，针锋相对。

辩方总结陈词时，在表明自己法律人的立场和观点时，先站在被害人的情感立场上表示了对被害人的深切哀悼，这就是一种情感的退让。这种情感的适度退让，比仅站在法律人的理性立场上而不顾及被害人的基本立场，显然更容易使辩方具有"人情味"，更容易赢得评委和听众的认同。

2. 感性层面探讨的度的把控

在进行感性层面的挖掘，运用煽情手法时，作为法律人，这个层面的度要掌控好，要以事实和法律的理性分析判断作为基础，不宜过于煽情，否则容易适得其反。

论辩题：汪海家庭暴力案
——首届全国公诉人与律师电视论辩大赛半决赛
重庆公诉队 vs 辽宁律师队

汪海，农民，高中文化。2006年3月16日，汪海与刘莉结婚，婚后至次年11月期间，因感情不和等家庭矛盾，加之性情暴躁，汪海多次对其妻刘莉（殁年25岁）进行殴打。每次汪海都是在极度生气、暴怒的情况下实施的，都是"给她抢大嘴巴，用脚踢、踹腰、腹部等"，持续半分钟左右。刘莉不堪忍受，于2007年10月5日向法院递交起诉状要求离婚，汪海得知后再次对其殴打并迫使刘莉向法院撤诉。11月5日21时许，汪海继10月27日殴打刘莉后，再一次殴打刘莉，汪海连踢带打一直把刘莉从客厅打到卧室，其间有抽嘴巴、用力踢踹等行为，持续约2分钟。次日，刘莉由其父母送医院，11月20日死亡。经法医检验，刘莉符合被他人打伤后继发感染，致多脏器功能衰竭死亡。刘莉的医院病历诊断为：全身多发外伤；腹膜后巨大血肿；右肾受压变形萎缩性改变；头面部多发挫伤；多发肋骨骨折；胸腔积液；肺挫裂伤；四肢多发性挫伤、淤血；贫血；肺部感染，多脏器功能衰竭；侵袭真菌感染。

刘莉的主治外科医生证实：刘莉身上的伤不是锐器伤，都是闭合伤，很多面部、四肢、胸部、耳部都是外伤，而且看样子不是一次性造成的，有新伤，也有基本愈合但还没完全愈合的陈旧性伤。目前比较严重的伤是肺挫伤、腹膜血肿，而这两种伤也判定不出来是新伤所致还是陈旧性伤所致，只能说是长期累积下的多次受伤而造成的这种程度。这两种伤和其他急性伤不一样，不是像急性大出血、动脉破裂等当时不治就保不住命那种，这两种伤受伤后自己还可以走动，但肯定会病情加重。

控方：汪海的行为构成故意伤害罪。

辩方：汪海的行为构成虐待罪。

[辩方三辩总结陈词]

主持人，评委大家好，控方三辩有句话说得非常好，夫妻感情不管有多深，也要有道德底线，刚才控方主张是伤害罪，表面上看似乎有些道理，肋骨折了，人都死了，难道不是伤害罪吗？还辩论啥呀。可是通过刚才的辩论，我们听清楚了真就是虐待罪。汪海脾气暴躁，生气就打妻子，但是他并不想打伤，只是用拳脚，从来不使用工具，不打头部、胸部、要害部位，死亡的原因是重要的事实，死亡的原因案例交待得很清楚，是长期殴打积累所致，不是你控方说的最后一次殴打造成的，这是区分两个罪名的最重要的事实。主观上以虐待为目的，客观上是持续性经常性的殴打造成的结果，完全符合虐待罪的特征。控方犯的错误是，脱离客观，谈主观，一方面，你们承认虐待罪有死亡的后果，却以死亡的后果推定伤害的故意；另一方面，大讲伤情有多么多么严重，却避而不谈死亡的原因，那么按照你们的说法，只要是殴打就是伤害，那么只要是殴打就是伤害，拳打脚踢就想打伤妻子，放任妻子死亡，这符合客观事实吗？客观事实是什么？不是神马，也不是浮云。

那么我要说，无论控方还是辩方，既不能避重就轻，也不能强加于人，法律讲究公平正义，什么是公平正义？重罪轻判不行，轻罪重判也不对，控方说了，罪刑法定原则必须坚守，你说得非常好，只要是认定为虐待罪就是最好的坚守。家庭是社会的细胞，和谐家庭是和谐社会的重要组成部分，夫妻新婚燕尔，本应百般呵护，让我们共同努力，反对家庭暴力，打击虐待犯罪，保护妇女和儿童，让我们共同努力，让法治的阳光照耀每一个家庭。

这场论辩，辩方三辩的总结陈词情感色彩较为强烈，现场颇为吸引评委和听众。但略为遗憾的是，在内容上，这份总结陈词的情感成分似乎强于说理的成分，再配合形式上该辩手较为丰富的演讲风格，整个总结陈词在情感的体现和把控上，略显得过犹不及。

在真实的法庭论辩中，控方在情感方面的立场和阐述较少出现偏差。辩方在情感层面的挖掘的主要问题往往是过犹不及。有的案件辩护人在发表辩护意见时没有紧密围绕案件事实和法理进行阐述，而是大谈特谈案件处理的社会效果，虽然可能吸引旁听人员，有较好的社会传播效果，但在我个人看来，法庭论辩核心就是说服法官或者说是影响法官的内心确认或倾向。这种以情感价值阐述为核心的辩护方式，除非是为了和其他辩护人进行配合，在同一被告人的第一辩护人完整阐述完证据和法律方面的辩护意见后特意采用的辩护策略，否则并不值得推崇。

尊重朴素的价值情感是辩论中特别需要注意的基本点。在真实的案例论辩中，站在己方立场，为辩而辩，超越朴素价值和情感认知的表述常有出现。

论辩题：古玩市场案
——2023上海市律师论辩大赛
徐汇一队 vs 闵音嘹亮队

张某是一位收藏爱好者，一年前曾花10万元误购了一幅古画赝品，为挽回损失，张某决定将该画转售。某日，张某办理了工商登记手续，在古玩字画市场设摊，该画也作为卖品之一展示。张某在画的下方加了一张字条，写明"祖传宝物，只予有缘人"。当地一所知名大学的中文系教授徐某到市场闲逛，在张某的摊位看到该画，反复端详，确认为古代知名画家的作品，遂主动向张某开价，欲以人民币50万元求购，张某对徐某说："你仔细看，买了你可不能退货。"徐某称："我人称徐半尺（指画打开半尺即知真假），岂会看走眼？"双方以50万元成交。两个月后，徐某通过其他途径终于获知该画系赝品，意图退画退款，上门欲张某商量，遭拒，遂报案。

> 正方：张某的行为构成诈骗罪。
> 反方：张某的行为不构成犯罪。

这道题辩论时，辩方不仅强调了张某的行为不构成犯罪，还多次强调张某不是一个卖假画的人，而是一个勤恳做生意的老实人。这实在就有点牵强了。

论辩题：加油站见义勇为案
——2023 上海市律师论辩大赛
虹口一队 vs 徐汇二队

某日 8 时许，加油站员工汤某（身穿加油站工作服）精神病突然发作，在加油站内追赶加油站经理洪某（身穿便服，手上拿一挎包）。此时，余某开着一辆小轿车载着母亲到加油站准备加油，见汤某追赶洪某从加油站的收银处门口经过，余某认为洪某抢劫，于是开车上前拦截，而洪某也刚好跑到余某车头位置，洪某用手按住车头，退几步转身想跑。余某继续开车加速往前，车头将洪某撞到。见洪某倒地，余某便踩刹车，但因为担心急刹车会伤到母亲（未绑安全带）而没有紧急制动，轿车将洪某拖行约 13 米，撞上加油站旁边的树木和花基后停下。洪某经送医抢救无效死亡。经鉴定，洪某系因钝性外力作用致创伤性失血性休克、胸腹部多脏器损伤死亡，经检验，小轿车制动前速度为 35.9 千米每小时，制动性能良好。

> 正方：余某的行为构成故意伤害罪。
> 反方：余某的行为不构成故意伤害罪。

这道题在自由论辩中，有这么一段对接：

控方：请问撞人是否是唯一的方法？

辩方：撞人未必是唯一的方法，但是是最好的方法。

辩方的这个回应显然不太合适，大概率是论辩场上情急之下的自然应对。稍加理性的分析，都不会认为撞人是最好的方法。完全可以回应，不一定是唯一的方法，但是在当时的情境下合情合理，或者至少不构成刑事犯罪。

（五）不同层面运用的注意

上述，我们一起探讨了案例论辩立体辩驳的四大基础层面。这种多层面的立体构造的思维模式和论证方法对我们日常工作具有很好的借鉴意义。例如，在分析案件和进行案件汇报的时候，实际也需要进行多层次的构造论述，逐层分析：本案的事实是什么，针对核心问题的法律规定是什么，法律条文背后蕴含的法理依据是什么，不同理论学说的基础价值取向是什么，司法实践中的做法是什么以及有何探讨的空间，从而最终得出个人的结论或倾向性意见。这种立体思辨和论证的方法，并不能保证得出正确的结论，但一方面这一路径有利于得出正确结论，另一方面这一方法容易说服他人。

在案例论辩中运用上述四个层面（事实、法律、价值、感性）的论证方法时，需要注意的是：

1. 不同层面在辩论的不同阶段，侧重使用不同

例如，价值层面一般集中在总结陈词的时候说。感性层面一般也是在总结中说，自由论辩点到即可。事实层面在开篇立论的时候一般就会说，好让人明白案件的基本情况。自由论辩中也时有争议，但是总结陈词的时候一般就不再停留在事实表层。法律层面在开篇立论肯定就得条理清晰地摆出来，而且须全面。自由论辩阶段也是争议重点所在；在总结陈词阶段还得说，但是总结时候一般不再像陈词阶段求全，而是直指核心问题，进行理论拔高。这种理论拔高往往涉及其后我们将探讨的概念挖掘问题。

2. 不同层面之间的跳转

不同层面在自由论辩中可以互相作为攻防的手段，尤其体现在自由论辩中的转化技巧运用。例如你说事实我也说事实，你说法理我也说法理。纠扯不下或者说某个点对自己不利的时候，你说事实，我就从事实中跳出来，说有利于我的法理；你说法理，我就告诉你，具体问题具体分析，必须结合具体事实进行论述，拉回到事实层面的探讨。这种转化技能的具体运用，是一场案例论辩的重要方法，我们也在其后自由论辩技能中予以专门的探讨。

三、注重概念的挖掘

案例论辩核心是法律问题的争辩，必然会涉及许多概念，而概念挖掘的好坏直接决定了论辩的成败，是否善于挖掘概念也直接体现了一名辩手的优劣。案例论辩涉及的概念又可分为基础概念与上位概念。

（一）基础概念的挖掘

1. 概念挖掘的基本含义

所谓基础概念是指一个案例论辩题涉及的罪名和事实的关键性概念。一场论辩的争议焦点往往集中在许多具体的法律概念上，因此概念的挖掘是案例论辩最重要的基础性策略。所谓概念的挖掘，说直白了，其实就是我们通常所说的"下定义"的方法。下定义的时候，必须考虑己方定义除了有利于己方论证外，是否能有效防止对方的攻击。己方下的定义，辩方会怎样回驳，从哪个层面回驳，并做好充分的应对准备。

例如，财产性犯罪案件中，关于对财物的占有概念往往是双方争议的焦点，涉及什么是占有，占有的时间点是何时。如果控方按照有利于自己的立场对占有下定义时，就需要同步考虑，辩方的基本逻辑究竟是认可定义本身，但从事实层面出发反驳不符合定义，从而又回到事实的争辩？还是辩方会直接反驳控方定义的不够严谨，给出有利于辩方自己的占有的概念，从而上升到对定义科学性的探讨？只有做到心中有数，定义才能为我所用，变成攻防兼备的秘密武器。

我们具体来拆解一道案例论辩题：

论辩题：马强诈骗案
北京市十佳公诉人选拔赛

犯罪嫌疑人马强伙同黄三、罗立、韩建（均另案处理）经事先预谋，由马强采用"猜瓜子"的方式摆摊设赌局，即从一堆瓜子中抓几个放到一个瓷盘中，用小碗扣住，让参与人猜单数双数，设局人事先手指中藏一个瓜子，以控制盘中瓜子的单双数，赚取参赌人的钱财。黄三、罗立、赵冲、韩建则负责"当托"招揽参赌人，并商定如遇事主戳穿骗局索还钱财，便以暴力威胁或殴打的方式迫使事主就范。2005年8月7日6时许，上述5人开车窜至海淀区天秀花园西侧早市内,摆摊设局。事主王淑贞(女,55岁)路过时,马强见到王淑贞身上有不少黄金首饰,遂示意赵冲、韩建将王淑贞拉到赌局边,黄三、罗立二人假扮参赌者猜中赢了1000元钱,并劝王淑贞也赌一把。

王淑贞见状心动,但仍在犹豫。黄三见状便劝说"老太太,别犹豫了,我来帮您",随即上前将王淑贞身上佩戴的24K金手链一条,24K金耳环一对(经依法鉴定价值人民币3282元)从其身上摘下,放在赌摊上,并说"要单"。马强控制手中瓜子数为双,将王淑贞的首饰收起。王淑贞见状觉得自己受骗了,要求马强退还自己的首饰,遭上述人员阻拦威胁,王淑贞上前欲从马强手中夺回自己的饰物,马强遂对王淑贞进行殴打,致王淑贞轻微伤,后上述5人逃离现场。王淑贞报案。马强等人陆续被抓获。

要求:
1. 控方对马强以抢劫罪提起公诉。
2. 辩方不得直接引用最高人民法院1995年11月6日《关于对设置圈套诱骗他人参赌又向索还钱财的受骗者施以暴力或暴力威胁的行为应如何定罪问题的批复》作为论辩的依据。

这道辩题,控方有两种分析思路,一种是直接抢劫,另一种是转化抢劫。后者是常规思路。现假定控方立论转化抢劫,我们一起来看一下,控辩双方的争辩可能涉及哪些法律概念,概念挖掘具体又是什么意思。

控方立论转化抢劫,前提是马强的行为系诈骗,我国《刑法》第266条规定了诈骗罪,但是刑法法条本身和司法解释对诈骗的概念并无明确的规定。我们通常解释诈骗罪是指以非法占有为目的,虚构事实、隐瞒真相,使他人陷入错误认识,并基于这种错误认识自愿交付财物,数额较大的行为。根据这样一个解释,诈骗罪的具体构成,涉及的基础性概念至少有四个基本点:

```
┌─────────┐  ┌─────────┐
│ 非法占有 │  │ 虚构事实 │
│   目的   │  │ 隐瞒真相 │
└─────────┘  └─────────┘
┌─────────┐  ┌─────────┐
│ 错误认识 │  │ 自愿交付 │
└─────────┘  └─────────┘
```

在这些基本点上，控辩双方往往是从事实层面进行推导认定。例如，

控方：从预谋设局的角度即可认定非法占有目的，设局本身就是虚构事实隐瞒真相，王淑贞不知道是骗局而参与赌博就是陷入了错误认识，就是自愿交付财物。

辩方：这只是一个赌局，目的是挣钱，不过是加了一点抽老千的伎俩，但并非非法占有目的，赌博中的抽老千行为不属于诈骗中的虚构事实隐瞒真相，王淑贞明知是赌局而参与就应当愿赌服输，并不存在错误认识。赌博中的下注行为显然也不是诈骗中的自愿交付财物。

停留在这个层面上的争辩，看似针锋相对，但实际上却是"公说公有理，婆说婆有理"，双方基于自己诈骗或赌博的立场进行阐述，在各自的逻辑框架内论证都是顺畅圆满的，但似两条平行线，无法拿自己的逻辑有效攻击对方的逻辑。如此一来，一场论辩的输赢，一位辩手的优劣就只能通过现场论辩的具体技巧体现，而在论辩的基本点上似乎难分高下。因此，必须超越事实论证、自说自话的这个层面的论辩，去探寻该辩题涉及的基础概念究竟在法理上能够如何定义。试举几例：

（1）关于非法占有目的。

控方可以从学理解释、生活化定义等各种角度下不同定义，并结合事实论证本案就是非法占有。定义的方式如：

"排除他人合法控制加自己占有，就是非法占有的目的"；

"无权占有而占有就是非法占有"；

"以违法手段获得他人财物即为非法占有"。

如果控方提出这些概念，辩方则需要针对这些概念进行反驳。反驳的常规思路，一种是通过举反例、归谬等手段破解对方概念的不科学不合理；另一种是自行下定义。例如可以基于赌博的立场，给出替代概念，认为：

"本案中是营利的目的而非非法占有目的。"

如此，就需要进一步区分，营利目的和非法占有目的有何不同。辩方可以强调：

"非法占有是空手套白狼，无本万利；营利目的要求有一定的成本，一本万利仍然是营利而非非法占有。"

当然控方也完全可以通过归谬或举例反驳一本万利都是营利这个命题。

可见，在非法占有目的这个构成要件点上，因主观问题必须依托客观行为进行论证，排除辩论技巧外，控辩双方很难在逻辑上占有优势。但学会下定义的方式，实际上是在这个细节上多了一种攻防手法，比简单的事实推导认定非法占有又深入一个层次。

（2）关于虚构事实，隐瞒真相。

控方认为其中欺诈的手段，即为骗。辩方会认为赌博中经常也有抽老千的诈欺手法，仍然属于赌，不是骗。如此，就需要进一步甄别赌局和骗局的区分。控方通常会强调：

"赌博的本质是结果的输赢虽有概率高低，但并非绝对控制；而骗局通常决定了结局的绝对性输赢，本案因马强掌握瓜子数，因此王淑贞必输。必输的结局就不再是赌博，而是诈骗。"

对此，辩方可以强调：

"生活用语和法律用语的区分，不是有诈欺就一定是骗局。所谓十赌九输，赌博中有抽老千的行为决定了结局基本性的输赢，但仍然是赌不是骗。本案中掌握瓜子的手段如同赌局中换牌的手法，只是一种抽老千的行为。更何况控制瓜子数也是需要一定技巧存在一定风险的，如果没有控制好王淑贞就赢了，就不是骗了。怎么能因为结果定输赢论英雄呢。"

可见，在这个问题的争辩上，如果一方有定义一方无定义则无定义一方容易被动。当双方都下定义时（控方对赌局和骗局下了定义，辩方提出

57

抽老千的替代性概念），通常难分胜负，因此就需要进一步的概念挖掘，再深入一层次去探讨结果输赢的必然性和偶然性的问题。即控方强调输赢的必然性，认为极端的偶然性事件（例如没有控制好瓜子数）不影响必然性的认定；辩方则强调输赢的偶然性包括小概率事件。到这个层面后，又需进一步论证必然性和偶然性的判断标准是什么。对此，控方有个很常用的经典说辞：

"需要以公众的一般认知为标准，例如我们常说'长江或长城'，并不因长江或长城哪天缩短了几米或几十米甚至几百米就认为其不再长，这个长没有绝对的标准，但符合公众的一般认知。本案中输赢结局的必然性和偶然性也需要符合公众的一般认知，根据这一判断标准在本案中王淑贞必然会输，所以这就不是赌局而是骗局。"

对此，辩方则需要提出另外一套判断标准，认为法律问题的认知标准要比生活常识的认知标准严谨等（需要说明的是，概念的挖掘常和判断标准的确立紧密相关，在自由论辩提问技巧中我们将专门探讨判断标准的问题）。在这样多层次的对概念挖掘的深入辩驳中，不难看出，越深入越容易把实质性问题说透彻，通常控辩双方谁越能深入谁越占据主动权，越能以理服人。

（3）关于错误认识。

如果控辩双方仅停留在前述的基于赌局还是骗局产生的认知是否错误的争辩中，则始终难以说服听众和评委。这个时候就需要有人提出错误认识的概念，例如控方可以认为：

"明知事实真相而不再为之即为错误认识，本案中王淑贞若明知有人控制瓜子数是绝对不会参与的，因此这就是错误认识。"

（4）关于自愿交付财物。

这里实际上涉及两个概念，一个是自愿，另一个是交付。什么是自愿，什么是交付。在概念表层和简单的事实层面可以说：

控方：没有反对这就是自愿，他人实际控制了财物这就是交付。

辩方：心动不如行动，默许不代表自愿，赌博中的下注行为不是交付。

若再深入一层，采用概念挖掘的方式，则可以进一步定义：

控方：自愿包括事前的默认；

辩方：事前的默认必须得到事后的追认才属于自愿，本案王淑贞事后未追认不是自愿。

控方：转移占有即为交付；

辩方：转移占有且需排除所有权人的控制才是交付，本案王淑贞作为所有权人始终站在财物边上并未失去控制，因此不是交付。

当然，控辩双方可以有不同角度的不同定义方法，控方也可以根据辩方的概念提出新的概念进一步探讨：

控方：控制是形式判断还是实质判断，认为本案一拿出财物实质即被王强等人控制，王淑贞已然失去控制，这仍然是交付。

在这一轮的争辩中，依旧是概念的有无、严谨，甚至多少，决定了控辩双方的胜负。

（5）关于转化型抢劫的"窝藏赃物"。

根据我国《刑法》第269条规定"犯盗窃、诈骗、抢夺罪，为窝藏赃物、抗拒抓捕或者毁灭罪证而当场使用暴力或者以暴力相威胁的"构成转化型抢劫。因此这道辩题，除了就上述关于是否构成诈骗的前提条件进行争论外，论证是否构成转化型抢劫还有另外的构成要件可供分析，即是否当场使用暴力或以暴力相威胁，是否窝藏赃物。在这些构成要件基本点上并非铁板一块没有探讨争论的空间。例如，关于"窝藏赃物"，在事实层面的争辩：

控方：保护诈骗所得财物即为窝藏赃物；

辩方：保护自己赢得的赌资不属于窝藏赃物。

还可以深入概念层面来探讨"窝藏赃物"：

辩方：根据我国刑法和司法解释规定，窝藏罪是指为他人犯罪所得赃物提供藏匿场所，刑法用语必须遵从体系解释的基本原则，本案是自己违法所得不能认定为窝藏赃物。

控方：窝藏赃物是指保护违法或犯罪所得的财物的实质占有状态，应当从实质解释出发进行理解。

由此，双方概念的界定可能产生进一步争议，体系解释和实质解释冲突时如何处理等。当然控辩双方也可以运用举例反驳等其他方式。

这道案例论辩题，如果充分展开，围绕构成要件精细化拆分后的争议焦点众多。在日常的训练中，我们要尽可能地多拆分概念，多寻找争辩点；但在真实的案例论辩中，由于时间有限，很多时候不可能在一场论辩中展开所有有争议的概念，往往只能选择重点展开。关于一场案例论辩如何确定战场（即争辩点）及转化的问题，我们将在其后的自由论辩技能中专项探讨。

在这里，我们一起来分享一下上述马强诈骗案的一场真实论辩。这场论辩是2005年北京市十佳公诉人选拔赛决赛时的一场比拼，担任控方的是徐航，担任辩方的是游小琴，二人其后均被评为第三届全国十佳公诉人。其后游小琴担任首届全国检察机关优秀公诉人电视论辩大赛北京队的教练，并带领北京队获得团队第一名的好成绩；徐航代表北京队参加了首届全国公诉人与律师电视论辩大赛，也取得了团队第一名的好成绩。多年前二人的这场论辩如今再看依旧精彩，且运用了不少概念挖掘的方法。

[控方开篇立论]

尊敬的主持人，各位评委大家好！控方认为被告人马强的行为触犯了我国《刑法》第263条、第269条的规定，构成了抢劫犯罪。理由如下：第一，主观方面。在案发之前，被告人马强和同案人进行了预谋，预谋的内容就是说要利用假装赌博的方法骗取他人财产。同时几人也商定，如果骗局被被害人拆穿，那么为了保护财产，他们将使用威胁、暴力等方法迫使被害人就范。通过马强的具体行为，我们不难看出，在本案当中被告人马强在主观上既具备了明知自己的行为和同案的行为会有社会危害后果发生的认识因素，同时又具备了决定实施这种行为的意志因素。而考察马强的主观故意，我们又不难发现，虽然案发之前马强对不同的情况作出了不同的准备，但共同的指向都是要非法占有他人的财物。第二，在客观方面。被告人马强和他的同伙实施了由赌博型诈骗转换而成的抢劫犯罪。我国《刑法》第269条明确规定了转化型抢劫犯罪，马强实施的正是这种行为。我们看一看案件，在本案发生之前，被告人马强设置了一个自己必然能够胜出的假赌博作为诈骗方法。在案发过程中，马强暗示自己的同伴将只是路过的王淑贞拉到了赌局旁。同时他们当着王淑贞的面上演了一场参加赌博就能赢取大额赌金的假戏，使王淑贞见状心动，误以为在自己面前

第二章 案例论辩的基础性策略

的这场赌博真的是可以赢取钱财的公平的赌博。进而在马强同案的引诱和帮助下,王淑贞随身携带的首饰变成了这场诈赌的赌资。王淑贞输掉这场虚假的赌博是必然发生的事实。但是当马强收起首饰时,王淑贞恍然醒悟,自己被骗,并立即提出了要求返还财产。此时,被害人马强和他的同案们为了保护已经到手的财产不被王淑贞索回,而对王淑贞进行了威胁阻拦,马强甚至把已经55岁的王淑贞打成了轻微伤。案发之后几名被告人离开现场。由整个案件的分析我们不难看出,被告人马强的行为就是在诈骗当中为了窝藏赃物而当场使用暴力手段非法占有他人财物的行为,这正是我国刑法规定的典型的转化型抢劫犯罪。综上,控方认为被告人马强的犯罪触犯了我国的刑法,侵犯了他人的财产权利和人身权利,具有社会危害性。因此,应当依照我国《刑法》第263条的规定定罪处罚。谢谢各位!

[辩方开篇立论]

主持人,各位评委,辩方不能同意控方的意见。辩方认为被告人马强的行为不构成抢劫罪。本案中马强所获取的手链和耳环都是人随身携带的小件首饰。由于它们体积小,易于携带的特点,应当认为从马强获得王淑贞的首饰时,他就已经取得了对这些首饰的占有。以此作为界限,本案的案情可以分为前后两个截然分开的阶段。第一阶段,马强获得王淑贞的首饰采用的是设赌局的方法。第二阶段,马强对王淑贞进行的殴打是为了保护已经取得的财物。由此可见,马强的行为既不构成我国《刑法》第263条所规定的抢劫罪,也不构成我国《刑法》第269条所规定的抢劫罪。第一,我国《刑法》第263条所规定的抢劫罪它要求客观方面的行为是符合的。暴力、胁迫行为应当是作为取财的一个手段行为。本案中马强对王淑贞进行殴打是在已经占有了王淑贞的财物之后,殴打由于不是取财的手段,也就不能成为抢劫罪客观方面的行为。因此,马强他就不能构成我国《刑法》第263条所规定的抢劫罪。第二,我国《刑法》第269条所规定的抢劫罪,它的前提条件是要求先前的行为必须是盗窃、诈骗或者是抢夺罪。而马强在第一阶段的取财行为并不符合这一条件。辩方并不否认在马强所设的赌局中,设计的圈套弄虚作假,带有欺骗性。但这里的骗是赌博,与国家所明令合法进行的足彩、福彩等博彩行业的区别所在。也就是赌博之所以被国家禁止的原因,也正是揭露赌博的本质特征。王淑贞是赌博的参与者,而非诈骗的受害人。王淑贞默许黄三将首饰放在赌盘上,就是用首饰作为赌资投下赌注。马强在赌博中获胜后，把王淑贞的首饰收起，仅仅是收取自己所赢的赌资。因此，马强在第一阶段的行为不构成诈骗罪。由此可见，马强在第二阶段的殴打行为也就谈不上转化为抢劫罪的问题。辩护意见发表完毕，谢谢！

[自由论辩]

控方：我首先想请教辩方一个问题。刚才你说到马强等人设置的是一个赌博的骗局，那么请你明确地告诉大家什么叫做赌博，赌博的本质到底是什么？

辩方：赌博，可以是赌，也可以是博啊，就好比是买卖。中国的构词法是非常丰富的。买卖，买卖，可以是买，也可以是卖。赌博，赌博，可以是赌，也可以是博。博是合法的，是一种博彩业，正是靠偶然因素来决定成败的。赌博中的赌就是一种骗术，是一种操纵结果的技术啊。赌为什么那么可怕，为什么那么多家庭为此妻离子散，就是因为赌中有骗术害人，就是因为赌博是在有人操作之中。所谓的浪子回头金不换，指的就是赌徒金盆洗手啊。请控方给大家解释一个简单的概率问题，为什么有的赌徒行赌多年，却只输不赢，最后落得个倾家荡产呢？

控方：我终于明白了辩方今天的错误，就在于错误地界定了圈套性赌博与赌博型诈骗之间的区分。刚才我问辩方什么叫做赌博，现在汉语大词典告诉我们，赌博是由掷色子等方法，用财物做赌注比输赢。也就是说，结果有输有赢。而在本案当中，被告人马强通过控制手中瓜子的方法决定了这场赌博的必然结局，也就是他必然能够胜出，此时还叫作赌博吗？请辩方告诉我们这个。

辩方：我明白了，控方指控的依据是根据词典，而不是根据法律啊。关于赌博，我们所熟悉的电影有《赌神》《赌圣》等。香港导演王晶今年刚刚拍摄成功的一部电影叫《雀圣》，风靡港台，却在我们大陆被禁止上映，为什么？就是因为它其中演示了大量赌博中的赌术。可见，赌博它就是一种骗术，是一种操纵输赢的本事。否则哪来的什么赌神，哪里需要什么拜师学艺啊。本案中马强的猜瓜子它也不过是一种赌术而已，一种操纵结果的技术。按照控方的观点，赌博是靠运气来赢。那么我倒要请问控方，是不是王晶就不用拍这部电影了，是不是想要成为赌坛高手而用不着学赌术，而是学算命、学占星术呢？

第二章　案例论辩的基础性策略

控方： 对呀，就是因为他的这些电影，我才知道如果你在赌博当中作弊、抽老千，人家知道之后就会把你的手砍下来。说明什么，说明你违背了赌博的基本规则。赌博的基本规则是说它的结果是有或然性，没有必然性。本案当中恰恰是用一种诈骗的手法，使这个赌博的结局具有必然性。对方一直在回避这个问题，说赌博中经常会有诈骗行为的出现，没有错误。那请问对方，如果有诈骗行为控制着赌博的进程，控制着赌博的结果，难道对方认为这还是我国刑法规定的赌博罪吗？请对方仔细理解这个基本概念。

辩方： 是啊，有那么多的赌徒在赌桌上因为出千被砍手、砍脚，可是为什么还有那么多的赌徒前赴后继呢？今天我们现场来了很多的检察长。我想咱们都知道检察官是不能赌博的，这指的是什么？并不是说检察官不能博啊，检察官也可以中彩票啊，他也可以博个500万元啊。我想，这肯定会成为咱们北京市检察系统的一个美谈。而如果哪个检察官参与了街头赌博，恐怕在场的领导看来都不是一件光彩的事情吧。但是无论是赌还是博，与诈骗不能共存。因为赌博是自愿参加的，认赌服输，输掉怎么会是被害人呢。请问对方，你是怎么理解没有受害人的诈骗案呢？

控方： 我终于知道辩方为什么在这个问题上糊涂了。检察官参加，去博取彩票，请问这个结果是事先就定好的吗？难道因为你是检察长，你买的彩票就必然获胜吗？当然不是。就是因为你去博，你去赌，所以结果具有一种或然性，你才参加的是国家保护的博彩行为，才不是我们今天所说的赌博犯罪。

辩方： 参赌之人皆为贪财图利之辈，其目的同样是想不劳而获，是想要获取他人的钱财。明知道赌局中有猫腻，却是明知山有虎偏向虎山行，不入虎穴焉得虎子啊。这是他们参赌的共同心态。舍不得孩子套不着狼，这是他们押赌套宝的心理支柱啊。正是有了设赌的情节，案件性质才发生改变。难道控方可以不顾事实情节的改变，而主观臆测，进行指控？

控方： 那我们就来说一个最为核心的问题吧。请问辩方你怎么去理解马强在这次赌博当中虚构了可以赢钱的事实，并且隐瞒了自己能够控制这场赌博的这种真相。那么您认为这种虚构事实、隐瞒真相的方法叫赌博还是叫诈骗呢？

辩方：对于赌博能不能操纵结果，辩方已经解释得很清楚了。让我们回到本案的事实中来。仔细看一下第一阶段王淑贞输掉首饰的整个过程。这一过程王淑贞经历了驻足观望、心有所动、患得患失、自愿押赌、输掉财物，这一参与赌博的整个过程。况且这一过程完全是马强等设局，王淑贞经不住诱惑而自愿参赌的。她在参赌前的犹豫和观望反映出，她对赌局没有错误认识。对赌局中可能设有圈套是有所认知的，她的参赌可以完全说是"姜太公钓鱼——愿者上钩"或者是"周瑜打黄盖——一个愿打，一个愿挨"，完全是两厢情愿的，充其量只是一次赌博行为。控方您认为构成诈骗罪，那么请问您是怎么理解诈骗主观方面以非法占有为目的和赌博以赢为目的呢？

控方：我方态度非常明确地回答了，不管被告人马强事先做了什么样的准备，他的目的都是非法占有他人财物。在本案当中，就是非法占有王淑贞的财物的目的。刚才辩方并没有回答我的问题。你怎么认定被告人马强虚构赌博当中可以赢钱，以及自己可以控制赌博进程这个问题。因为如果要回答这个问题，得出的结论只有一个，那就是这种行为是诈骗行为，不是一种赌博行为。不能因为赌里面经常有这种骗的行为存在，就把两者混为一谈。今天我们要做的就是要分清赌和骗到底可不可以分开。

（辩方时间到）

控方：今天我们控辩双方在赌博的问题上发生了极大的争执，我也听到了辩方在这个问题上，对于赌当中经常有骗的行为把它们理解成一样。那么对于这个行为，控方将在总结陈词时进行认真的区分。我想当这个问题区分之后，由此产生的一系列问题都可以相应解决。因此控方放弃剩余的辩论时间。

[控方总结陈词]

谢谢主持人，各位好！我们说辩论的魅力不仅在于语言的碰撞，更在于观点的交锋。语言的碰撞经常使我们赏心悦目，而观点的交锋就可以引发我们的深思。在刚才的自由论辩中大家听得非常清晰，控辩双方就这个案件属于什么性质发生了非常大的争议。马强设计的这个行为到底是一个赌博行为，还是一个以赌博为方式的诈骗行为，我们双方发生了争议。那么在这个过程中我想简单地阐述一下控方在自由论辩中的观点。控方提出，第一，区分赌博与诈骗是需要有标准的。我们看到赌博最根本与诈骗不同的是，赌博的结果具有或然性，诈骗的结果具有必然性。如果将这两者混淆，势必造成了结论不清。第二，我们看到在赌博中确实有骗的行为发生。但是如果只是有骗他人来参加赌博，那这种叫作圈套型赌博。但是如果在赌博当中，你要是使用了骗的方法，控制了进程和结果，那就不叫赌博了。那就是"挂着羊头卖狗肉"，用赌博的方法去诈骗。这也就是我们所说的赌博型诈骗。那么区分清楚这个问题，之后的问题也就相对来说好解决了。因为你设置了一个诈骗犯罪，所以造成了辩方问我的"王淑贞交出财物是不是主动"。那么答案是非常明显的，这是因为王淑贞陷入了这个错误的认识，以为自己参加的所谓的这个赌博是真的而交出她的财物。而交出财物之后又幡然醒悟要回自己的财物的时候，被告人采取了暴力行为，这个不就是刑法规定的嘛？在诈骗犯罪过程当中，为了防止被害人索回自己的财物而当场使用暴力或暴力胁迫的方法非法占有他人财物的目的，这也就是明显的转化型抢劫犯罪。因此，对于这个案例，控方有很基本的立场，那就是说如果在赌博过程当中使用了虚构事实隐瞒真相的方法，操纵了赌博的进程和结局，改变了赌博的本质，那么赌博就不再是赌博，而是一种诈骗的方法。那么这种赌博型诈骗方法当中，如果为了阻止被害人索回自己的财物而使用暴力的时候，就已经变成了为了窝藏赃物而当场使用暴力，这个时候完成了从诈骗行为向抢劫行为的转化。其实刚才控辩双方就这个问题展开讨论原因是很深刻的。那就是在司法实践当中，我们经常发现赌博和骗的行为交织在一起难以区分。最高人民法院曾经两次就这个问题作出过批复，更造成了理论界的争议与实践界的混乱。我们说今天我们在这里对这个问题进行一个深入的辩论，把这个问题探讨清楚是对司法实践界的一种贡献。因为在两百多年前，法学家边沁就曾经说过，所谓的法治国家是公民严格地遵守法律但可以自由地批判法律。今天我们做的就是这样一种有益的探索，也希望对我们的法治进程作出自己的贡献，谢谢！

[辩方总结陈词]

主持人，各位评委！在今天的辩论中辩方始终恪守了这样一个原则，以事实为依据，以法律为准绳，以法理为后盾。在全面总结我方观点之前，首先要指出控方观点中存在的两点主要的错误。第一，控方错误地理解了抢劫罪的本质特征。根据我国刑法的规定，无论是直接抢劫还是控方所指控的转化型抢劫，行为人对财物的取得，其本质特征都是采用暴力、胁迫的手段强取。而马强取得王淑贞的财物,是用设赌局方法巧取。巧取与强取有着本质的区别。巧取并没有使用暴力夺取财物,不符合抢劫罪的特征。第二,控方狭隘地理解了赌博的含义,从而混淆了赌博与诈骗二者之间排斥的关系。赌博中的赌和博是有区别的。博是博彩业,它是合法的,结果是有偶然性的。而赌就是一种骗术,十赌九输,十赌九骗。赌和骗本来就是一对孪生兄弟。但这种骗与诈骗罪的骗是不同的。诈骗罪的骗是单方的骗,是一方对另一方纯粹的欺骗。而赌博中的骗是双方你情我愿共同参与,输赢双方互动的结果。可见控方的观点与事实不符,与法律相悖。事实胜于雄辩。在本案当中,因马强在赌局中获胜从而以占有王淑贞的首饰为界,案件展现两个截然不同的阶段。由于第一阶段马强取得财物是通过设赌局,不构成诈骗罪。因此第二阶段也就不存在转化抢劫的问题。王淑贞所受的损伤仅仅是轻微伤,马强也不存在构成故意伤害罪的问题。主持人,各位评委。我们国家刚刚进行的一场声势浩大的打击赌博的斗争。赌博不仅危害社会秩序,破坏安定团结,影响生产、工作和生活。而且还是产生盗窃、诈骗、抢劫、杀人等违法犯罪的温床。要遏制赌博,就必须打击和教育挽救参赌的双方。不能说输的一方就一定是受害者,而赢的一方就必然构成诈骗罪,甚至是抢劫罪。辩方坚定地认为被告人马强无罪。谢谢!

这是一场较为精彩的论辩,除了举例、假设等论辩技巧之外,控辩双方在概念挖掘和区分方面都下了功夫。整场论辩,控方紧抓住一个核心问题,即赌博和诈骗的实质区分,提出了"圈套性赌博"和"赌博型诈骗"的概念,然后进一步区分结果的或然性和必然性。辩方针对结果的或然性和必然性,强调"十赌九输",并提出了"巧取"和"强取"的区分。

2. 概念挖掘的具体方法和要求

概念挖掘是案例论辩的重点和难点。概念挖掘的过程极其考验一名辩手的法理功底,对语言和逻辑能力要求较高。

(1) 紧密围绕犯罪构成要件展开,且构成要件的拆分越精细越好。前述关于诈骗的构成要件之一"自愿交付",就需要进一步拆分,什么是自愿,什么是交付。

(2) 结合案例事实,构成要件中此罪和彼罪、罪和非罪等控辩双方存在争议的地方通常就是需要下定义的地方,争议越大,越需要重视。例如财产犯罪中,骗和抢等行为手段交织时,对于财产的占有往往是争议的焦点，就必然涉及占有的概念。

（3）所下定义需有法律依据，符合法理，且合乎情理。根据案件的具体事实经过适当改造或在不同定义中的精心选择，能够有效在本案中说明己方立场，反驳对方立场，并有较强的抵抗攻击能力，能够自圆其说。

（4）定义要简洁清晰易懂，忌大段论述或过于学理生僻。概念挖掘的过程是基于己方立场，结合案件事实，进行逻辑及语言表达探寻的过程，但具体的案例论辩中，被挖掘的概念还有一个表述的过程。对此，我们来看另外一场实战论辩。

论辩题：张晓林受贿案
——首届全国公诉人与律师电视论辩大赛决赛
北京公诉队 vs 上海律师队

张晓林，男，42岁，已婚，东海市工商局副局长，分管办公室和工商企业登记工作；孙甜美，女，28岁，未婚，无业。二人认识后两情相悦，多次外出游玩、发生不正当关系。风华副食品公司在该市新华区工商分局登记注册，近期因产品质量问题被众多消费者投诉，被市工商局稽查分局查处，适逢国家严厉打击食品药品违法犯罪，作出罚款100万元的处理决定。风华公司经理张涛便找到老同学孙甜美，请求其找张晓林副局长出面摆平此事，并答应事成后可以到风华公司担任副经理，年薪不低于15万元，也可以不用上班。孙甜美便找到张晓林请求其出面协调处理此事，并将事成后其到风华公司担任副经理之事一并告知。张晓林遂找到其大学同窗好友——时任稽查分局局长的胡春风，请求其做些工作，对风华公司高抬贵手。胡春风便指使下属以证据不足为由，提出由消费者权益保护中心调解处理的意见，报分管副局长李太平，并告知该案是张晓林副局长请托，建议从轻处理。李太平副局长遂签批同意此处理意见，风华公司最终被免予行政处罚。事后风华公司效益滑坡，张涛感觉孙甜美担任公司副经理不再合适，决定把公司价值20万元的汽车赠予孙甜美以示感谢，孙甜美予以接受，并将此事告诉张晓林，张晓林说："你当副经理不上班拿年薪，我不反对，但这辆车比较扎眼、影响不好，赶快退回去吧！"孙甜美说："这是我们同学之间的事，我帮他办事，他给我报酬是人之常情，有

67

人问我就说是借的，没事！"张晓林便不再说什么。后经群众举报案发，案发时车辆由孙甜美占有，但一直未办理过户手续。

控方：张晓林构成受贿罪。

辩方：张晓林无罪。

[开篇立论]

控方一辩：谢谢主持，各位评委，我国刑法严令禁止国家工作人员进行权钱交易，不管是为自己还是为情人。在本案当中张晓林的犯罪行为，明显分为三个阶段：第一阶段，张晓林与孙甜美同谋与他人进行权钱交易，张晓林与孙甜美有不正当关系。一日，孙甜美明确告诉张晓林，风华公司将受处罚，需要张副局长出面摆平此事，事成之后孙甜美可以从风华公司领取好处，此时张晓林对于自己的谋利行为，与孙甜美获取好处之间的对价关系有了清楚的认识，对于二人一人办事、一人收钱的分工模式有了准确的把握。第二阶段，张晓林利用职务便利，为风华公司谋取了利益，作为工商局的副局长，对于工商局直属的稽查分局局长，当然有职务上的制约关系，张晓林也正是利用这种职务关系，找到具体承办此事的分局长胡春风，胡春风也确实按照张晓林的意思，抬了不该抬的贵手，风华公司最终被免予行政处罚。在本案当中，不管胡春风是老同学也好，是老战友也罢，只要谋利的行为是通过张晓林制约的下属职务行为实现的，就应当认定张晓林利用了职务便利。第三阶段，事成之后，风华公司决定以赠送汽车的形式履行承诺，表达感谢，当张晓林明确得知，作为特定关系人的孙甜美已经接受汽车时，虽然他也心怀忐忑，虽然他也略显不安，但最终还是侥幸心理占了上风，认可了孙甜美对汽车的占有，由于张晓林既没有明确反对，更没有有效制止，根据我国刑法共同犯罪理论，张晓林的犯罪已经既遂。综上，张晓林用职权换金钱的行为，严重侵犯了国家工作人员的职务廉洁性和不可收买性。根据我国《刑法》第385条之规定，张晓林的行为构成受贿，谢谢。

辩方一辩：谢谢主持，大家好，我方认为张晓林违纪但不违法，理由有三：第一，婚外之情不等于特定关系，什么是情妇，刑法没有给出明确的标准，像张晓林和孙甜美这样，偶尔外出发生关系，和我们一般意义上的长期稳定的婚外情，显然是有实质性的区别，所以司法解释纳入情妇这个概念，看中的并非特定身份，而是共同利益。所以如果说没有事前的共同收财的故意，事后没有利益的输送和共享，那么便不是受贿罪所指的特定关系，面对同一辆车，一个拒绝、一个接受，一个劝阻、一个不听，不听话的孙甜美又怎么是特定关系人呢，所以孙甜美收车不等于张晓林敛财。第二，同学之情不等于职务之便，张晓林虽为副局长，但并未以同级身份去找李太平，也没有以上级身份去压胡春风，他只是请求对拟定而未定的处罚高抬贵手，而不是直接命令一笔勾销，他用的不是领导地位，而是同学之情，他用的不是职务便利，而是好友之谊，所以张晓林并未用权。第三，劝阻无效，不等于默认同意，张晓林对汽车的态度可是很明确的，快快退回，听不听全在孙甜美，收不收不由张晓林，他不再说什么，或许是一种无奈，但绝不代表就是同意，因为只有法律明确规定的模式，才具有认可的法律效力，我们说张晓林他不是一个合格的公务员，他有违道德的婚外之情，有利用同学之便的行为，但是我们说他既未用权，也未收财，没有利益输送，谢谢。

[自由论辩]

控方二辩：谢谢主持人，张晓林与孙甜美约定，一人办事一人收钱，首先让我们来看一下，张晓林是怎么办的事，请问张晓林是否通过胡春风的职务便利，为他人谋取了利益。

辩方二辩：但是问题在于根据"两高"规定，张晓林构成受贿的前提，必须是他授意请托人将财物交给孙甜美，所以请问本案当中张晓林有没有事先的授意？

控方三辩：简单一个理论问题，请问"两高"关于受贿案件的授意这一条规定，是一个法律拟制，还是一个注意性规定？

辩方三辩：那么请问他如果没有授意的话，那么在本案当中张涛有没有告诉孙甜美，我给你的好处你一定要给张晓林，孙甜美拿车以后，又有没有把车交给张晓林呢？

控方一辩：我必须指出辩方对法律的曲解，"两高"意见明确说明，当国家工作人员授意他人给特定关系人的时候，是以受贿罪论处，而不是说这种情况才叫受贿罪，这叫举例子不叫下定义，所以我方三辩才问，这到底是法律拟制,还是注意性规定,第二遍请教法律问题。

辩方一辩:控方无非是说孙甜美拿车就等于张晓林收财,那么孙甜美等于张晓林吗?我看孙甜美还不如是郭美美,因为她们两个人同样的是无业,同样的是爱车,同样的是令人讨厌,但是问题在于我们也没有看到北京的公诉人起诉郭美美嘛。

控方三辩:对方先不要着急,孙甜美受财是不是属于张晓林受财,按照受贿犯罪的认定思路,应该是第二个步骤的问题,我们先来看第一个步骤,也就是我方二辩提的第一个问题,在本案中请问,张晓林是否通过了胡春风的职务办了事,这是不是受贿罪中的利用职务之便?

辩方二辩:但是最关键的问题恰恰在于最初决定的并不是胡春风,而是李太平,我们说今天控方要论证的是一个共同的犯罪,但是孙甜美的立场却恰恰是收好处我来、背黑锅你去,你能说他们两个人是利益共同体吗?我看他们恰恰是害你没商量啊。

控方二辩:张晓林找了胡春风,就是利用他的职务便利,至于胡春风再去找谁,他找的李太平,还是李平太,都不影响张晓林受贿罪的成立,我想请问对方,张晓林有没有通过胡春风的职权为他人谋取利益。

辩方二辩:让我们来看看,本案当中双方到底是不是特殊关系人,我想请问孙甜美和张晓林只是偶尔外出过几次,还是一般意义上我们认为的长期稳定的婚外性关系的情妇?这两者等同吗?

控方一辩:情夫妇为什么要长期稳定,现在离婚率这么高,连受法律保护和约制的婚姻关系都没有办法长期稳定,为什么要求情夫妇长期稳定?

辩方三辩:那么请问了,如果是简单的婚外性关系就构成情妇的话,那么请问失足妇女,是不是这些失足男性的情妇呢?

控方二辩:对方非要把今天案例给出的整个事实人为地割裂开来。是的,单独是两情相悦那是柏拉图,单独的外出游玩那是游伴,如果说单独的性关系那是性伴,但是柏拉图加上游伴加上性伴,难道还不是情夫妇吗?

辩方二辩:那我再请问,如果仅存在婚外性关系,而没有利益输送,这样的情妇是不是刑法意义上的特定关系人呢？

控方一辩：今天反复纠缠情夫妇，如果你查字典，情夫妇就是婚外性伴侣，如果你问老百姓情夫妇，就是家里红旗不倒，外面彩旗飘飘。如果你看本案"两高"解释非常明确地说明特定关系人，情夫妇就是特定关系人，特定关系人收受就等于国家工作人员收受，在本案当中连风华公司都知道张晓林和孙甜美之间的特殊关系了，他们之间的关系已经是众人皆知的秘密了，难道对方不知道，这样不是情夫妇什么才是情夫妇？

辩方一辩：可是司法解释说了，有情夫妇身份还必须有共同利益关系啊，今天您只看到了身份，却没有看到共同利益，难道情人就一定是特定关系人吗？那为什么我们都说贪官最怕两件事：一是家中被盗，二是情人举报啊。

控方三辩：对方说共同利益，那我们就来看共同利益，事实告诉我们很清楚，本来是张晓林用的权帮他办的事，正常的逻辑是什么，是张晓林授权，可是为什么张晓林可以收的车却让给了情妇去收呢，这不是共同利益又是什么呢？

辩方二辩：正是因为张晓林他被爱情蒙蔽了头脑，所以才干出了让自己违纪，让他人获利的事，可是并不能够就确认，他们是共同利益体。

控方二辩：如果他们没有共同利益关系，为什么在孙甜美收了车之后，张晓林会说赶紧退回去吧，影响不好，既然影响不好，为什么没有共同利益呢？

辩方三辩：对方无外乎认为，情妇和贪官就一定是利益共同体，我上网查了一下，关键词贪官杀情人有210多条，用的手段有用刀、用枪、用手雷，还有汽车炸弹，我看有时候情妇和贪官倒是仇人关系啊。

控方一辩：好吧，那就让我们看看案例告诉我们，案例说二人多次出去游玩，出去游玩可是个烧钱的买卖，现在出去一次门票、路费、住宿费多高啊，说句不好听的话，喝口凉水您还得交钱呢，这还是两个人一起出去游玩，当然是一起花钱。请问，这还是我们看得见的共同利益，还不说那些我们看不见的共同利益，请问辩方你们到底要什么样的共同利益才叫共同利益呢？

辩方一辩：那么我就来给你举个反例好了，安徽的贪官武广春，他在法庭上声泪俱下说，是我最爱的情人把我告上了法庭，像这样的案例比比皆是，像这样的情人恐怕不仅不是特定关系人，还可能是反贪的急先锋哦。

控方三辩：我想情夫妇的问题，是一个基本的事实常理判断，案件事实给定非常清楚，今天我们是在探讨法律的问题，我们还是从男女关系跳到了法律的甄别，请问在本案中二人同谋一人办事一人拿钱，请问，孙甜美收车的时候，张晓林有效反对了吗？

辩方二辩：那我就请问一下，事先的通谋到底有没有，在针对孙甜美收车的事情上，张晓林和她有没有事前通谋。

控方二辩：在张涛去找孙甜美的时候，有没有告诉她可以不工作就拿钱，而孙甜美有没有把这些情况一并告知张晓林呢？

辩方二辩：按照控方的逻辑，在收车的时候犯罪就已经构成了，即是既遂，那我请问是不是在既遂之后还可以实现犯意的转换呢？

控方一辩：当然不是，因为利益辩论的时候我们已经讲得非常清楚了，我再问一遍，张晓林对于孙甜美收车有没有进行明确有效的反对？

辩方三辩：当然明确有效地劝阻，但是情人一哭二闹三上吊，他就无法阻止了，那么请问劝阻无效就等于默认同意吗？路人斗殴我去劝阻，但是无效，我就视同同意他斗殴，警察难道还要把我抓进去，说我参与斗殴吗？

控方二辩：因为你劝阻你是第三人，而本案当中张晓林他是当事人，所以他必须有效地劝阻，本案当中当孙甜美跟他说，如果有人问我，我就说这车是借的，而张晓林从此就不再说话，这显然就是一种默认啊。

辩方二辩：劝阻无效就等于默认吗？虽然我们不习惯控方的三辩在辩论的时候只看观众不看我们，但是我们知道劝阻一定是无效的，这可绝不代表我们默认同意啊。

控方三辩：二辩，我其实一直在脉脉含情地看着你呀，我们要注意到在本案中这是一个共谋者，共谋者的反对他不能仅仅是说一句话，他必须有效地制止，请问本案中有效制止了吗？

（控方时间到）

辩方二辩：控方为了使张晓林今天成立受贿罪，给了我们一个完美的立论，但是在这完美的立论当中，却恰恰存在三个细小的瑕疵。

辩方一辩：把孙甜美的贪婪说成是张晓林的故意。

辩方二辩：把孙甜美的收车说成了是张晓林的敛财。

辩方三辩：把张晓林的反对说成了张晓林的同意。

辩方二辩：鉴于控方的时间已经完毕，我方自愿放弃剩下的时间，但是我想告诉大家的是，这件事情我们事先没有通谋，事后不会受益，今天是一场控辩双方的君子之辩，谢谢。

[总结陈词]

控方三辩：谢谢，我不仅欣赏了对方的帅，而且我们还充分欣赏了对方的语言魅力和逻辑之美，可是我想站在这里，作为一名法律人，我们更应当回归到案件的事实，进行法律的理性分析判断。其实认定受贿罪的关键点第一个在于张晓林是否用了权，很遗憾在这一点上，辩方今天一直在回避，我们看到张晓林和胡春风是上下级关系，上级通过下级的职权办事，这就是利用职务之便。辩方在一辩立论的时候说，他利用的仅是同学关系，可是我们说各种关系交织，我方并不否认同学情谊的存在，但是只要客观上利用了职务之便，这就符合受贿罪的构成要件，至于之后胡春风再找谁，找不找人，这都不影响该点的成立。

第二个争议的焦点是，在本案中张晓林的权是否换来了钱。那么首先我们要看到张晓林和孙甜美是情夫妇，这是一个基本的事实、常理的判断，而且众人皆知，否则为什么风华公司要找一个28岁的无业女青年办事呢，显然看中的是她身后的张晓林。而根据法律的规定，情夫妇就是共同利益，就是一个特定关系人，这里的共同利益绝不仅仅是共同的财产占用关系，我们看到二人通谋，一人办事、一人收钱这就是共同犯罪，因此孙甜美收了钱就是张晓林受了贿。在本案中虽然约定的是年薪，但是以车的形式支付没有超出贿赂的实质和价值的范畴。张晓林其实也没有反对，因为作为共谋者，如果他真的反对，他就必须有效地制止，没有有效地制止，这仍然是收受。最后我们说，无论受贿犯罪的花样如何翻新，我们都应该牢固把握权钱交易的实质，透过现象看本质，加强打击力度，正所谓法正公庭净，官清民自安，谢谢。

辩方三辩：谢谢。大家好，张晓林不是一个合格的公务员，他应当被谴责，但违纪不等于违法，没有利益输送，没有收受钱财，怎能构成受贿罪，控方立论当中有三个问题值得探讨。第一，婚外之情不等于特定关系。张晓林和孙甜美只有感情上的羁绊，没有利益上的关联，是否构成情妇关系，尚存疑点。最重要的是只有考虑其男女关系背后，是否构成利益共同体才能解释，为什么不是自己收钱，也要承担刑事责任。第二，同学之谊不等于职务之便。张晓林要求对拟定而未实施决定做些工作，这当然不当。但是并不构成犯罪，他恳求同学帮忙，只是请求高抬贵手，并不是以权压人，他不想用权也没有用权。第三，劝阻无效不等于默认同意。张晓林明确要求孙甜美退回车辆，动机谈不上高尚，但是行为毕竟正确，即使最后孙甜美拿了车也不等于张晓林最终获了利，张晓林事前不知，事后反对，他固然有错，但错在男女之情，而非权钱交易。不放过案件任何疑点，是今天控辩双方的责任，本案中是否有利益输送，是否构成受贿，都是疑点，在新的刑诉法修改意见当中，明确了存疑时有利于被告的原则，而在本案中面对诸多的疑点，控方又怎能匆匆定罪呢？我们说张晓林犯了错，但作为社会的一员，他仍然享有他正当的诉讼权利，我们整个社会是由我们每一个人所组成的，但是法律的眼中，每一个人即是整个社会，谢谢大家。

这道辩题涉及职务之便、特定关系人（具体又涉及情夫妇、共同利益等）、共同犯罪中的共同故意（具体又涉及反对）的概念，在这场实战中这几个概念也成为整场论辩的焦点。这道辩题涉及的概念挖掘及在这场论辩中的实战对抗，充分体现了概念挖掘这一基本策略及技能在案例论辩中灵活运用的两个重要问题：

（1）概念挖掘必须紧密结合案例事实进行表述。

一道案例论辩题需要对犯罪构成要件进行最精细化的拆分，其中所有涉及的概念都需要挖掘，都需要事先能充分考虑到，否则可能导致场上的准备不足；但并非所有的概念在论辩的实战中都需要严谨的法理表述，否则整场论辩都在谈论概念，必然显得过于理论化，缺乏生动性，甚至难以听懂。因此，可以说，概念挖掘的过程是思辨层面的，而挖掘之后概念的表述是技能层面的。

概念的表述必须紧密围绕案件事实。通常有两种基本模式：

一种是"理论化的表述 + 案件事实的说明"。至于是先理论表述还是先案件事实说明，并无一定之规。例如该辩题中涉及的"职务之便"这个概念，控方提出了"上级通过下级的职权办事"就是利用职务之便，并结合案例阐述本案谋利行为是通过张晓林制约的下属职务行为实现的，既有上下级关系又有同学关系，各种关系交织时，不影响职务之便的认定。

另一种是省略理论化的表述，直接通过事实表述。例如该辩题中涉及的"共同利益"这个概念，控方在结辩中简单提了一句"共同利益不仅仅是共同的财产占有关系"，但全场都没有告诉我们除了共同的财产占有关系外，共同利益还包括什么，而是在自由论辩中设计了两次强有力的反问，以事实论证的方式说明本案存在共同利益：

"事实告诉我们很清楚，本来是张晓林用的权帮他办的事，正常的逻辑是什么，是张晓林授权，可是为什么张晓林可以收的车却让给了情妇去收呢，这不是共同利益又是什么呢？"

"如果他们没有共同利益关系，为什么在孙甜美收了车之后，张晓林会说赶紧退回去吧，影响不好，既然影响不好，为什么没有共同利益呢？"

（2）概念挖掘在法律概念之外常涉及生活概念。

一道辩题紧密围绕犯罪构成要件的直接性概念都属于法律概念，但犯罪构成要件的进一步精细化拆分后往往涉及一些生活概念。对生活概念下定义也主要有两种模式：

一种是从生活的经验常理出发进行概念的挖掘，并不需要多么的抽象严谨，但符合基本生活经验常理，容易说服评委和听众即可。

例如，该道辩题涉及的"情夫妇"这个概念。关于受贿罪的司法解释使用了"情夫妇"这个词语，但法律和司法解释不可能规定具体什么是"情夫妇"，我们也很难从法理层面去探讨情夫妇是什么，因为这本身就是一个社会生活概念。对这样的概念当然也可以从逻辑的角度下定义，但不易周延，且过于生硬，因此需要从生活常理角度下定义。下定义的方法可以从正面界定，也可以从反面界定。在这场论辩中，辩方从反面论证婚外性关系不代表情夫妇，而控方则认为：

"情夫妇的问题，是一个基本的事实常理判断。"

"单独是两情相悦那是柏拉图，单独的外出游玩那是游伴，如果说单独的性关系那是性伴，但是柏拉图加上游伴加上性伴，难道还不是情夫妇吗？"

"如果你查字典，情夫妇就是婚外性伴侣，如果你问老百姓情夫妇，就是家里红旗不倒，外面彩旗飘飘。"

这是一种典型的根据生活经验常理进行概念界定的方法，未必严谨，但对现场的听众和评委具有足够的说服力。

另一种下定义的模式是，对简单的生活用语，尽量结合案例事实及可能涉及的相关法理问题，以较为严谨周延的概念方式进行表述，使其具有相当的不可辩驳性。

例如，这道辩题争论张晓林是否同意孙甜美收受财物时，涉及"反对"这个概念，这并不属于一个规范的法律用语，更多意义上是一个生活用语。

辩方：张晓林口头反对了，劝阻无效不等于默认；

控方：在共同犯罪中，作为共谋者，必须有效制止才是反对。

3. 概念挖掘的实战运用

基础概念几乎在任何一场论辩中都必然涉及，且往往是控辩双方争议的焦点，因此是案例论辩中最重要的策略和技能，也是日常思辨训练的重中之重。为此，我们再一起看两场论辩，增强认知。

论辩题：张洁生产、销售有毒、有害食品案
——首届全国公诉人与律师电视论辩大赛决赛
上海公诉队 vs 浙江律师队

张洁，女，2007年大学毕业后到嘉华食品公司工作，任总经理秘书，日久天长和总经理郭伟产生感情，并确定为恋人关系。

2008年底，公司面临巨大的生存压力，郭伟苦苦谋求新的发展方向。经过一段时间的调查，他发现窈窕身材无论在什么时候都是女性不变的追求，生产"减肥饼干"的想法油然而生。如何生产减肥饼干，郭伟查阅了很多资料。最终，他发现芬氟拉明可以通过作用于神经中枢，抑制食欲，达到减肥目的，遂决定在饼干生产过程中加入芬氟拉明，并通过关系买来大批的芬氟拉明，交由工人在饼干中添加。

2009年1月,"减肥饼干"投入市场,但初期销路并不顺畅,主要原因在于人们对该饼干品牌并不熟悉。于是,郭伟又产生了冒充某知名饼干品牌的念头,并和张洁共同商议了操作办法。随后,张洁负责带领部分工人生产某知名品牌饼干的注册商标,并贴在本公司生产的减肥饼干的外包装上,还在外包装上注明减肥饼干是该知名品牌推出的新产品。一时间,减肥饼干销路大开,公司销量大增。

由于知道长期或过量服用芬氟拉明可能会引发心脏瓣膜疾病,且芬氟拉明属于国家禁止在食品中添加的化学药物,郭伟并没有告诉张洁在饼干中添加的是什么。张洁为减肥也开始吃这种饼干,并感觉确实有效,但吃了一个月后,偶尔感觉有些心慌、难受,张洁也没有在意。2009年2月的一天,张洁偶然问到郭伟添加的原料究竟是什么时,郭伟告知其是一种减肥药物,张洁说:"那太好了,我一定要再多吃一点。"郭伟连忙问:"什么?你也吃这种饼干了?"张洁疑惑地回答道:"是啊,怎么了?"郭伟十分紧张并很严厉地说:"不行,你以后不要再吃了!"张洁问:"为什么呀?"郭伟支支吾吾说:"你别管,反正你别吃就行了!"张洁心里有些疑惑,但也没有再追问。此后张洁就不再食用这种饼干,也没有再心慌难受过。

2009年4月的一天,市工商局来公司例行调查,郭伟急忙让张洁把芬氟拉明原料装起来带回家,并告知千万不要让工商局的人看见。郭伟的这种做法更让张洁心存疑虑。回到家中,便向在足球队做队医的哥哥张勇询问,张勇告诉张洁这种材料叫"芬氟拉明",是一种精神管制药品,属于体育比赛中禁止服用的一种兴奋剂。张洁连忙问道:"那能不能加到食品里面呢?"张勇说:"这我不大清楚,要不我找人给你问问?"张洁说:"行啊,那你帮我问问。"后来张勇因工作忙把此事给忘了,张洁也没有再追问。

回公司上班后,张洁几次想就此事好好问问郭伟,但每当看到郭伟辛勤努力地拼搏工作,在兴致勃勃地畅想二人美好的未来,她都张不开嘴。而且,看到市场上减肥饼干的销量这么好,也没听说有人出毛病,张洁也就不再继续多想,仍然带领工人生产、粘贴仿造的注册商标。

2009年5月,食用减肥饼干的孙某突然死亡,经过鉴定,确定孙某的死亡是由于心脏衰竭而致。其除了自身心脏病以外,连续长时间大量食用"减肥饼干",在很大程度上增加了心脏的负担,也是导致死亡的重要原

> 因。事发后，郭伟在外逃的过程中发生车祸死亡，张洁被警方抓获，方得知芬氟拉明是国家禁止在食品中添加的化学药物。经查证，该公司"减肥饼干"的生产、销售额为23万元。
>
> 控方：张洁构成生产、销售有毒、有害食品罪。
>
> 辩方：张洁构成假冒注册商标罪。

[开篇立论]

控方一辩：谢谢主持人，大家好，民以食为天，食以安为先。嘉华公司在生产销售的食品中掺入了有毒有害的物质，张洁作为直接责任人员，行为积极，主观明知，应当认定为生产销售有毒有害食品罪。

第一，客观方面，张洁有商议，有生产，有藏匿。为了促进销售，她和总经理共同商议了操作办法，有经营策划行为，为了完成生产，她负责带领工人生产粘贴商标，有组织生产行为，为了生产顺利，工商检查时藏匿了禁用的食品原料，有保护核心秘密行为。为何挂名秘书，却实质承担起企业部经理、车间主任、仓库保管员的职责呢，因为这是她和恋人的共同事业，所以她的地位明显，行为积极，是不折不扣的直接责任人员。

第二，张洁的主观故意明确，先是事实已明知，2009年2月，郭伟告知饼干中加了药，严厉制止吃这种饼干的态度很反常，不能吃，不要问更反常，服用饼干心脏有异常，停用便恢复正常，从反常到异常再到正常，不仅郭伟明确告知，自身的体验也已经感知，张洁对毒饼干有毒有害已心知肚明。

第三，明知故不问，郭伟严厉制止，工商检查藏匿，哥哥告知管制，为何张洁都不再追问了呢，因为她怕法律的惩罚，会破坏二人的美好未来，为何又担心有人吃出毛病呢？因为曾经自己以身试毒知道危害。

第四，她没有悬崖勒马，而是继续带领工人生产，导致他人死亡结果发生，今天不能以无知者无罪为张洁开脱，不知法、不懂法，更不应当成为免责的事由，追求个人利益和幸福无可厚非，但当这种追求凌驾于公众的幸福健康生活之上时，刑罚岂能避重就轻，谢谢。

辩方一辩：谢谢主持人，大家好，正如控方所言，本案是单位犯罪，但单位构成生产销售有毒有害食品罪，不等于张洁也构成，张洁在生产有毒有害食品的环节中，她既不是主管人员，也不是其他直接责任人员，而是郭伟女友，总经理的秘书。

那么根据主客观相一致的刑法归责原则，我方认为分析张洁的主客观，其仅构成假冒注册商标罪，从主观上看，张洁没有实施有毒有害主观的故意，那么在郭伟阻止她吃减肥饼干时，她只是心生疑惑。当郭伟要求其藏匿原料时，她只是心存疑惑。即使她后来知道芬氟拉明是一种精神管制类的药品，但她并不知道可以添加到食品中，她也是心存疑惑。之后，由于饼干销量不错，她心中的疑惑也随之远去。所以张洁对芬氟拉明是否能放入食品中，是没有违法性认识和社会危害性认识的，所以张洁在主观上没有明知故意，在客观行为上，张洁没有生产销售有毒有害食品的行为，案情非常清楚地告诉我们，从添加芬氟拉明到采购原料，再到生产销售，都是由郭伟一手策划的，张洁根本就不知情，张洁不知情怎能承担责任呢？

郭伟唯一与张洁商讨的只是假冒注册商标，张洁的行为也仅仅是在包装上粘贴商标而已，罪责自负的原则告诉我们，行为人只对自己的行为承担责任，和控方辩友一样，我们也非常期待食品安全。但作为法律人秉承理性应当严格地按照事实和法律来定罪，所以我方认为，张洁仅构成假冒注册商标罪，谢谢。

[自由论辩]

控方二辩：谢谢主持人，无行为则无犯罪，感谢辩方已经承认本案是一起单位犯罪，那我们先来看这个单位嘉华公司有什么样的行为，请问辩方嘉华公司生产销售的是饼干还是商标？

辩方二辩：嘉华公司当然销售的是饼干，但是张洁在整个案子中，她只是参与了制造商标的过程，制造商标就能够成为郭伟的共犯吗！她根本就不知情！我举个例子，如果张洁是在孙二娘的包子店里面负责贴商标的，她也曾经怀疑过这个肉的来源，但是没有去查问，继续贴上了"狗不理"的商标。那么请问张洁是否构成故意杀人罪和侮辱尸体罪呢？

控方三辩：如果我没有记错的话，孙二娘好像是了解得清清楚楚的吧，我们再来看我们的问题，问对方辩友，今天这个公司在粘贴商标和生产商标的行为当中，他到底是属于生产环节，还是销售环节呢？

辩方三辩：对方辩友我方认为粘贴商标既不是生产环节，也不是销售环节，否则的话对于郭伟公司的包装车间的主任，如果他主观上不明知，您认为他也构成您所指控的罪名吗？

控方一辩：张洁当然主观上已经明知，既然您方说既不是生产也不是销售，但是您方的罪名假冒注册商标罪，必须有使用商标的行为，没有使用商标那只能定非法制造注册商标标识罪，今天对方到底何罪请明示。

辩方一辩：对方辩友告诉我们说，张洁已经明知，可是案例已经清清楚楚地告诉我们，张洁在警方抓获后，方得知芬氟拉明是不能加入食品中去的，请问控方如何理解"方得知"呢？

控方二辩：我们先谈行为，再谈主观，辩方显然对自己的立场无法论证清楚，其实假冒行为当然是生产销售的一个重要环节，按照想象竞合犯的理论，应当重罪处罚。我们再来看张洁的注意义务，《食品安全法》第50条明确规定，生产经营的食品当中，不得添加药品，请问辩方张洁是否有义务遵守这样一个法律规定呢？

辩方三辩：对方辩友，在论证主观明知故意之前，谈客观没有意义，案例清楚地告诉，张洁是被抓获之后方得知芬弗拉明是一种精神药品。对这个"方得知"你方到底如何理解。

控方三辩：很显然，得知的方法有很多种，因为绝知此事要躬行，是一种知，实践出真知也是一种知，为什么我们的知只能是别人告诉的呢，倒想请问对方辩友了，今天您说到这样一种环节，在我们的行为追求当中，我们要去先看主观，如果不看行为的话，是不是会陷入主观定罪呢，请对方辩友还是回答我方的问题，张洁有没有义务去遵守法律呢？

辩方二辩：张洁的义务到底是道德义务，还是法律义务，请对方辩友正面回答。

控方一辩：一名食品从业者都没有法律义务，只谈道德义务吗，那我们的食品安全什么时候才能让公众放心呢，再次请问2009年1月，国家食药监局发布公告，禁止生产和食用芬氟拉明，作为食品从业者的张洁，有没有义务遵守这项规定呢？

辩方三辩：对方辩友，张洁只是一个总经理秘书，那么在我从事法律工作之前,我也不知道甲基苯丙胺就是冰毒,我同样不知道吗啡就是海洛因,张洁作为一个普通女孩,她为什么一定就要知道芬氟拉明是什么呢?

控方二辩: 对法定义务,张洁并不重视,这显而易见辩方也毫无重视,当然不会再为她进行这方面的辩护,对方谈到主观明知,我们就来看主观明知,张洁在吃了饼干知道有减肥药之后,她吃了心慌难受,不吃以后症状消失,对于这样的因果联系,辩方您如何看待呢?

辩方二辩: 原来吃了某个东西身体不适就是认为这个东西是有毒有害的,那曾志伟还告诉过我们,吃海鲜拉肚子请用什么什么肠炎宁,那么海鲜是有毒有害的吗?那么如果你恨一个人就请他吃海鲜吧。

控方三辩: 对方辩友看事物只看一半这是不正确的,吃了难受有因有果,不吃不难受,无因则无果,这样的因果关系,对方还视而不见吗?张洁也视而不见吗?

辩方二辩: 对方辩友,我不吃海鲜也不拉肚子了,难道这也有因果关系吗?在这里,一辩着重强调是因为郭伟的严厉制止,她认为在这里张洁就应当知道这个食物是有害的了,如果是严厉制止一个人的行为,那是否表明这个行为一定是有损健康的呢?在比赛之前我的女儿给我打电话,爸爸,你要用心辩论,不要盯着女主持人看,难道这里盯着女主持人看是一种有害健康的行为吗?

控方一辩: 对方辩友显然无视了正常的因果关系,今天我们说卖油条的不吃油条,洗衣粉嘛;卖牛奶的不喝牛奶,三聚氰胺嘛;卖饼干的张洁却不吃饼干了,有毒有害嘛,道理不是一样的嘛。

辩方一辩: 对方辩友仅从个例看全面,对方辩友刚才跟我们说要说行为,可是对方辩友发现自己已经陷入客观归罪了,于是来跟我们谈主观,对方辩友刚才告诉我们,张洁是不是有违法性认识,这是应该主观去谈的,而我在一辩中已经清楚地告诉了对方辩友,张洁在芬氟拉明是否能添加到食品中,她是既没有违法认识,也没有社会危害性认识,否则她怎么会以身试法呢?

控方二辩: 她试了以后明知了,很明显嘛,2009年2月以后,张洁已经明确知道食品有毒有害,所以她不再吃了,辩方对此不要视而不见。否则的话,我们说张洁为什么在工商检查的时候,她要藏匿起食品原料。按照辩方的逻辑，她是不是更应该藏起商标呢？

辩方三辩：对方辩友你是如何得知 2009 年 2 月张洁知道食品有毒有害呢？我记得我大学的时候曾经抽烟，我爸严厉地对我说以后不要再抽了，我心存疑惑地问为什么呢？我父亲说你别管反正你不要抽就是了。我到了学校拿出烟分给同学，请问此时我主观上是不是有投毒罪的间接故意呢？

控方三辩：很明确，对方辩友，在你的爸爸告诉你以后，如果你自己后来发觉每天早上起来嗓子干痒难受，那就是香烟对您的损害。所以我们说郭伟明确告知以及自身身体感知，这两个原因是导致张洁明确知道的，对方辩友不要再无视了，还是请您来回答我方的问题，为什么工商来检查，张洁反而不藏商标，却去藏原料呢？

辩方一辩：对方辩友请注意，工商只是例行检查，而不是食品安全检查，如果说这个食品原料没有通过检验或者过期，或者是进货的渠道有问题，都可以让张洁带回家隐藏起来，并不能证明什么问题呀。

控方三辩：好，对方辩友说例行检查不重要，那我们就去看她问哥哥的问题，她今天很奇怪，问的是哥哥我能不能加芬氟拉明，却不是说我有没有再加芬氟拉明，这能不能问的是法律规定的问题，可是是不是却应该问的是事实判断的问题，那今天张洁到底是事实不知道，还是法律不知道，您告诉大家啊。

辩方三辩：对方辩友是一个一般主体，她的哥哥是个医生，是个特殊主体，连她的哥哥都不清楚的问题，你又为何要强求张洁清楚呢，那么请问对方辩友咖啡因也是一种二类精神管制药品，但是在我们日常饮用的咖啡中，都含有这样的物品，您能告诉我这是有毒有害物质吗？

控方三辩：再往下看还要看事实，对方辩友今天张洁莫名其妙地担心有人吃饼干会吃出问题来，难道她是在杞人忧天、无病呻吟吗？

辩方二辩：对方辩友，张洁问了张勇问题，那么张勇有没有给张洁明确的回答呢，对于一个没有明确回答的答案，那么张洁是如何明知的，就像我问齐奇，明天下雨吗，齐奇告诉我，我去问气象主持人吧，明天到底是下雨呢，还是下雨呢，还是下雨啊，我如何明知啊？

控方二辩：张勇回答的不是非常明确吗，运动员都不能吃，运动员这么好的体质不能吃，普通老百姓能吃吗？

辩方三辩：对方辩友，咖啡因也是一种精神管制药品，那么您能喝吗？至少我能喝。

控方二辩：可是需要管制的药品，可以随便添加到食品当中吗？

辩方一辩：需要管制的当然不能添加，但是张洁知不知道？谢谢。

（辩方时间到）

控方三辩：管制药物不能乱加，就像管制刀具不能随便带上街，谢谢。

这道辩题涉及多个基础概念：

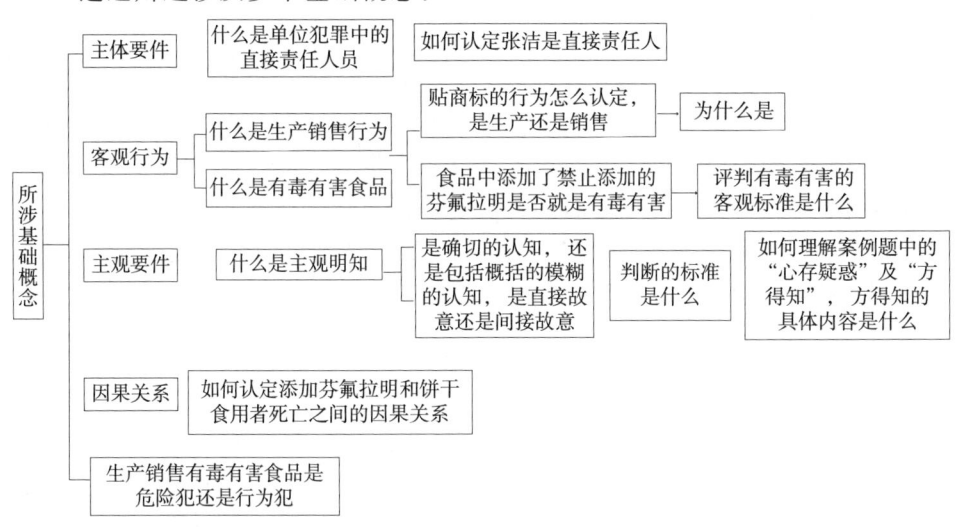

```
                  ┌─ 主体要件 ─── 什么是单位犯罪中的直接责任人员 ─── 如何认定张洁是直接责任人
                  │
                  │                 ┌─ 什么是生产销售行为 ─── 贴商标的行为怎么认定，是生产还是销售 ─── 为什么是
                  ├─ 客观行为 ──────┤
所                │                 └─ 什么是有毒有害食品 ─── 食品中添加了禁止添加的芬氟拉明是否就是有毒有害 ─── 评判有毒有害的客观标准是什么
涉                │
基 ───────────────┤
础                │                                        ┌─ 是确切的认知，还是包括概括的模糊的认知，是直接故意还是间接故意 ── 判断的标准是什么
概                ├─ 主观要件 ─── 什么是主观明知 ──────────┤
念                │                                        └─ 如何理解案例题中的"心存疑惑"及"方得知"，方得知的具体内容是什么
                  │
                  ├─ 因果关系 ─── 如何认定添加芬氟拉明和饼干食用者死亡之间的因果关系
                  │
                  └─ 生产销售有毒有害食品是危险犯还是行为犯
```

但由于论辩的时间有限，这场论辩赛实际上只谈到了两个基本问题：一是贴商标的行为是否是生产行为。控方认为生产销售有毒有害食品罪和假冒注册商标罪是想象竞合的关系，组织工人贴假商标的行为就是组织生产的实行行为。这也是控方在自由论辩阶段展开的第一个战场，但辩方显然不愿意在这个战场上停留，努力转到了第二个战场，即张洁是否主观明知在减肥饼干中添加的芬氟拉明是有毒有害物质。这个问题是这道辩题的核心，也是这场论辩争辩的焦点。控辩双方都从事实推导的层面，结合经验常理进行分析。

控方强调几个基础事实：

①张洁自己吃饼干时被郭伟严厉禁止；
②张洁自己吃饼干后心慌难受，停吃后恢复；
③工商例行检查时张洁帮助藏匿原料；
④张洁问哥哥能否在食品中添加；
——并综合这些事实认定张洁对芬氟拉明是有毒有害的心知肚明。

而辩方则拆分这些事实：

①通过举抽烟被老爸禁止的例子反驳被禁止就代表明知有毒有害；
②通过举吃海鲜拉肚子的例子反驳身体感知异常就代表明知有毒有害；
③通过说明工商检查只是例行检查以及举例咖啡因是精神管制药品但不是有毒有害食品来反驳藏匿原料及咨询未果就代表明知有毒有害；
——即辩方通过这些事实的拆分认为无法认定张洁明知芬氟拉明是有毒有害。

这种事实层面的对接是一种典型的针锋相对，故这场论辩较为精彩。但这种仅停留在事实推导层面的对接容易显得"公说公有理，婆说婆有理"，因此若能从事实层面再进一层到法理的阐述，进行概念的挖掘可能更具有说服力。例如控辩双方可以进一步探讨：

①生产销售有毒有害食品罪中的主观明知是直接故意还是包括间接故意（如果包括间接故意，则只要求行为人主观上认识到可能有毒有害即可，并不要求确切的认知到食品中添加的是什么，是否必然有毒有害）。

②本案中判断张洁主观上是否认识到这种可能性的标准又是什么，是食品从业者的专业性认知，还是社会公众一般人的认知，抑或是张洁作为他人女友的特定个体的认知？这种认知是一个动态的发展过程，还是必须是严格固定某个时间点？

③案例题中的"心存疑惑"与"方得知"具体是指什么内容？（站在控方立场可认为疑惑是否有毒有害，已是一种间接故意，方得知是确知芬氟拉明禁止添加，但并不影响之前行为时的间接故意心态）。

可见，概念挖掘需要紧密结合事实进行表述，但在事实纠扯不清时，仍需跳出事实层面，站在一定的法理高度进行阐述。

论辩题：王文过失致人死亡案
——第二届全国检察机关优秀公诉人论辩大赛华北赛区

北京公诉队 vs 山西公诉队

某日凌晨，张山驾驶汽车不慎将骑车人李伟撞成重伤，后张山拦下王文驾驶的出租车送李伟去医院。途中，张山对王文谎称要去旁边的自动取款机取钱，然后下车逃逸。王文发现张山逃逸后，考虑到李伟伤势严重，且害怕被误认为是肇事者，遂开车将李伟放置在医院门口后离开。一小时后，李伟被他人发现送医院抢救，后李伟因流血过多抢救无效死亡。

控方：王文构成过失致人死亡罪。

辩方：王文不构成犯罪。

[开篇立论]

控方一辩：谢谢主持人，各位评委。以事实为依据，以法律为准绳，这是今天控辩双方都应该严格遵守的论辩原则。我国《刑法》第233条明确规定，因主观过失通过作为或不作为的方式导致他人死亡的，构成过失致人死亡罪。根据本案给定事实，控方认为王文的行为即构成犯罪，理由有三。第一，重伤乘客有危险，王文应救当救。我们说，本案的事实可以清晰地分为两个阶段。第一阶段，张山肇事撞伤李伟，王文自愿搭乘他人前往医院。此时王文与李伟、张山之间即成立民法上的承运关系。根据《合同法》第301条规定，承运人在运输途中应尽力救助有危情的乘客。第二阶段，张山谎称取钱下车逃逸，此时王文作为出租车空间内的唯一支配者成为唯一能够救助李伟的人，这时候他与乘客之间产生的救助义务关系就上升为刑法上的救助义务，即对排他性支配空间内脆弱他人的保护义务。第二，履行义务不达标，王文能救不施救，有义务就要被合理履行。而本案当中王文合理履行义务的标准就是尽力，就是将他安全地交到救治者手中，他完全能够做到却没有做到。当然我们也理解他怕被误解的心态。可事实上在医院门口，他只需要匿名拨打一个120电话，就能保证李伟被及时地发现。而他所做的是匆匆地离去。应当作为，能够作为却没有作为，这就是刑法上的不作为。第三，王文的不作为与李伟死亡之间存在直接因果关系。我们说案件事实告诉我们，李伟的死亡原因是失血过多抢救无效。张山作为肇事者，他当然要为李伟的死负责。但王文的不作为也在客观上延误了李伟一个小时的救治时间。如果在这一个小时之内，李伟被及时地止血，我们完全有理由相信他完全不可能因为失血过多造成死亡。主观上有过失，客观上不作为。而不作为与死亡结果之间又具有因果关系。因此控方要说的是，王文应当构成过失致人死亡罪。当然在这里，作为控方我们也并不想对王文进行过分的苛责，但是我们要说的是生命的法益永远是刑法保护的最高法益。当生命的法益面对刑法的考问，面对有义务救助者救助的时候，如果放弃了义务不履行，那么我们的法律别无选择。我方再次陈述观点，王文必须构成过失致人死亡罪，谢谢大家！

辩方一辩：谢谢主持人，各位评委，大家好！控方认为王文构成过失致人死亡罪，我方认为显然有违法理、道理、情理。控方把一个不应被刑法所评价的行为定罪入刑，违背了基本法律判断和社会情理判断。辩方认为，王文不构成犯罪。第一，王文对李伟没有特定的法律救助义务，不可能成立犯罪。成立犯罪有行为才有犯罪，无行为则无犯罪。王文的犯罪行为要求其必须负有特定的法律义务，而本案中，王文与李伟素不相识，没有任何的特定法律关系，出于道义，王文开车将李伟送到了特定的场所医院门口，而且是在张山肇事逃逸之后。基于此，我们可以得出，王文没有防止李伟死亡结果发生的特定义务，更没有救助义务。第二，李伟的死是张山肇事逃逸先期行为引起的危害后果，与王文无关。本案客观事实是，张山肇事逃逸导致了李伟死亡的危害后果，是张山不履行其应当履行的法律救助义务而引起的李伟死亡后果。而王文从其主观上讲没有任何社会危害意识和主观意识。其主观心态仅仅是怕被误认为是肇事者。客观方面他开车将李伟送到了医院门口，王文的行为与李伟的死之间没有任何的因果关系。李伟的死是张山的行为引起的，与王文无关。第三，王文的行为是一种善行，而非罪行。王文在张山撞伤李伟后拦车没有拒载，在张山谎称肇事逃逸之后没有遗弃，在怕被误认为是肇事者，对方没有支付车款的前提下仍选择将李伟送到医院门口，王文的一系列行为不是恶意行为，而是善意行为，王文的善行显然不能被刑法评价为罪刑。理性的法律规范人们的行动，正确的判断指引人们前进的方向。我们法律人应遵行刑法惩恶扬善，认定王文无罪，辩方意见发表完毕，谢谢！

第二章 案例论辩的基础性策略

［提问环节］（省略）

［自由论辩］

控方二辩：案件事实清楚地告诉我们，李伟是重伤乘客，王文是出租车司机，请问难道司机不应该对乘客进行最大的救助义务吗？

辩方三辩：那我们应该注意到这个救助义务发生在什么阶段，这个合同是在什么时候开始和什么时候终止的。这是一个最重要的关键。关于王文在本案中的一系列行为，不拒载、不遗弃和不收费的行为是什么行为？难道是一种恶行吗？

控方三辩：当然是一种恶行。有救助义务，您不履行，这当然是一种恶行。本案中非常明确，运输合同开始于张山、李伟上车之间。而正是在合同运输过程中李伟需要救助，请问，您根据合同法的规定，为什么王文可以对李伟不进行救助呢？

辩方一辩：因为合同已经终止了，当张山谎称取款逃逸的时候，一方已经单方面终止合同，合同关系已经解除。那么我想请问控方，如果王文见伤就拉，在那种情况下发生死亡是否构成犯罪呢？

控方一辩：如果不拉当然不构成犯罪。因为他没有进入合同空间。我们再来厘清合同的概念。这里关系人有两对，一对是王文与李伟，另一对是王文与张山。李伟在车上，是乘客，那么运输合同就不能终止。于一个有救助义务的人，乘客在车上他为什么要放弃自己的救助义务呢？

辩方二辩：《合同法》第 301 条规定，在合同履行中有救助义务。但第 302 条规定合同终止后承运人是否还有救助义务呢？

控方二辩：首先要告诉您，第 302 条规定的是张山这种重伤行为，而与王文无关。但第 301 条明确规定，王文处于救助空间，他就必须对李伟进行救助。您要是不理解，可以给您举个例子。火车到站了，火车上有一名正在分娩的孕妇，如果乘务人员已经对她进行救助了，难道救助到一半要停止救助吗？

辩方三辩：控方显然忽略了一个重要的问题。究竟您问是在乘车的过程中应当进行救助呢，还是在下车的过程中应当进行救助呢？这是一个很重要的问题。刚才我方已经明确说明，在合同成立的过程中张山还在车

87

上，而张山下车以后，合同已经终止。您认为在张山还在车上时，王文还具有履行义务的必要吗？

控方三辩：当然有履行必要，而且我还要告诉辩方律师，无论危险是上车前还是上车后，只要这种危险持续在运输过程当中那您就应该救助。还想请问辩方，刚才您说这是一个道德义务。那么您作为王文是否可以将李伟随时推下车呢？

辩方一辩：关键看二者之间是否有法律定位，关键是要看是否有法律救助义务，而我们的行为人王文对于李伟素不相识是一个陌生人，不会有法律救助义务。那我倒想问控方啦，不拉人不具有法律救助义务，拉了人反而具有法律救助义务啦，这合乎情理吗？

控方一辩：其实，我方始终认为有义务就要被履行。我们最后来看履行义务的标准，请问李伟依然是乘客，他把他人放在医院门口，但是医院门口是医院吗？

辩方二辩：对方的观点显然把救助需要的根据放在了被害人是否需要救助，对方的观点难道是想说被害人想要救助我就要救助吗？这是一种典型的逻辑倒推，这是不能成立的。

控方二辩：我方认为到了他的支配空间内王文就有法律上的义务，那就是火车开到了一半之后，是否要停止对分娩孕妇的救助，当然不能。合同已经终止，我方认为义务并没有终止，这样的事情不能因为合同终止了义务就应该终止了。

辩方三辩：我们必须明确一个很重要的观点，就是本案当中王文究竟在什么时候有义务，有的是什么义务，在合同履行过程当中也就是在乘车过程当中吗？如果是，张山下车以后合同已经终止了，这种情况下即使在客观上好像李伟是在张山的控制之中，我们必须明确这样的控制是一种什么样的控制，是一种客观的控制还是一种法律上的控制，有法律上的义务吗？

控方三辩：我就第二次告诉您，如果民事义务，在张山和李伟已经上车时，就产生合同关系，如果是刑事义务，正是张山离开车，王文产生了支配作用，所以要救助。如果王文将李伟放在医院门口就是尽力救助，请问您如何界定什么叫做尽力救助？

第二章　案例论辩的基础性策略

辩方一辩：关键是医院门口不是别的地方，它是一个24小时有人上班的地方啊！

控方一辩：我可以明确告诉大家，医院门口不是医院内，医院门口我认为还是马路。法律告诉我们进行尽力救助，请问王文多走一步把他交到医生的手中或者匿名拨打120电话，就是强人所难不可完成的任务吗？

辩方一辩：我倒想说的是，作为王文这样的出租车司机，他履行的义务是送人，没有说要让他送到医院里面去。

控方二辩：送到医院门口显然没有达到保护的救助义务。应该尽最大的努力和最大的善意。将李伟送到医院门口耽误一小时，难道这一小时不是造成李伟死亡的重要原因吗？

辩方一辩：归根结底还是道德的义务，他作为一名出租车司机，他没有拒载，他在对方未付款和自己未收款的情况下还是将对方送到了医院门口，这种行为还要用刑法来承担吗？

控方三辩：当然要用罪名来承担啊，送到了医院门口显然达到了义务，但是履行的要是救助义务，难道送到医院门口就是救助了吗？如果王文不耽误这一小时的时间，请问这种情况下他有没有可能被救活避免死亡呢？

辩方三辩：有没有可能被救活这是一个预见能力的问题。预见能力和预见义务显然不是一个概念。本案当中最重要一个问题是本案合同是什么时候开始和什么时候终止，没有合同履行的义务又何谈法律的救助义务呢？现在控方显然是把出租车司机这个身份变成了一把刀，什么人拿过来都可以宰两刀。只要他不救助，只要他不把伤者送到医院的急救室他就是犯罪，难道这符合情理吗？

控方一辩：当然不符合情理。在义务很清楚的条件下，王文不履行义务。而他的行为又是造成李伟严重失血的重要原因。而严重失血又是他死亡的直接原因，那么王文不应当承担责任吗？

辩方二辩：是啊。义务是很明确的前提，但是属于不道德的一种义务，而不是法律的一种履行的义务，这也不能用刑法来评价他的行为啊。

控方一辩：如果仅是道德义务，为什么会规定在合同法的条文中呢。

89

如果仅是道德义务，刑法当中关于支配空间脆弱人的保护，您又是怎么理解的？

辩方二辩：难道违反合同法就要违反刑事法就要承受刑事法的处罚吗？

控方二辩：我们说张山有责，他预见了死亡就撒谎逃逸，王文也有错，他怕被误解而选择对生命的放弃。

控方三辩：所以我们要说张山也有罪，他构成了交通肇事罪。而王文也有罪，他构成过失致人死亡罪。谢谢。

[总结陈词]

控方三辩：谢谢主持人，各位评委。李伟的死亡原因源于张山的肇事逃逸，王文的应为不为。综观今天的整场辩论，控辩双方的争论焦点主要体现在以下几个方面。第一，王文究竟有没有救助义务。今天辩方告诉我们，王文没有一个法律上的救助义务，只有一个道德层面上的义务。但是控方要说，法律和道德本就不是对立的，二者共同的目标是尊重和保护生命。合同法明确规定，承运人对危急乘客具有救助义务。当民事义务同时符合了支配空间内排除他人救助的两项条件的时候，则上升为刑事义务。在支配空间对脆弱生命的保护义务。今天，一个鲜活的生命在你所绝对支配的空间内面临一个重大的危险，你不救就无人能救的情况下，法律就要求你有所作为。这正是刑法对于最高生命的保护。今天辩方一直纠结于合同的终止，认为合同终止所以义务就结束，但是控方要强调，李伟作为乘客明明还在车上，乘客还在车上义务何来终止？合同既无终止，义务当然要被履行。明确了救助义务，让我们看看义务是否被履行。今天辩方告诉我们，王文将李伟放置在医院门口就已经尽力救助。但什么是尽力救助。不作为不是什么都没有做，而是没有做法律所期待的事情。我们当然非常理解王文的顾虑。但是哪怕是在医院门口打个匿名电话，难道就是超越了王文的能力，是不可能完成的任务吗？显然王文没有达到法律的要求。第二，王文的不作为与李伟的死亡结果是否存在因果关系。今天辩方告诉我们，因为张山要对李伟负责，所以王文就不负责。但是控方强调过失犯罪，各负其责。张山负责并不意味着王文就不需要负责。今天辩方没有向我们充分阐述一个因果关系，控方自己来告诉大家，因果关系在不作为犯

第二章 案例论辩的基础性策略

罪中的判断标准在于结果回避的可能性。控方只要证明如果王文将李伟及时救助，就很有可能救活。我们都知道失血是持续的过程，而李伟直至被抢救一刻他还活着。这说明如果王文将李伟及时救助，李伟很有可能被救活。王文将李伟放在了医院门口最终导致死亡结果的发生，王文主观上当然具有过错。主持人，评委，我想说的是，当退缩与冷漠的结果使一个无辜生命的逝去，负有救助义务的王文没有履行救助义务就逾越了道德的底线，上升到法律的平台。面对生命法益的考验，法律没有选择。控方要重申王文有罪。谢谢大家！

辩方二辩：谢谢主持人，大家好！生命诚可贵，但诚信价更高。用法律把善行规定为恶，不是良善司法。刑法的谦抑性决定了刑法是国家保护法律的最后手段，而不能过多地介入社会生活。总结控方观点，控方混淆了法律义务与道德义务的界限，其本质上就是一种司法不公。辩方认为王文的行为不构成犯罪。第一，王文不拒载、不收费、不遗弃的行为不能用刑法来评价。面对重伤的李伟，张山逃逸后，王文没有遗弃李伟，王文仍将李伟免费送至医院。王文具有这样的行为，难道这不是一个善良的举动吗？难道说他不是一个善良的人，难道说这样的行为有什么样的社会危害性吗？难道说这样的行为比起那些置之不理的人不值得鼓励吗？一个被社会公众所认可的行为，显然不能用刑法界定犯罪。第二，王文对李伟没有法律上的救助义务，控方把道德义务理解为法律义务，有违法理和情理。我方不否认王文有道德上的救助义务，但其没有法律上的救助义务。王文将李伟送院不送医，其缘由是他怕别人误认为自己是肇事者的主观心态。按控方的观点，他将李伟送到医院去王文可能成为道德楷模。如果没有送到医院，这一步之遥竟然成了罪犯与楷模的界限。法律如果这样界定一个罪与非罪，有离法律的基本判断和社会公众的情理判断。一次正确的刑法评价应该给公众一个正确的影响，我们不能让一次错误的判断迷失了人们良知的方向，更不能让伸出的援手却戴上了冰冷的手铐。最后我想用培根的一句话结束我方的结束陈词。"一次不公的判断比多次不公的举动尤过重也"。因为不公的举动顶多是弄坏水流，而不公的判断却把水源切断了。综上所述，王文的行为不构成犯罪，他的义务属于道德上的义务而坚决不能用刑法来界定犯罪。谢谢大家！

这场论辩控辩双方争议的焦点非常明确：

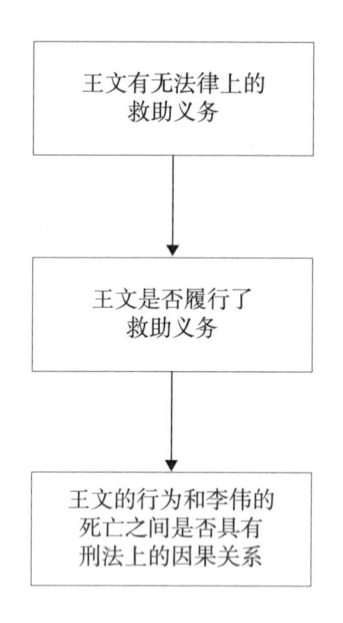

```
┌─────────────────┐
│  王文有无法律上的  │
│    救助义务      │
└─────────────────┘
         ↓
┌─────────────────┐
│  王文是否履行了   │
│    救助义务      │
└─────────────────┘
         ↓
┌─────────────────┐
│  王文的行为和李伟的 │
│  死亡之间是否具有  │
│  刑法上的因果关系  │
└─────────────────┘
```

控方从开篇立论到自由论辩再到总结陈词，始终非常明确地提出：

①当民事义务同时符合了"支配空间内""排除他人救助"的两项条件时，就变成了刑事救助义务；

②尽力救助不是什么都没有做而是没有做法律所期待的事情；

③只要存在结果回避可能性就构成不作为犯罪的因果关系。

控方的这些底线逻辑包含许多概念，例如什么是支配空间，什么是法律所期待的，什么是结果回避可能性。但遗憾的是，辩方主要是从事实层面、情理层面进行辩驳探讨，一方面没有提出己方的合理性概念，另一方面无法有效反驳控方提出的这些概念，因此即便控方在自由论辩阶段对自己提出的核心概念并未说得全面透彻，但有概念且能结合事实阐述概念，就明显优于缺乏概念挖掘只在事实和情理层面的探讨，因此最终控方明显获胜。

（二）上位概念的挖掘

1. 上位概念的基本含义

所谓的上位概念，就是我们通常说的逻辑底线，是指对一道辩题的核心争议问题，根据自己的立场，进行高度的理论概括。基础概念是对犯罪构成要件的精细化拆分，并根据这种拆分对和犯罪构成紧密相关的一些概念进行界定，通常较为具体；上位概念是对一道辩题涉及的整体性或核心的争议问题进行概括，属于己方论辩的根本性思路，通常较为抽象。下面，我们通过一场论辩来对上位概念进行理解。

> **论辩题：李平重伤案**
> ——首届全国公诉人与律师电视论辩大赛初赛题
> 北京公诉队 vs 浙江律师队
>
> 杨波住东风小区3楼，一日凌晨2点，窃贼李平高空攀爬撬窗入室行窃，杨波惊醒后高喊抓贼，并想将李平扭送至派出所，李平殴打杨波，杨波被迫还手，二人在阳台发生扭打，混乱中将阳台一花盆碰落，小区保安赵军闻声赶来协助抓获窃贼跑到楼下时，被掉落的花盆砸伤头部，致颅骨骨折，经鉴定为重伤。后李平被其他赶来的群众抓获，但司法机关不能查清花盆由谁碰落。
> 控方：李平构成抢劫罪，对重伤结果负责。
> 辩方：李平构成抢劫罪，对重伤结果不负责。

[开篇立论]

控方一辩：谢谢主持人，各位评委，李平深夜潜入杨波家中行窃，被发现后，竟然对杨波大打出手，根据我国《刑法》第269条之规定，犯盗窃罪为抗拒抓捕，而当场使用暴力的按抢劫罪定罪处罚，李平的行为就是这种转化型抢劫犯罪，李平殴打杨波，杨波被迫还手，扭打之间不知是谁碰落了花盆砸伤了保安，这个责任由谁来负，答案很明确，是李平，理由有三。第一，李平的犯罪行为制造了法律所不允许的风险，李平为抗拒抓捕，当场使用暴力，造成了一种显而易见的风险，那就是在面积狭小的阳台上使用暴力，剧烈的肢体冲突，可能将阳台上摆放的任何物品碰落，造成楼下财产损失，甚至人员伤亡，这个风险是现实的，是紧急的，是被法律所不允许的，是李平制造的。第二，李平主观上存在明显罪过，作为有正常认知判断能力的成年人，李平应当预见上述风险的存在，却因疏忽大意没有预见，继续实施自己的暴力行为，导致他人重伤结果，李平主观过失明显。第三，李平的犯罪行为与赵军的重伤结果之间有刑法上的因果关系，刑法因果关系的实质，指的是刑事违法行为与危害后果之间，引起与

93

被引起的合乎规律的联系。本案当中，李平当场实施暴力的行为，制造并推动了花盆掉落砸物伤人的风险，最终造成保安被砸重伤，李平又岂能免责，综上李平在犯罪过程中，客观上实施暴力，制造风险，引发重伤，主观上存在明显过失，根据主客观相一致的原则，李平应当对赵军的重伤结果负责，公诉意见发表完毕。

辩方一辩：谢谢主持人，大家好，对方公诉人的公诉意见掷地有声，却有三点疏漏。第一，李平系转化型抢劫，其暴力特殊性不可忽略。第二，李平在特殊的失控环境下，是否有预见能力不可忽略。第三，花盆完全有可能由杨波单独碰落，这个疑点不可忽略，基于上述三个不可忽略的问题，我方认为李平对重伤结果不负责任。首先，李平对赵军的重伤无法预见，没有罪过。承担刑事责任必须具备主观罪过，包括故意或过失，而本案中凌晨2点陌生阳台，李平怎能预见到阳台上有花盆，怎能预见到花盆会被碰落，又怎能预见到碰落的花盆好巧不巧地刚好砸到了赵军头上，这不是意外事件，又能是什么呢？所以李平主观上没有罪过。其次，花盆由谁碰落不能查清，事实因果存疑，无法推导出刑法因果，李平与杨波扭打，混乱中花盆碰落，司法机关不能查清是谁的行为造成，那么完全有可能是杨波碰落自家的花盆，难道杨波碰落自家的花盆砸伤了赵军，这种责任也要由李平来承担吗？这显然有违罪责自负的原则。在花盆由谁碰落，不能查清的情况下，依据存疑时有利于被告的原则，李平不承担责任。最后，我们对赵军的意外重伤深表同情，但作为一名法律人，我们痛恨犯罪的同时，更应当秉持理性，所以我方坚定地认为李平构成抢劫罪，但对重伤结果不承担责任，谢谢大家。

[自由论辩]

控方二辩：谢谢主持人，在空间狭小的阳台上发生扭打，当然会造成花盆坠落，砸物伤人的风险。请问，是谁制造了本案中这种法律所不允许的风险？

辩方二辩：对方辩友的这个观点，无非想证明，本案李平应当对重伤结果负责，但是前提是李平要有危害行为。那么请问，如果本案当中碰落花盆的人是杨波的话，李平还需要承担责任吗？

控方三辩：关键不在于花盆是谁碰落的，而在于花盆为什么会碰落，案件事实清楚地告诉我们，是李平入室盗窃，是李平暴力抗拒抓捕，是李平殴打被害人，是李平持续扭打，没有李平的行为，花盆怎会掉落，所以请对方正面回答我方提出的问题，也就是本案的风险究竟是谁制造的？

辩方三辩：本案的风险是李平制造的没错，刚才对方的一辩告诉我说，刑法上的因果关系，指的是危害行为和危害结果的因果关系，难道说对方辩友把概念偷换成了刑法的因果关系，指的是风险与危害结果之间的关系吗？

控方一辩：危害行为必须论证风险，对方终于承认了，这个风险是由李平造成的，不错，是李平的犯罪行为造成的，如果花盆是杨波碰落的，对方想让杨波负责，那么请告诉我们，杨波在主观上有什么罪过，杨波在客观上实行了什么不应该做的行为？

辩方二辩：对方三辩告诉我们，如果没有李平的抗拒抓捕，就没有赵军的被砸伤，那么没有 A，就没有 B，这是刑法上的因果关系吗？如果说没有央视的盒饭，那么撒贝宁就没有力气在这里主持，我们能够说撒贝宁激情主持的原因是因为一个盒饭吗？

控方二辩：对方的三辩告诉我们，本案的风险是由李平制造的，而对方的一辩又告诉我们，本案不排除这个花盆是由杨波碰落的，这岂不是矛盾吗？请作出解释。

辩方三辩：对方辩友，这完全不矛盾，我们要排除的，只是杨波碰落花盆的情形下，李平他根本就不具备这样的一个危害行为，请问，如果两人的扭打，惊动了阳台上杨波饲养的猫，猫又碰落了花盆，此时李平是否要担责呢？

控方三辩：还是具体问题具体分析，我们就看本案，对方说得好，风险是李平制造的，但是为什么李平制造的风险，他可以不负责呢？我们看一下李平主观上是不是有过错，请问在狭小阳台上进行打斗，作为一个抢劫犯他是不是应当预见到在阳台摆放花盆有可能砸物伤人呢？

辩方三辩：对方辩友，我刚才说的就是一个风险行为，那么李平是否应当预见到阳台上有猫，他的危害行为惊动到了猫，猫碰落了花盆，这个是否也很正常呢？

95

控方一辩：辩方今天无非是告诉我们，这个花盆有可能是杨波碰落的，我告诉对方，不论花盆是李平碰的，杨波碰的，李平、杨波一起碰的，还是胳膊碰的，大腿碰的，胳膊大腿一起碰的，由于这个状态是李平的犯罪行为造成的，所以李平必须对它负责，杨波的行为没有过错，即使是杨波碰的，杨波也不承担责任，再回到我方的问题，请问在这么狭小的阳台上，你实施暴力行为，是不是可能将阳台上任何物品碰落，请问，应不应当预见？

辩方一辩：对方辩友告诉我们说，扭打是一种状态，没有错，扭打是一种状态，但是碰落花盆是一个行为，现在李平引起的是与杨波的扭打，而不是赵军的重伤，难道对方辩友只要出现客观上的重伤责任，就要对李平进行客观归责，主观推定吗？

控方三辩：表面是扭打，实质是什么？实质是李平的暴力抗拒抓捕是合法和非法的较量，实质也是李平的暴力行为所导致的危害后果，请问李平的暴力行为直接导致了危害后果，主观上有过失，为什么他可以不负责呢？

辩方三辩：对方辩友，如果李平抗拒抓捕，驾车逃窜，警察在追赶的过程中不慎将路人撞伤，按照您的观点，这也是李平抗拒抓捕的行为所引起的，那么对于这样的结果，李平也还是要承担责任吗？

控方二辩：对方所说的是李平的抢劫暴力行为所造成的结果吗，显然不是，还是让我们回到本案的事实当中来吧，在本案当中我想请问的是，一般人都能预见的，在空间狭小的阳台上发生扭打，当然会造成花盆坠落，砸物伤人的风险，为什么李平他就预见不到呢？

辩方二辩：对方辩友无非就是说，正常的可能的就是应当被预见的，那么我保证，我接下来的每一句话都是正常的，可能的，对方辩友，你能预见到吗？

控方一辩：不错，我不能预见到，但是作为一个正常的人，在空间狭小的阳台上扭打，会造成花盆掉落砸物伤人的风险，这个可是大家都能预见到的，3岁的娃娃都会时常被妈妈提醒："在阳台时候你要小心，别自己掉下去，别把阳台上的东西碰下去……"连一个3岁娃娃都能认识到的东西，为什么李平就预见不到呢？

辩方三辩：对方辩友，那么如果在本案中，混乱中杨波推落了李平，李平掉落砸伤了赵军，请问李平对此是不是要承担责任呢？

控方二辩：本案当中有一个前提，那就是杨波他没有过错，他实施正当防卫行为何错之有，而错就错在李平，我想再请问对方辩友，如果说赵军的出现按照对方要求是一个意外的话，那么我想在凌晨2点的时候，你们是否有过从楼下经过的经历呢？

辩方一辩：对方辩友很好，您告诉了我们特殊时空环境，但是在危害结果发生时，我们首先应当查清这个行为人是谁，进而考察他的主观，但是对方辩友今天始终没有告诉我们，这个花盆到底是谁碰落的，在花盆不能查清是谁碰落的情况下，请问对方辩友如何理解存疑时有利于被告这个原则呢？

控方三辩：那请问对方一个简单的问题，刑法意义上的事实不清，存疑被告指的是什么？

辩方一辩：事实上刑法上的存疑正是指证据上和事实上的存疑，而本案正是因为事实上存疑，所以无法推导出刑法上的因果关系呀。

控方二辩：错，刑法上的事实不清指的是，构成要件归责的事实不清，而不是每一个本案的细节都要清楚，我想举一个例子，如果说有人持刀杀人，这把刀是买来的、偷来的、抢来的，还是借来的，无法查清的话，难道就不认定他故意杀人的刑事责任吗？

辩方三辩：那对方辩友，在本案中，如果混乱中不能查明谁捅出致命的那一刀，您仍然坚定地认为，责任要由李平承担吗？

控方一辩：本案当中给得非常清楚了，是因为李平殴打杨波，杨波被迫还手，不要搞不明白这个，我再请问对方一辩，我国刑法上讲的事实清楚证据确实充分和一般老百姓讲的事实清楚，是不是一个概念？

辩方二辩：对方辩友说，本案的结果是李平的抗拒抓捕造成的，进而引起了花盆的碰落，进而引起了赵军的被砸伤，那么这是一个引起的引起的引起的关系。那我举个例子，在秦朝时候，一场大雨引起了工程延期，进而引起了陈胜、吴广的起义，进而引起了秦朝的覆灭，难道说秦朝覆灭的原因，就是那一场大雨吗？

控方三辩：请对方二辩不要给我们再讲形式逻辑了，我们来说本案，一辩中已经说得非常清楚，它是引起被引起，而且是合乎规律的引起，这当然就符合因果关系的构成，请对方正面回答刚才的预见性，李平是否能够预见到花盆掉落呢？

辩方三辩：对方辩友，那我问你，如果在本案中李平的行为引起了他自己被推落，从而又砸伤了赵军，这个时候他仍然需要承担责任吗？

控方一辩：我想不到，李平怎么引起自己被推落，不太清楚，再问一遍，刑法上的因果关系和老百姓说的因果关系是一个概念吗？

（控方时间到）

辩方二辩：不是李平被推落，而是李平在扭打过程当中，不排除被杨波推落的可能性，对方辩友。

辩方三辩：对方辩友，如果杨波推落了李平，李平砸伤了赵军，这个时候要李平再来承担赵军重伤的责任，是不是有点强人所难了呢？

辩方一辩：对方辩友所说的因果关系，实际上是哲学上万事万物的普遍联系，而我们所说的因果关系则要结合主观，而本案中在行为人还没有确定之前，谈主观有何意义呢？

辩方二辩：所以如果不考察主观，那么刑法的因果关系和哲学因果关系又有什么区别呢？在撒贝宁身上也有因果关系，因为他很儒雅，所以他很迷人，但是这不能用刑法来评价。

［总结陈词］

控方三辩：谢谢，辩论至此，我想控方的观点非常清楚，那就是行为人制造法律不允许的风险，主观上有罪过的，他就应当负责。风险理论有争议的不在于理论本身，而在于具体的运用和判断，那么综观今天整场的争辩，我想焦点首先在于风险的基本概念和内涵，我们看到风险必须是法律所不允许的，在本案中杨波无论是在阳台摆放花盆，还是他在室内捉贼的这个行为都是合法的，非法的是什么？是李平入室盗窃的行为，是李平抗拒抓捕、暴力升级抢劫的行为，是李平殴打被害人持续扭打的行为，在这一系列的行为情况之下，无论是谁碰落的花盆，都是李平的抢劫行为所导致的，而且请注意，这是合乎规律的，暴力行为直接导致的，因此李平

第二章 案例论辩的基础性策略

都应当负责,在这里并不存在刑法意义上的事实不清,不适用存疑有利被告的原则。其次,在于主观上能否预见,今天辩方一直在逃避这个问题,但是我们可以知道,一般人都能预见,阳台打斗有可能导致花盆掉落,阳台打斗花盆掉落,也有可能导致小区内任何人的伤亡,不论是不是在凌晨,应当预见,没有预见,这就是过失。再次,争议点在于因果关系,我们当然是从刑法意义上来探讨这个因果关系,而今天辩方片面地强调偶然因素,可是我们看到在本案中,无论是保安的出现,还是花盆的掉落,这都是合情合理的进程,它是一个高概率的事件,从刑法上它不能够阻断因果关系的成立。最后,我们想说的是正义绝不能在罪恶面前畏手畏脚,只有让制造风险的李平负责,才能让捍卫家园的杨波放心,才能让尽职尽责守护家园和深受重伤的保安安心,谢谢。

辩方三辩: 谢谢,其实在客观方面存疑的情形下,来探讨行为人的主观是没有意义的,今天的辩论赛呢,就像是一场混乱的扭打,但是在这种表面的混乱背面,我们仍然可以清晰地看出双方观点的泾渭分明。可惜遗憾的是,控方辩友在面对本案的扭打的时候,他们没有看到花盆碰落的多种可能性,更没有看到在这些可能性之后同样泾渭分明的责任归属原则,现在让我们试着忘掉法律人的身份,以一个普通公民的视角来看一下本案,当大家第一次看到这样的案例的时候,大家想的是什么呢?不会是抢劫犯真凶残忍砸伤了保安,大家想的一定是,保安怎么这么倒霉,倒霉这一个朴素的词汇,其实表达的就是本案的核心事实,那就是赵军重伤是一起意外事件。刑法的基础,首先是社会大众最普遍的价值评价,那么这也是我们重新披上法律人的外衣来审视本案的时候所最不应当忘记的。主持人,各位评委,对方辩友,作为今天最后一场比赛的最后一个发言者,在短暂的两分钟之内,其实我并没有把握说服所有人,我所能够做的只是请求你们思考,刑法之所以要设定存疑时有利于被告人这样的原则,是不是因为,刑法不仅仅是要弘扬正义,它同时还必须兼顾公平,如果单纯地为了打击犯罪,而肆意地突破这样的原则,那么我们所收获的也许是一时的威慑,但我们所失去的会不会是公众心中对于法律的发自内心的长久的信仰。各位,我的陈词即将结束,但我相信,我们的思考才应该刚刚开始,谢谢。

这场论辩赛辩方的假设类比、归谬等技巧运用娴熟,控方在许多地方没有良好回应，实为缺憾，对此我们将在其后自由论辩的假设归谬环节进行具体的评述。在论辩技能并不占优的情势之下，控方最终赢得这场比赛，主要就归功于控方充分使用了概念挖掘的基础性策略。在这场论辩中控方提出了一个基本观点，即行为人制造了法律所不容许的风险，并实现了这个风险，主观有过错的，就应当对损害结果负责。控方根据这样一个基本观点概括说明了本案为什么李平要对重伤的结果负责，这样一个基本观点或基本逻辑从控方立论到自由论辩到结辩，贯穿始终，这就是我们说的上位概念、底线逻辑。

开篇立论 ▶ 【说明上位概念】综上李平在犯罪过程中，客观上实施暴力，制造风险，引发重伤，主观上存在明显过失，根据主客观相一致的原则，李平应当对赵军的重伤结果负责。

自由论辩 ▶ 【用这个概念进行底线反驳】表面是扭打，实质是什么？实质是李平的暴力抗拒抓捕是合法和非法的较量，实质也是李平的暴力行为所导致的危害后果，请问李平的暴力行为直接导致了危害后果，主观上有过失，为什么他可以不负责呢？

总结陈词 ▶ 【再次强调这个概念】我想控方的观点非常清楚，那就是行为人制造法律不允许的风险，主观上有罪过的，他就应当负责。

控方建立的这个底线逻辑，不仅能够有效说明己方的立场，而且对对方的可能性观点能发挥良好的抗辩功效。例如，在这场论辩中：

当辩方强调"花盆是谁碰落的这个重要情节尚未查清不能盲目定罪，否则违背罪责自负的基本原则"时，控方指出"花盆究竟是谁碰落的并不重要，重要的是花盆碰落这个风险是李平的犯罪行为直接造成的，所以李平需要负责"。

当辩方说"事实不清证据不足应当有利于被告人"时，控方强调"谁制造了法律所不允许的风险，谁就要负责，本案在归责的核心事实方面并不存在不清的疑问,不适用存疑有利于被告人的原则"。

可见,控方根据自己的上位概念、逻辑底线能够做到自圆其说,兵来将挡,水来土掩,这充分体现了概念挖掘的意义。

再结合一道案例论辩题来看上位概念:

论辩题:高速公路收费案

被告人于飞,男,26岁,暂无固定职业。2003年4月5日,被告人于飞与朋友赵某、李某在街头相遇,赵某、李某谈到因经营不当,欠他人1万元货款,急需用钱还账。于飞提议,离此处不远有高速公路收费站,可将收费人员赶走后,收取费用。当日17:00时,于飞携带棍棒,驾车带领赵某、李某来到某市高速公路收费站。于飞拿出棍棒,称刚从监狱出来,没有钱花,要"征用"收费站6小时,命令值班收费人员鲁临风、宋小雨把发票及收的款都带走,到外面的车上休息,否则将使二人受"皮肉之苦"。赵某、李某将鲁、宋二人带到车上,并一起在车上等候,其间,鲁、宋二人除不得入收费站外,可自行活动。应鲁、宋二人要求,赵某、李某为其购买了夜宵。于飞则按照高速公路计费标准对通行车辆收费,但称发票用完,不给司机开发票,共获得人民币3万元。收费6小时后,被告人于飞等人离开。2003年4月6日,警方接到报案后将于飞抓获。经查,该收费站系国有事业单位。

控方:于飞的行为构成抢劫罪。

辩方:于飞的行为构成诈骗罪。

这道论辩题,控辩双方的争议可以概括为:"使用暴力手段获取他人必然交付的钱款,是构成抢劫罪还是诈骗罪"。这种概括即为底层逻辑的概括,即为我们说的上位概念。

2. 上位概念的具体运用

在探讨基础性概念时,我们说每道辩题都必然涉及基础概念,且一道题通常不止一个概念,往往会涉及多个概念,有区别的只是挖掘出的概念通过何种形式予以有效表达。但并不是每道辩题都能够像上述李平案这样能提出完整系统的上位概念；许多时候，针对一道辩题挖掘出的上位概念不容易像李平案那样精准、全面地概括全案的特征，但针对一道辩题局部问题或某个核心问题的整合性表述，这样的上位概念还是相对容易寻找和界定的。例如：

> **论辩题：荒唐的婚姻**
> ——第二届全国检察机关优秀公诉人电视论辩大赛决赛
> 北京公诉队 vs 四川公诉队
>
> 　　李强与杜梅是一对恩爱夫妻，杜梅在一家公司任要职，年薪颇丰，但丈夫李强的收入却很低。二人原本共同购买了一套98平方米的商品房，产权证的产权人为杜梅。夫妇俩的儿子李中树已经恋爱3年，马上面临结婚。夫妇二人想购买经济适用房，但又不符合购买经济适用房的条件，于是二人商量通过假离婚、假结婚的方式购买经济适用房。首先，李强与杜梅协议离婚，98平方米的商品房归杜梅所有。然后，李强与住在农村的丈母娘陈菊登记结婚。起先，陈菊死活不同意，认为这件事太丢脸，但李强、杜梅反复做陈菊的工作，陈菊最后同意与李强登记结婚。于是，李强与陈菊以夫妻名义申购了一套68平方米的经济适用房。购得经济适用房后，李强与陈菊协议离婚，并与杜梅复婚。经查，所购买的经济适用房与商品房的差价为66万元。
>
> 　　控方：李强与杜梅的行为构成诈骗罪。
> 　　辩方：李强与杜梅的行为不构成诈骗罪。

[控方一辩开篇立论]

　　主持人，各位评委大家好，纵有广厦千万间，也要谨防有人把房骗。控方认为，李强、杜梅的行为构成诈骗罪理由有三。第一，李强、杜梅隐瞒真相去行骗，李杜二人家庭收入颇丰，也有房可住，却仍把黑手伸向了供低收入家庭购买的经济适用房，为达目的恩爱的夫妻离婚，曾经的岳母客串临时的新娘，向审批人员隐瞒了李强、杜梅才是真正的购房者实际用房人的真相。第二，李强、杜梅的行为使审批人员陷入认识错误，进而获得购房，实现非法占有。李杜二人进而获得了本不应当由二人获得的66

万元差价。第三，李强、杜梅的行为使国家财产遭受到了巨额损失，我们说经济适用房的目的是通过让渡利益，解决低收入家庭的购房困难，那是国家雪中送炭，可不是锦上添花，给李强、杜梅这样的高收入有房住的家庭增添财产。政策目的落空，白白让渡66万元，财产损失特别巨大。综上，李强、杜梅构成诈骗罪，谢谢。

[辩方一辩开篇立论]

谢谢。大家好，为了购买经济适用房，李强、杜梅的行为的确有些荒唐。但这种荒唐却始终没有突破法律的底线。虽然有错但却无罪。控方说李强和杜梅采用了弄虚作假的手段是诈骗的行为，可是我们却始终看到李强和杜梅无论是离婚还是结婚都是遵循着法律的规定。如果说李强和杜梅真的无视法律，那么他们完全可以通过伪造收入证明、伪造结婚证明等违法手段，李强又何须尴尬地和自己的丈母娘结婚，其实我们换一个角度想这不正体现了他们对法律的畏惧而不敢去弄虚作假吗？目的不当但手段合法，李强和杜梅没有诈骗罪的实行行为。其实李强和杜梅费尽千辛万苦获取的也不过是一纸买房的资格。资格也许会换来财物但绝不会等同于财物。当罪刑法定原则要求诈骗罪诈取的只能是他人财物时，李强和杜梅的行为就因为没有侵害到诈骗罪所保护的法益而不构成诈骗罪。诚然李强和杜梅的行为钻了政策的空子，那么就由政策来调整，该补交的就补交，该收回的就收回，又何须用犯罪来评价。李强和杜梅不构成诈骗罪。谢谢。

[自由论辩]

控方二辩：好，辩方今天告诉我们，李强、杜梅、陈菊的婚姻形式合法，所以就不是实质的骗，但恶意透支型的信用卡诈骗罪中，办理和使用的信用卡同样是形式合法，请问您那是不是实质的骗呢？

辩方二辩：本案中恶意的透支那是一个法律拟制的规定，在本案当中我们看到的是一个合法的婚姻，一个合法的购房资格和一个合法的交易行为，那么请问对方辩友，李强、杜梅、陈菊的结婚行为是不是自愿的，是不是合法的呢？

控方三辩：对方辩友您知道吗，有时候欺骗行为不一定都是赤裸裸的，披上一层合法的外衣也未尝不可。只要在非法目的的支配之下，合法的行为同样可以成为骗。请问今天女儿女婿丈母娘，结了又离，离了又结的婚姻关系，在背后的支撑究竟是感情纠葛呢，还是为了骗购经适房的"司马昭之心"呢？

辩方三辩：但是请对方辩友注意的是，本案可不只有合法的外衣哦。我们的婚姻法规定，只要双方自由自愿就符合婚姻的实质性条件，如此符合实质性条件，您要否定婚姻的效力依据何在呢？

控方一辩：辩方说我们否认了婚姻的效力，可是我方从来没有否认婚姻的效力呀，我方认为婚姻是合法的呀。但是您要看到女儿女婿的根本目的是什么。他们是要骗房。他们的手段是什么，就是通过这种合法的婚姻掩盖真实的目的。想请问您了，既然题目告诉我们是女儿女婿要购房，可是为什么站在审批人面前的是女婿和曾经的丈母娘呢？

辩方一辩：既然对方辩友也承认了本案中是手段合法的，那么我就想请对方辩友为我们论证一个了，一个手段合法的行为它如何能成为一个刑法的诈骗行为呢？

辩方二辩：婚姻的合法并不是手段的合法，一场婚姻的闹剧使我们的丈夫变成了爸爸，爸爸成了姥爷，女婿与儿子的关系发生了混乱，请问您这种混乱是不是一种骗呢？这种骗还不构成产生认识错误吗？

辩方三辩：对方辩友，我们可没有明确骗哦。如果你认为我们已经明确骗了的话，首先请您告诉我，本案当中李强、杜梅到底骗的是婚姻登记机关还是骗的是政府呢？

控方一辩：当然骗的是审批人员了，您没有回答我方的问题，我方自己来说。审查对象错误当然要导致认识错误。我举个例子，哥哥想当兵但是身体不好，就让身体好的弟弟替自己去体检，体检医生非常负责，查完身高查体重，查完视力查口腔，查完四肢查心脏，所有的项目查了个够，可就一点查错对象了，请问您这是不是认识错误呢？

辩方二辩：看来是对方辩友已经查错对象了吧，对方辩友告诉我们是李强和杜梅。但我们看到申请经适房的那是李强和陈菊。那么再请问对方辩友，审批人员他处分的是一个购房的资格还是直接处分了财物呢？

辩方二辩：那我倒想请问您了，真人拿着假材料是骗，那假人拿着真材料就不是骗了吗？

辩方一辩：可是对方辩友您要认清楚哦，本案骗的是购房资格呢还是骗的是财物呢？您方一直没有正面回答我的问题，是因为我方的问题您方无以回答吗？

控方三辩：一句话，财产的资格不同于职务的资格，我们还是来说骗吧。如果今天陈菊当众指出，我和李强原来只是女婿和丈母娘的关系，今天为了女儿多套房，我才拉下老脸嫁李强。请问审批人员还会批给他房子吗？

辩方二辩：咱们就来说骗，诈骗罪是一个传统的财产性犯罪，那么骗的行为必须要直接指向的是被害人的财物，但是我们看到的是李强和陈菊的行为，他们申请的是直接指向了购房资格，然而获得经适房是通过一个购买的行为，请问对方辩友申请的行为跟本案的经适房的关系怎样能够理解其因果关系呢？

辩方二辩：我方已经论述得非常清楚，李强、杜梅为了诈骗经济房所代表的财产型利益那就是国家让渡的 66 万元，谈清了骗的问题。再想请问您，如果李强与杜梅申请到了经济适用房，他们本身并不具有这样的资格，请问您国家让渡的这一部分利益没有给到真正的人，这是不是国家财产的损失呢？

辩方二辩：对方辩友逻辑很奇怪，对方辩友说我们欺骗的行为是一个 66 万元，可是我们要知道经适房的资格有的人购买 60 平方米，有的人购买 70 平方米，难道对方辩友说的今天的诈骗的金额是以购买人购买的面积的大小来决定的吗？

控方一辩：今天题目已经告诉我们非常清楚了，差价就是 66 万元，而我方已经论证得非常清楚，购房资格就是财产经济，它可以成为诈骗的对象，您没有回答我方二辩提出的问题，那么我们再说一遍，给错了对象当然是损失。我举个例子，爸爸妈妈拿出钱来给上学的儿子做生活费，这肯定不是财产损失，但如果有人冒充儿子把钱骗走了，这难道不是父母的损失吗？

辩方三辩：但是对方辩友，按照您的立论的话，买大房子差价高量刑就重，买小房子差价低量刑就轻，难道我们的定罪量刑是依照房子的大小，是依照差价的多少来的吗，对方辩友？

控方二辩：简单一句话，李强、杜梅、陈菊3人结伙诈骗买房时即告既遂，因为那是国家让渡的66万元财产性利益确实地归了李强、杜梅所有。

（控方时间到）

辩方二辩：一个国家的法律体系必须协调统一，我们绝不能容许同一个行为在民法上是一个合法的行为，但在刑法上却是一个犯罪行为。结婚自愿、离婚自由，合法的婚姻受到法律的保护，本案当然没有诈骗的前提条件。

辩方三辩：申请资料真实有效，政府没有陷入错误认识，本案没有诈骗的实行行为。

辩方一辩：买房资格，行政许可，资格不等于财物，本案没有诈骗罪的犯罪对象，李强和杜梅的行为，不符合诈骗罪的构成要件，不构成诈骗罪。

[控方三辩总结陈词]

主持人，各位评委，综观本场辩论，其实控辩双方争议的关键无非有三点。首先，有没有一个欺骗行为，今天控方始终在强调，李强和杜梅的婚姻形式是合法的，但合法的形式掩盖的是非法的目的。婚姻恰恰就是诈骗的手段，经济适用房要专买专用，而今天李强和杜梅之所以拉来了丈母娘客串新娘，目的就是使管理人员误以为李强和陈菊才是经适房的使用人，进而隐瞒了李强和杜梅才是真正的经适房的购房人和用房人，也隐瞒了他们家资丰厚且拥有住房的真相，这还不是骗吗？其次，经适房管理人员因为这样而产生了一个错误的认识，试想如果今天管理人员明知李强和陈菊是代替李强和杜梅来申请这套房还会审批吗？当然不会。这就是错误认识的表现。最后，经适房管理人员基于错误认识，又对66万元的财产利益进行了一个处分。我们说今天国家制定经适房的政策，让渡66万元巨额的财产利益目的在于解决低收入家庭的困难，而今天李强和杜梅的诈骗行为不但使国家的政策目的落空，更使得巨额财产遭受到了损失，这难道不是诈骗的危害后果吗？主持人，各位评委，辩论至此，我想我们已经不难得出答案，李强、杜梅构成诈骗罪，愿天下购房人都能秉持良心申购，不越法律雷池，方能还广厦于寒者，使居者有其房。谢谢。

[辩方三辩总结陈词]

谢谢主持人。大家好，房子或许是每个中国人心中的一个结，钻政策的空子去实现它，固然不合情理，但是若以诈骗罪处罚李强、杜梅，却显然有违法理。首先，合法的婚姻不是诈骗行为，婚姻形式上要有登记，实质上要有双方自由自愿，本案就是如此。如此一个形式实质都合法的民事法律行为，却被对方辩友指控为具有严重社会危害性的犯罪行为，明显错误。其次，资格不是诈骗的对象，不管是财物还是财产性利益。诈骗罪的犯罪对象，都具有明显的财产属性，而本案中的资格作为行政许可，无论对方辩友怎么解释，都不可能解释到诈骗罪的对象之中，否则就是对罪刑法定的践踏，政策的落实难免出现不周全，此时我们应当及时作出调整，而不是像对方辩友那样，用肆意解释过的刑法去苛责我们的人民。这才是治本之道，时间剩下最后的17秒，我们整场论辩行将落幕，在此时多年以后我们是否能够记得这样一个案例，它提醒着我们，坚持罪刑法定原则的重要性，它提醒着我们，依法保障人权的重要性。

在这场论辩中，控方从立论到结辩的核心概念是"以合法形式掩盖非法目的即是骗"，辩方针锋相对地也提出了己方的上位概念："目的不当但手段合法"，因此属于"有错但却无罪"。双方在自由论辩中根据己方设定的底线逻辑针对是否有骗、是否手段合法这两个关键问题以及这两个问题之外的诈骗犯罪对象等问题进行攻防，焦点清晰，短兵相接，十分精彩。

3. 上位概念和基础概念的结合运用

一道论辩题，如果能提炼出上位概念，通常还需要根据该上位概念，结合具体的犯罪构成要件，拆解若干基础概念，从而拆分出具体的辩点。例如前述的马强抢劫还是诈骗案，上位概念可以提炼为："圈套型赌博"和"赌博型圈套"如何区分，具体又涉及何为占有，何为自愿交付等问题。

对此，我们来看2023年第八届全国十佳公诉人选拔赛决赛的一道论辩题。

论辩题：李伟抢劫案

2015年5月4日犯罪嫌疑人华安（另案处理）与其朋友梅彬每人出资4.5万元，以人民币9万元的价格在汉东省京州市河东县王海处购得和田玉原石一块，二人商议将该和田玉原石出卖后，平分所得。华安见和田玉升值空间大，产生独占该和田玉原石的想法，谋划由他人假装抢劫自己的假象。华安将此想法告知犯罪嫌疑人李立（另案处理），李立表示同意。李立又找到犯罪嫌疑人李伟，称有人持有一块和田玉原石很值钱，两人将其抢来，并隐瞒了这是华安授意。

5月9日上午，趁梅彬外出与他人吃饭之机，华安打电话给李立，让其速来按计划对自己实施抢劫。11时30分许，李立、李伟来到华安、梅彬在河东县的临时住处（华安朋友的空置房），李立在门口望风，李伟敲开房门后进入屋内，用拳头击打华安脸部，致其口腔内壁黏膜裂伤、左脸部软组织挫伤（经鉴定为轻微伤），劫取放置在房间的和田玉原石，并将其交给在门口望风的李立，后二人逃离。华安打电话给梅彬，告知其和田玉原石被抢劫，后二人报警。经价格鉴定，和田玉原石价值人民币9万元。

控方：李伟的行为构成抢劫罪。

辩方：李伟的行为不构成抢劫罪。

这道论辩结合基础事实，抽炼的上位概念可以是："假装抢劫"在何种情况下构成真的抢劫。在这个核心问题下，根据抢劫罪的构成要件，又可以展开具体探讨以下一系列问题：[①]

（1）暴力及伤害后果如果获得了被害人同意，是否还属于抢劫罪的暴力要素？（这里涉及事实上安华是否同意李伟对自己真打的问题）

（2）被害人同意是需要对行为人表露出来；还是只要被害人同意，被害人内心有这个意识就可以，并不需要对外部表露出来？（这里涉及事实上李伟是否知道是假抢劫的问题）

[①] 《劳东燕、车浩：评全国优秀公诉人业务竞赛题目》，载微信公众号"麦读"2023年12月11日。

（3）行为人是否需要认识到被害人表达了自己的演戏行为？（该点与被害人同意是否需要显露于外紧密相关）

（4）抢劫罪所涉及的他人人身安全的法益何种情况属于被侵害？是只要客观上人身安全有所损害就是实际被侵害？还是支配自己身体的意愿没有受损，就不存在法律损害后果？

（5）抢劫罪中的通过暴力取得财物，取得财物的具体含义是什么？本案中共同占有情况下，是否客观存在打破他人对财物的占有？

（6）当华安也即是共同占有人之一同意拿走，可是梅彬不同意也不知情的情况下，能不能排除抢劫罪的"取得财物"？

（7）抢劫罪中暴力和胁迫行为和取财之间是什么关系？华安交出财物并不是害怕、被压制而不得不交付，而是实际上他就配合、心甘情愿地交出来，是否符合这种因果关系？

（三）概念挖掘的意义

通过上述多场实战分析，可以看出概念挖掘在案例论辩中的重要作用。

1. 最大的功能：有效的攻防手段

一方面通过概念挖掘，从法理的深层次构建己方的立论体系；另一方面，以此预测对方的可能性辩驳，并能够在现场迅速判断对方是基于论辩案例题涉及的哪一个概念进行的辩驳，进而思考对方辩驳的概念根基是什么，和己方的概念区分在什么地方，对方的概念和逻辑是否合理。并结合转化的论辩技巧，进一步选择自己是从概念挖掘的哪种模式（事实阐述模式或法理阐述模式）进行反驳，从而始终保持己方内在逻辑的统一性，并不断强调己方的核心逻辑，并能较为轻松地发现并阐述对方逻辑的漏洞所在。如前所述，概念的有无及多少往往决定了一场论辩的输赢。

2. 最直观的功能：结辩时的理论拔高

在其后论辩的具体技能中，我们将具体评析案例论辩中总结陈词和开篇立论的区分，以及总结陈词的几大基本要素。其中一个要素就是要总结自由论辩的全场焦点，不再简单地重复事实，需要进行理论拔高。挖掘概念，对争议焦点进行概念的法理阐述就是最常见的理论拔高方式。例如，上述李平重伤案中，控方的结辩一开始就再次强调了自己的底线逻辑即上位概念，紧接着再逐点分析几个核心的基础概念，什么是风险，什么是过失，什么是刑法上的因果关系。

3. 概念挖掘对真实庭审的促进作用

在法庭讯问或询问环节，在听对方讯问或询问时，除了对事实的关注外，更重要的是必须迅速甄别对方问题背后的真实意图，这实际上就是一种上位概念的探究。在法庭论辩中，针对概念的批驳也是最致命的，基本概念不成立整个逻辑自然难以自圆其说。

第三章　案例论辩分阶段的技能

一、案例论辩的整体性要求

（一）自信、自然是基础

无论是评委还是听众，在一场用时 20 分钟左右的快节奏的案例论辩中，对一名辩手优劣的判断，除这名辩手展现出的法律功底外，相当程度上取决于这名辩手的整体风格。而一名辩手的整体风格，有两点尤为重要。

一是自信，这是一名辩手必备的基本素质。再好的内容，若在场上表现不自信将大打折扣。相反的，即便内容有些许瑕疵，但自信的风格将掩盖或淡化这些瑕疵，将评委和观众的眼球吸引在自己的优势之处。这也就是为什么一场案例论辩，现场我们评判某个辩手的优劣有时和事后我们仅通过文字进行判断有所偏差的重要原因。事实上，并不存在任何一场完美的论辩或一位完美的辩手，案例论辩和真实的法庭论辩一样，永远是门遗憾的艺术，回头再看，总有许多可以改进的地方。因此狭路相逢勇者胜，气势上首先要压倒对手，这种气势不是咄咄逼人的强势，而是一种充分的自信，通过自信传达自己的观点，从而让人容易集中精力倾听，并容易被说服。树立这种自信和我们前面说的"评委和听众中心主义"的基本理念也是相关的。如果在辩论场上，老是试图说服对方，或对于对方说的每个问题都想反驳，要做到全然的自信客观就有难度。但是如果定位虽然是辩论，但更多是辩论形式的探讨交流，只要把自己对辩题的论证思路，论证理由，以及和对方争辩的基本点，有理有据地展开论述，内心就相对淡定，也更容易平和自信。

二是自然，一位辩手在场上的表现要容易被大家接受，很重要的一点是要让大家感觉他不仅在说，而且是发自内心地想这么说，是一种法律人自然的情感和观点抒发，而不是在表演。这种自然，体现在语言的恰当运用上，还体现在外在形态上，例如整场论辩表情都过于丰富，显然有表演之嫌。再如，论辩中的手势运用。现在的案例论辩中，有部分女辩手的手势高度相似，站立发言时双臂下垂微曲，双手重叠置于身体正前方，非常规矩的淑女状；说到"第一""第二"等逻辑先后顺序时，举起右手以食指示意等。这些经典的规范手势，自然并无不妥，但许多人都如此运用时，辩手的个人风格将减弱；同时，运用自然尚好，稍欠自然，则令人感觉为了手势而手势。因此，案例论辩中，手势不需定型，并无所谓的规范限制，手势的多少也因人而异，相对稳重、自然即可。在案例论辩中，肢体的运用需要特别注意站与坐和发言的配合。原则上，站立挺直后再发言，发言结束后再坐下，速度的快慢或有不同，但忌尚未站直即发言，尚未说完即落座。举个简单的小例子，大家看首届全国公诉人与律师电视论辩大赛重庆公诉队 vs 辽宁律师队的那场论辩，通常会对辩方一辩留下较深的印象，形象非常出色，也机敏善辩。但在自由论辩中，她有好几次话未说尽就落座，大概仅差一两秒，如此一来，让人在屏幕上关注她的形象和话语时，经常不是看到最美的微笑的刹那，而是低头坐下的刹那，略显遗憾。

（二）语言流畅是第一要素

辩论是语言的集中展现，而语言艺术性的基础要求是流畅。因此，语言流畅是辩论的第一要素。这也是法律人在法庭上抗辩的基本素质要求。现实中，语言的不流畅，首先是思维不流畅的问题，其次是语言发送的训练问题。

在一场案例论辩中，语言的流畅还有一个很重要的表现，即脱稿。一名辩手流畅的语言表达只有才思如泉涌，很自然地表达出来，才是真的流畅，才具有说服听众和评委的魅力。在一场案例论辩中，一名辩手如果是在念稿，或者时不时的需要通过事先准备好的小卡片提示自己将说什么，就可能令一场论辩丧失了即兴对接的精彩，那样的流畅并非真的流畅。例如，首届全国公诉人与律师电视论辩大赛决赛重庆公诉队 vs 四川律师队。辩方四川律师队在初赛时表现突出，决赛前令大家期待相当高，但这场决赛反而不如初赛表现好，其中准备不足，未脱稿就是一个很刺眼的因素。在自由论辩中，辩方的第一答就拿着小卡片，整场自由论辩中辩方三人都常看小卡片，有时甚至影响了思维和语言的流畅，而实际上思维的流畅和语言的自然，其意义常胜于刻意的漂亮话。

团队赛模式的案例论辩，由于存在团队磨合的问题，通常都提前获得辩题，有一定的准备时间，场上不能脱稿，很多时候是由于准备不足。但这种准备不足，其实还涉及如何准备的问题。以我自己的经验，永远不存在自认为准备充分的时候，一名辩手一个团队并非要把事先准备的东西都准确记忆，再现场演绎，关键的是要对准备的内容融会贯通，能够完整理解消化己方的立场、逻辑，以及攻防的核心点，这在很大程度上就仰仗概念的挖掘。若仅凭记忆，并未真实彻底地消化己方逻辑，不完全清楚己方逻辑存在哪些可能被攻击之处及如何防守，则再好的准备都无法自由应对现场难免出现的意外情形。

全国十佳公诉人选拔中的个人赛，辩手现场的脱稿有着清晰的变化发展过程。第一届、第二届全国十佳公诉人选拔赛，论辩题都是提前一两天给选手，选手有充分的准备时间，从第三届开始，论辩题都只能现场独立准备，决赛是2小时的准备时间，初赛只有20分钟的准备时间。在如此短的时间内要把辩题看清，分析透彻，并良好表达，就对公诉人提出了极高的要求。如此短的时间，一般不可能在准备时写好立论、结辩等内容，现场再拿着小卡片去说，这就逼迫参赛的公诉人在短时间的准备中做到心中有数，上场后大致凭借自己的法理和语言表达功底现场发挥，逼迫参赛选手不得不讲求脱稿。而这种逼迫也着实有效，我们看到大多数参赛的公诉人都能做到完全脱稿，依靠逻辑的框架现场展现精彩的论辩。

事实上，脱稿的要求不代表不能拿任何的文字辅助。例如在卡片上以自己习惯的方式写上己方的基本辩点或重要问题，在辩论场上提示自己在自由论辩中要尽量展开对不同辩点的论述或盯问对方某些重要问题，这都是完全可以的。需要注意的只是辩论的基本逻辑框架要内化于胸，辩论场上是真实的探讨问题。不要被事先准备的过于细致的内容所束缚。辩论场上，需要认真听对方怎么说，也需要认真听自己的队友怎么说，然后根据自己事先设定的基本逻辑框架，自信自然地进行语言表达。

(三) 个人风格的探寻和确立

不同的辩手个人风格不同，一如不同法律人在法庭上的风格不同。有人擅长说理，有人擅长形象生动，有人沉稳，有人机敏幽默。理想中的辩手是能根据评委的构成，根据对手的特点随机适当调整个人风格。这也正如法庭上的优秀法律人的表现，会根据对方（控方或辩方）和法官的风格，适当调整个人风格，以获得庭审上的主动权。但是个人的基本风格是需要通过长期练习逐步培养和强化固定的。无论哪种个人风格，核心都是充分体现一名辩手的严谨思辨和良好语言表达，都应在评委和听众面前树立一种整体形象，即这是一位敬重法律，且以理服人的高素质的法律人。个人基本风格的确立需要全面考量自我的优缺点。知己是百战不殆的一个前提，因此了解自我风格也有利于在最大范围和限度上克服自我缺点，例如上场前，针对个人语速过快容易情绪激动的缺点进行适当的自我提醒等，都将有利于在场上的控制和良好表现。

上述谈及的案例论辩的整体性要求对法律人的实践工作也有着重要的借鉴意义：作为一名法律人，应当高度重视自己出庭的整体风貌，并在此基础上逐步树立自己的个性。众所周知，公诉人出庭有严格的规范化要求，这种规范的本质是为了体现公诉人出庭的整体风貌。我们常说，公诉是一门需要极高技能和经验的艺术。既然是艺术，则无绝对固定的形态，这也就是大家常说的另外一层含义，即"公诉无定式"，因此公诉人不需要也不应该是某个标准模子塑造出来，公诉人出庭支持公诉在规范之外还需要体现个性，既体现案件的个性，又体现公诉人本人的个性。但因为公诉人是代表国家提起公诉，代表检察机关的整体形象，因此无论公诉人在法庭上是何种个性，都应当传达出检察官的精神，传达出法律人的精神。对此，张熙怀检察官撰写的《公诉精神》一文中对公诉人出庭整体风貌有过非常精辟的论述，非常值得借鉴。他说：

"一是'摆出你的架势'。从进入法庭之前就摆出公诉的架势，手拉着长杆的行李箱，内装着卷宗，昂首、阔步、自信穿过长廊、走进法庭……在法庭上熟练迅速地开启手提电脑、连接投影机，利用PPT陈述起诉要旨，出示证据、论告等，摆出这种架势，展现'创新''效率''品质'之新风貌法庭活动。二是'挺直你的腰杆'。低头看卷弯腰驼背阐述案情的检察官简直像'败战之军'……公诉检察官就是检察机关的门面，在公诉法庭上，公诉检察官的言行举止，就是该检察署之代表，也是百姓心中检察官之表征。不在乎你是男性或女性公诉人，你的身高、相貌也不成问题，唯有挺直你的腰杆，双眼炯炯有神直视，口语清晰有力，才能充分展现出你的自信，被害人相信你的能力，被告凛于你的威严，辩护人钦佩你的风范，检察官的精神油然而生。"

在法庭上我们的公诉形式和台湾地区的公诉形式或许有所不同，但是牢固树立高度重视公诉人出庭整体风貌的理念，通过公诉人在法庭上的一言一行充分传达公诉的精神，这点应该是共通的。辩护人出庭着装等的规范要求虽然不及公诉人严格，但是基本规范（包括着装规范、用语规范等），体现辩护人的专业，体现一名法律人值得尊敬和信赖的精气神，和公诉人出庭的要求是共通的。

二、开篇立论

开篇立论，这是一个团队或一位辩手与评委和听众进行的首次交流，因此这个阶段的发言对树立一个团队或一位辩手的第一印象非常重要。这个阶段的发言，基本原则是"稳中求新"：所谓的"稳"并非指立论格式化，类似八股文的四平八稳，而是指立论需要紧扣犯罪构成要件展开，规范全面，重点突出。所谓的"新"是指在稳的基础上，逻辑解构或语言形式的新颖，即便不能达到令人耳目一新的效果，也要尽量追求让人一听即了然的目标。基于这样一个基本原则，我们来看下开篇立论阶段的基本要求：

（一）规范全面

即紧扣犯罪构成要件展开全面阐述，这是基础性要求。这种全面阐述，并非是必须逐步分析犯罪构成要件的四要素，而是指辩题涉及的和犯罪构成有关的核心点都应当有所分析。这一要求对控方和辩方并不平衡，对控方的要求较高，对辩方的要求相对低些。这是因为控方以立为主，辩方以破为主，原则上辩方在破题时也应尽量找全辩题包含的所有核心辩点，但在现场论辩时辩方往往只抓一两个核心辩点，不计其余。

不同论辩题型对陈词立论的要求略有所区分。论辩题型大体可以分以下几种：罪与非罪之辩、此罪与彼罪之辩、开放性定罪之辩（实质仍可还原到罪与非罪、此罪与彼罪之辩）、重要量刑情节之辩及双结构或双层次之辩（即既辩定性又辩量刑）。

1. 罪与非罪之辩的基本立论模式

罪与非罪是论辩题中最基础的题型。这种论辩题常见的立论模式又可以大体分成四种。

第一种模式，按照犯罪构成的四要件逐个进行分析。控方通过分析四要件，论证构罪；辩方通过对某个或某几个犯罪构成要件的反驳认为不成立犯罪。

论辩题：赵金兰过失致人死亡案
——第二届全国检察机关优秀公诉人电视论辩大赛总决赛
河北公诉队 vs 吉林公诉队

村民赵金兰于 2011 年 10 月 20 日中午设 40 岁生日宴席，许多亲友和村民到场。好吃懒做的村民易无成平日与赵金兰不睦，当日不请自到，引起赵金兰的不满，遂言语相讥。赵金兰对易无成说："你怎么随随便便到处吃？"易无成一副无赖嘴脸说："我这个人不挑食，走到哪吃到哪，什么都敢吃，什么都敢喝，就算是农药我也敢喝。"赵金兰更心生厌恶地说："你真敢喝农药？不要吹牛了。我要是拿来了农药你不喝，就从老娘的裤裆下钻过去，敢不敢？"在场的众人也不满易无成的嘴脸，遂一道起哄。赵金兰心想，反正易无成也不可能真的喝农药，正好可以借此机会整整他，就倒了一杯农药端在易无成面前，对易无成说："这是农药，你敢喝吗？"易无成见真的端来类似农药的液体，心生怯意，但眼见赵金兰已做出叉开双腿的姿势，周围的人也跟着起哄，喊着"不喝就钻裤裆"，易无成不愿意服输，端起杯子一口气喝完了。赵金兰的表情立即变得惊愕，旁边有人问："真的是农药吗？"赵金兰下意识地点头，众人这才意识到大事不好，连忙和赵金兰一起将易无成送往医院，易无成在被送往医院途中死亡。

控方：赵金兰的行为构成过失致人死亡罪。

辩方：赵金兰的行为不构成犯罪。

[控方一辩开篇立论]

谢谢主持人，尊敬的各位评委，对方辩友，大家好。我方认为赵金兰的行为构成过失致人死亡罪。理由有二：第一，在客观方面赵金兰以胯下之辱对易无成言语相激，造成了易无成立下赌局，然后给易无成端来了农药，见其心生怯意后又摆下了姿势，这一系列的行为使易无成无法面对众人的嘲笑，在不愿服输的心态下只能选择喝下了农药。第二，在主观方面赵金兰存在过失。赵金兰作为农户，她明知农药的剧烈性，但是她已经预见到易无成喝下农药就会毒发身亡。在本案中，其基于对易无成平时的了解,自信地认为,易无成绝对不会因为一个简单的玩笑就喝下农药。过高地估计了现实存在的客观条件对避免危害结果的作用,最终导致了危害结果的发生,显然属于过于自信的过失。综上,我方认为赵金兰构成过失致人死亡罪。谢谢。

[辩方一辩开篇立论]

谢谢主持人,各位评委、各位观众、对方辩友大家好。我方观点赵金兰无罪。第一,从认识层面来看,赵金兰根本无从预见易无成真的会喝下农药。酒宴之上的赵金兰只想让不请自来、混吃混喝的易无成出个洋相,赵金兰拿农药打赌,是因为赵金兰心里很清楚易无成在吹牛。易无成看见农药已经心生怯意,恰恰证实了赵金兰的判断他不会真的喝。那些在场旁边起哄的村民都没有想到易无成真的喝下农药,赵金兰又怎会未卜先知。第二,我们来看行为。赵金兰生日当天请客、不满、打赌、最终救人哪一个行为对易无成的生命权益造成了现实紧迫的危险呢?都没有。没有危害行为何谈犯罪。第三,我们来看结果,易无成的死亡是他自己选择的结果,尽管赵金兰的玩笑开得有些过火,但是易无成完全可以选择放下农药,转身离去,他却因为心存侥幸或者因为不愿认输而选择了冲动地喝下农药,这种自损的行为应当自我答责。综上,赵金兰无罪。谢谢大家。

第二种模式,不完全拘泥犯罪构成四要件的逐个论证,直接论证有争议的问题,突出重点。

论辩题:当买官遇到骗子
——第二届全国检察机关优秀公诉人电视论辩大赛决赛
江苏公诉队 vs 上海公诉队

王正是南山县副县长,年轻有为,政绩突出,得到当地干部群众公认。适逢县长到市里任职,王正作为竞争县长的人选,在干部群众中呼声很高。马东是王正大学好友,在县里经营一家名为"东顺大酒店"的四星级酒店,效益很好。对王正竞争县长一事,马东作为好友非常支持,同时觉得王正当了县长,对自己酒店生意也会照顾。王正虽自感工作能力各方面有一定优势,但考虑到县长是市管干部,市委书记起关键作用,而自己与市委书记在工作上接触、联系不多,彼此不太熟悉,多次在与马东的私下交谈中对此表示忧虑。马东闻言后也多次想找门路帮助王正。

一天，李明被一群人前呼后拥来酒店就餐，马东无意中听到人称其李局长，并请求其在一项重大工程项目招标中帮忙，认为李明一定是大官，便借酒店老板名义前去敬酒，通过相互交谈，得知李明曾是省委主要领导秘书，现在是省国税局局长。后马东找到李明，请求李明找市委刘化雨书记帮助王正在此次县长竞争中胜出。李明提出这事可能需要点活动经费，马东问需要多少，李明说至少得100万元。马东因与李明交往不深，担心受骗，就说我先给你30万元花着，事成之后再给你70万元。马东回家取存折时，其妻得知此事表示反对，说："这事一下子拿出去这么多钱，人家王正都不知道，算什么事啊？"马东劝说道："你这就是妇人之见了，凭咱和王正这种关系，他要是真当上县长，以后的回报可不是这么多钱能换来的啊！"在马东坚持下，其妻勉强同意。马东在付给李明30万元之后，多次催问此事进展。两个月后，李明找到马东，拿着一张市委组织部拟同意王正为县长提名的文件，说这件事市委刘化雨书记已同意，组织部也已经批准，马上通过人大选举程序就可以了，要求支付其余70万元。马东遂支付其70万元。王正因各方面优势明显，顺利被提名为县长人选并经县人大会议选举后任命。

后经群众举报案发。经查，李明是无业游民、江湖骗子，其向马东出示的市委组织部文件系伪造。王正对以上全部事实不知情，在其选任县长过程中没有任何不正当行为。

控方：马东的行为构成行贿罪。

辩方：马东的行为不构成行贿罪。

[控方一辩开篇立论]

谢谢主持人，看完短片，我想大家心中应该有两个问号：第一，为朋友买官是不是谋取不正当利益？第二，骗子不是国家工作人员，给他送钱能否构成行贿罪呢？答案的关键词之一，行贿目的为谋取不正当利益，其实刑法并未限定为本人谋取，既可以是为我自己，也可以是为他人，这就像挪用公款罪中给个人使用的规定是一样的，我挪给自己用是挪用，挪给我们二辩用这也是挪用，马东跟王正两人相交多年，有一种友情叫作心灵相通，也有一种投资那叫作互利共赢，为朋友买官当然也是为谋取不正当利益，符合行贿罪的规定。答案的关键词之二，行贿对象，国家工作人员，既然要行贿那就要找到适合的对象，经过一个个的酒场，马东终于傍上了国税局局长，哪料到这个冯京他是马良，这一次马经理他拜错了码头、烧错了香，这个骗子他永远不可能实际也没有帮上忙。其实这种情形在司法解释中早有规定，比如误将面粉当成毒品去贩卖，一样是贩毒的定性，只不过因为犯罪意志以外的原因让他目的泡了汤，这叫犯罪未遂，一样的定罪处罚，没商量。买官遇上了骗子这是马东的不幸，但却是咱老百姓的大幸，无论是用钱去换权，还是拿钱去买权，一样的国法不容。谢谢。

[辩方一辩开篇立论]

谢谢主持人，和控方一样对买官卖官我们同样深恶痛绝，但送钱就一定是行贿吗？不分析主观是否确定，法益是否侵害，看到权和钱就简单地建立联系，这是法律人应有的理性吗？首先，今天控方刻意回避的是王正当选合法正当，马东送钱上当受骗，王正年轻有为，理所应当当选，群众公认，既然实体上当选没有不正当，当马东遇上骗子注定了是喧闹的骗局和公正的选举，泾渭分明，无法相交。骗局再喧闹也无法影响选举的公正，因为诈骗犯罪已经形成，因果关系已然阻断，职务廉洁未受侵犯，诈骗罪成立，行贿能成立吗？明明是诈骗的被害人，今天控方却要将马东推上行贿的被告席，这样的定罪理智吗？辩方认为马东有错，但不代表有罪，因为刑法它有一张父亲的脸，应当严厉而慈祥。谢谢。

这场论辩赛，控辩双方的开篇都较有特色，都不拘泥于犯罪构成的四要件逐步分析，而是以问句的方式直指争议的焦点。控方着眼于不正当利益和行贿对象的分析，以此论证成立行贿罪。辩方则强调这是一个骗局，成立诈骗罪而非行贿罪。

第三种模式，将复杂事实分段论述，通过事实的描述进行法理的阐述，这种方法控方常用。

论辩题：贺石借卡微信提现案
——第七届全国检察机关十佳暨优秀公诉人业务竞赛

控方高尚 vs 辩方王艳

陈春杰与贺石曾经是工地上的工友。陈春杰为了炒股，向贺石提出租用其银行卡。贺石答应后又起了贪念，瞒着陈春杰将自己的手机微信与该银行卡绑定，以便自己将来能够随时通过微信充值的方式，提取银行卡中的钱款。将银行卡借给陈春杰之后，贺石通过几次微信小额充值的方式，试探出卡内有余额，遂在半年内多次将该银行卡中的资金（共计3.2万元）充值到自己的微信上，用于个人挥霍。

辩题：贺石的行为构成什么罪？

控方：贺石的行为构成盗窃罪。

辩方：贺石的行为构成侵占罪。

[控方开篇立论]（删减版）

以为工友关系好，信任借卡把股炒，怎料工友有贪念，偷偷绑卡全偷掉。

我方认为被告人贺石的行为构成盗窃罪。理由如下：

第一步，出租银行卡，放弃使用权。对于放弃银行卡的使用权，实际上就放弃了卡内资金的支付、保管和使用。

第二步，卡内有资金，心中存贪念。他将银行卡偷偷地绑到了自己的微信账户上，以备盗窃所用。

第三步，卡内有了钱，偷偷往外转。当他将银行卡内资金转到自己的微信账户里面，也就转移了卡内资金的合法占有。

第四步，不管是他偷偷绑卡，还是偷偷地以小额支付的方式进行试验、进而采取分多次转移资金的方式，都没有取得被害人的许可，转移了财物的所有权。

综上，被告人的行为均符合盗窃构成要件，构成盗窃罪，谢谢。

论辩题：吴南谋取购房资格案
——第七届全国检察机关十佳暨优秀公诉人业务竞赛
控方赵文涛 vs 辩方丁铌

东海市出台文件规定，持有本市暂住证且连续5年缴纳个人所得税的非本市户籍的无房户，可购一套住房。

吴南是某房产中介公司的销售人员，与从事个税代缴业务的董飞是同乡关系。在一次交谈中，董飞从吴南处得知有很多无本地户籍人员想要买房，但是不符合"连续5年缴纳个人所得税"的购房条件。董飞遂找到自己因工作关系认识的朋友、某税务局副科长白方，向白方介绍了潜在的"市场需求"，提出如能为不符合上述文件规定的人员办理补缴个人所得税业务，会有丰厚回报。白方答应可以想办法进行五年个税补缴的操作。

随后，董飞对吴南讲，自己有朋友在税务局工作，有能力办理补缴五年个税，咱们可以利用这个关系挣点钱。于是吴南征集了200名有意向买房但不符合条件的人员信息发给董飞，后董飞又转发给白方。白方利用自己的职务便利为该200名人员违规办理了个税补缴业务。吴南向上述人员收取钱款共计200万元，自己留下了50万元，转给董飞钱款150万元；董飞收到后留下50万元，剩余100万元转给了白方。

经查，吴南仅认识董飞，并不认识白方，对于后续办理补缴个税的流程和方式也不清楚。

控方：吴南的行为构成受贿罪的共犯。

辩方：吴南的行为构成行贿罪的共犯。

[控方开篇立论]（删减版）

本案的基本事实明显分为三个阶段：

第一，董飞发现商机，刺激白方形成受贿故意。第二，白方形成了受贿故意之后，万事俱备，只欠那么一个东风，所以董飞告诉吴南"哥们儿税务局有人，我们可以补交税款，并且利用这个关系来共同赚钱"。第三，吴南利用白方的职务便利，为购房者谋取了利益，并且与董飞和白方共同获利。

对于正犯白方来说，只能对自己有认识的100万元负责，但这不影响认定吴南构成受贿罪以及其受贿数额，也正基于此，我方认为吴南构成受贿罪，谢谢。

第四种模式，将论证思路拆分不同层次，针对争议的重点问题，从事实、法律规定和法理价值等方面分别予以阐述，这种方法辩方常用。

论辩题：王强故意杀人案
——首届全国检察机关优秀公诉人电视论辩大赛
上海公诉队 vs 广东公诉队

王强（男）与苏梅（女）自2005年起即以夫妻名义共同生活在一起，但始终没有办理结婚手续。2008年以来，王强在外又与其他女子有染，因此苏梅多次与王强吵闹，并欲与王强分手，但发现自己已经怀孕。苏梅遂告诉王强自己已经怀孕，劝阻王强与其他女子断绝两性关系，但王强依然如故，并称"咱俩又没有结婚，我和谁交往是我的自由。你也不是我老婆，凭什么管我"。2008年底的一天深夜12时许，王强回到家中，苏梅与王强又发生激烈争吵，痛哭流涕，伤心欲绝，于是从床下拿出事先准备好的毒鼠强，告诉王强"你要是这么继续下去，我就吃毒药不活了"。王强表示："想不想活是你的自由，我不能干涉你，你也不要干涉我。"于是，苏梅将毒鼠强倒入口中吞下，顷刻间毒发身亡。王强在一旁目睹苏梅吃药自杀的全过程，没有阻拦。在确认苏梅死亡后，王强向苏梅的父母打电话，告知苏梅自杀身亡。

控方：王强的行为构成故意杀人罪。
辩方：王强的行为不构成犯罪。

[控方一辩开篇立论]

主持人、评委，大家下午好。托尔斯泰说过，幸福的家庭总是相似的，不幸的家庭则各有不幸，我们今天要讨论的是一条年轻的生命消失了，她腹中的小生命也随着无缘于人生，谁该负责，负什么责，我方认为正是由于王强的所作所为将苏梅一步步推向死亡，他的行为已构成了故意杀人罪，让我们看看本案中的三个阶段，第一阶段，苏梅用3年的全心付出换来的是王强与其他女子有染，怀有身孕的苏梅无法接受和面对即将出生的孩子没有父亲的现实，她极力挽回和争取得到的却是王强的不屑一顾、我行我素，王强的薄情寡义，使得苏梅百般无奈下准备了毒鼠强。第二阶段，苏梅用1年的全力争取，换来的是王强的变本加厉。夜深人静12点钟，苏梅终于等到了那个不愿回家的男人，夜深人静的最后一次争吵，王强的冷漠无情，使得苏梅悲痛欲绝地拿出了毒鼠强。第三阶段，苏梅一生全部的寄托换来的却是王强一句，"想不想活是你的自由"，在生与死的边缘，苏梅渴望得到的是生的挽留，得到的却是死的回应，王强的薄情寡义、决绝无情使得苏梅万念俱灰，终于吞下了毒鼠强，死亡迫在眉睫，救助全靠王强，然而此刻的王强却选择了不作为，他平静目睹了苏梅服药，倒地，挣扎，直至没有任何一丝反应，他平静冷漠的确认，不带任何一丝怜悯。我方认为正是由于王强的一系列先行行为，激发了苏梅自杀的念头；正是由于王强的一次次冷漠，推动了死亡结果的临近；正是由于王强的一次次疏忽，导致了死亡结果的发生，这种行为王强应当救助、能够救助，却不予救助，这种行为与一把血淋淋的匕首又有什么两样，因此他的行为，应当受到刑法的评价，如此才能对得起生的尊敬、死的敬畏，谢谢。

[辩方一辩开篇立论]

谢谢主持人，尊敬的评委、嘉宾、观众们，大家好，今天和控方一样我们对苏梅和孩子的离开，怀着挥之不去的伤痛和惋惜，对于王强的薄情寡义和冷漠抱有毫不掩饰的谴责和鄙意，但是如果这样就让王强贴上了杀人犯的标签，这不得不说是另一个悲剧，而且是一个更大的悲剧。我方认为有错并不等于有罪，王强的行为不构成犯罪。第一，从事实层面上讲，苏梅的死亡是她意志自由的选择，苏梅的意志支配着损害结果的发生，那么她就应该对自己的死亡自我负责，天助自助者，当苏梅不能承受生命之重而要选择放弃时，我们怎么能归责于王强，让他背负故意杀人罪的罪名呢。第二，从法律层面上讲，首先王强不负有作为义务，控方认为王强的先行行为开始于2005年的同居，持续延续到了案发当晚的争吵和刺激，而我方认为先行行为应具有现实临近性、高度盖然性和直接性，而本案中2005年的同居与本案当中发生的苏梅服毒并不具有现实的临近性；案发当晚的争吵，也是一年中极其平常的一次，不具有高度的盖然性；苏梅事先准备了毒鼠强，这说明这是她积蓄已久自杀念头的一个爆发，案发当晚的争吵只是契机，而没有直接性。因此王强的行为，不符合先行行为的特征，本案中也不存在其他诸如法律规定、职务等其他引发作为的义务。其次王强不具有作为能力，众所周知，毒鼠强是极度烈性的毒药，苏梅在顷刻间就毒发身亡，王强没有能力也来不及去救。第三，从法理层面上来讲，对于不履行夫妻、父母子女的法定扶养义务，尚且只能用遗弃罪加以评价，那么对于恋人之间的不救助，又怎能以故意杀人的重罪予以定罪处罚呢，这违背了罪责刑相适应的原则，我们认为刑罚应当谨慎而谦抑，我们希望它不仅保护苏梅的生命，也能够给王强一次公正的对待，我的发言完毕，谢谢。

　　这场论辩赛控辩双方的开篇都颇有特色。控方采用三阶段的事实描述法，在事实情境化上下足了功夫，通过生动的案情讲述将评委和听众带进己方逐步论证的法理逻辑中。而辩方一开场即强调"有错不等于有罪"进行了基本的情感和道德立场铺垫，之后通过事实、法律、法理多层面的分析，充分论证为什么本案只是错而不至罪。

　　在罪与非罪的论辩中，有时候对控方的限定只是构成犯罪，并未明确构成具体哪种犯罪。这种情况下，毫无疑问控方必须选择一个具体的罪名具体论证为什么构成该罪。而作为辩方对控方指控不同罪名的可能都尽量要有个基本预测和对应思路。

　　2. 此罪与彼罪之辩的基本立论模式

　　此罪与彼罪之辩是常见的论辩题型，这种题型的立论关键在于要兼顾立和驳两方面，不能只立不驳或只驳不立。有区分的只是在有限的立论时间内，立和驳如何平衡的问题，通常并不需要立和驳平分秋色，控方主立兼驳，辩方主驳兼立，但并无定式。

论辩题：汪海家庭暴力案
——首届全国公诉人与律师电视论辩大赛半决赛
重庆公诉队 vs 辽宁律师队

　　汪海，农民，高中文化。2006年3月16日，汪海与刘莉结婚，婚后至次年11月期间，因感情不和等家庭矛盾，加之汪海性情暴躁，多次对其妻刘莉（殁年25岁）进行殴打。每次汪海都是在极度生气、暴怒的情况下实施的，都是"给她抡大嘴巴，用脚踢、踹腰、腹部等"，持续半分钟左右。刘莉不堪忍受，于2007年10月5日向法院递交起诉状要求离婚，汪海得知后再次对其殴打并迫使刘莉向法院撤诉。11月5日21时许，汪海继10月27日殴打刘莉后，再一次殴打刘莉，汪海连踢带打一直把刘莉从客厅打到卧室，其间有抽嘴巴、用力踢踹等行为，持续约2分钟。次日，刘莉由其父母送医院，11月20日死亡。经法医检验，刘莉符合被他人打伤后继发感染，致多脏器功能衰竭死亡。刘莉的医院病历诊断为："全身多发外伤；腹膜后巨大血肿；右肾受压变形萎缩性改变；头面部多发挫伤；多发肋骨骨折；胸腔积液；肺挫裂伤；四肢多发性挫伤、淤血；贫血；肺部感染，多脏器功能衰竭。侵袭真菌感染。"

刘莉的主治外科医生证实："刘莉身上的伤不是锐器伤，都是闭合伤，很多面部、四肢、胸部、耳部都是外伤，而且看样子不是一次性造成的，有新伤，也有基本愈合但还没完全愈合的陈旧性伤。目前比较严重的伤是肺挫伤、腹膜血肿，而这两种伤也判定不出来是新伤所致还是陈旧性伤所致，只能说是长期累积下的多次受伤而造成的这种程度。这两种伤和其他急性伤不一样，不是像急性大出血、动脉破裂等当时不治就保不住命那种，这两种伤受伤后自己还可以走动，但肯定会病情加重。"

控方：汪海的行为构成故意伤害罪。

辩方：汪海的行为构成虐待罪。

[控方一辩开篇立论]

谢谢主持人，评委，观众大家好。刚刚的画面让我们触目惊心，刘莉的凄惨让我们目睹了家庭暴力的危害，而精准的评判才能让大家看到公平与正义的光辉，控方认为，汪海的行为应构成故意伤害罪而非虐待罪理由如下：第一，虐待行为应具有一贯性的特征，可是本案中我们却看到汪海对刘莉的最后一次殴打有别于之前的任何一次，用力地踢踹表明强度的增加，从客厅打到了卧室，表明程度的激烈，而时间上更是由一贯的半分钟变为了两分钟，出现了4倍这样的反差，这一系列的变化，让我们看到了一个同之前一贯性的殴打行为截然不同的暴力行为，那么这个暴力程度显然就超过了虐待罪的范围。第二，我们再来看主观，其实作为丈夫，面对着婚后600多天已被自己摧残和折磨的妻子，汪海他更应该清楚刘莉后期衰弱的身体状况，可是一边妻子的身体更加衰弱了，一边汪海却在离婚诉讼的刺激之下，更为疯狂地对刘莉实施了毒打，可见汪海的主观心态已经发展成为对刘莉身体伤害的积极追求，而这种伤害的故意自然也就越过了虐待罪所能承载的底线。第三，我们来看伤情，刘莉是被汪海打死的，刘莉身上有旧伤，更有新伤，我们同样看到10月5日刘莉还能去法院，可11月5日被打之后，刘莉只能被家人送到了医院，可见刘莉最终的伤和死与最后一次的故意伤害之间具有刑法上的因果关系。亚里士多德告诉我们，法律应该是正义的体现，因此今天我们只有看清本质，用故意伤害罪来评判汪海的行为，才能彰显法律的正义，也才能给那些还有家庭暴力倾向的人亮起刑法的警示灯，谢谢。

[辩方一辩开篇立论]

主持人，各位评委大家好。我方认为，汪海的行为构成虐待罪。虐待罪是对共同生活的家庭成员经常以打骂、捆绑、限制自由等方法，从肉体和精神上摧残折磨、情节恶劣的行为，本案中汪海殴打妻子，主观上具有虐待的故意，客观上符合虐待罪的行为特征。首先，汪海具有虐待的主观故意，汪海与妻子感情不和，导致家庭矛盾的不断发生，他殴打妻子是在生气、暴怒的情况下，是为了确立家庭地位，让妻子屈服顺从于他，迫使妻子撤销离婚诉讼，也是为了维系婚姻，汪海以强加于人的方式来解决家庭矛盾，但他虐妻的目的没有超出家庭关系的调和之外，汪海长期虐待造成妻子的死亡后果，超出了他的认识及意志因素，可见，他的主观故意是虐待。其次，汪海的行为符合虐待罪的客观要件，从行为方式来看，一年半的时间多次拳打脚踢，从肉体、精神上折磨妻子，符合虐待罪经常性、一贯性的特征，从行为过程来看，汪海殴打妻子，在达到泄气和撤诉的目的就停止了侵害行为，从行为造成的结果来看，妻子的死亡是长期持续虐待致死，而非某一次殴打造成，符合虐待罪的客观要件，虐待罪侵犯的是复杂客体，而本案汪海虐妻行为恰恰侵犯了妻子在家庭生活中的夫妻平等权、婚姻自主权，以及人身健康权。辩方在此需要强调的是，妻子的死因是长期积累、多次受伤造成的，是经常殴打的结果，这就是虐待罪与伤害罪的重要区别。综上所述，本案的案发原因、主观故意、行为方式直至行为结果，主客观要件相统一，应以虐待罪给汪海定罪量刑，谢谢。

这场关于此罪与彼罪的论辩赛，控辩双方的立论形成有效对照。控方从客观到主观再到因果，边立边驳，完整地论述了为什么要定故意伤害罪而非虐待罪。辩方立论先立后驳，但偏重立，反驳只有最后部分相对简单的一句。辩方的这种模式若换为控方，在论辩赛刚一开场就使用，并无不妥，但在控方立论通过边立边驳，全面反驳不构成虐待罪的发言结束后，两相对比，则略显得驳斥不力。

此罪与彼罪的论辩题还有一种常见的立论方式，即开宗明义，直接指出区分此罪与彼罪的核心问题是什么，再针对核心问题进行分析论证，这种方法的优点是重点突出。例如下面这场论辩中辩方江苏公诉队的开篇立论模式：

论辩题：高峰抢劫案
——第二届全国检察机关优秀公诉人电视论辩大赛半决赛
北京公诉队 vs 江苏公诉队

高峰，男，情未了连锁餐厅总店老板。

赵宏，男，农民，三河鱼塘承包人。

2011年1月9日，高峰与赵宏签订了为期1年的鲈鱼供货买卖合同，双方约定："三河鱼塘养殖的全部鲈鱼专用于高峰开办的7家情未了连锁餐厅，每公斤20元，不得外卖，且1年供货量不能低于1万公斤，餐厅每2天派车到鱼塘拉鱼1次。"2011年10月初，三河鱼塘已累计向情未了连锁餐厅供货1.2万公斤。赵宏认为高峰出价较低，而且鱼塘已超额完成了向情未了连锁餐厅全年的供货任务，于是让员工每天打鱼到市场上销售，每公斤25元。2010年10月20日，高峰听下属汇报称近来三河鱼塘的鲈鱼时常断货，即使有货也很少。高峰因该鱼并非餐厅主打菜系，未认真寻找其他供货渠道。2011年11月30日，高峰得知赵宏将鱼在市场上高价销售，遂带领十余名员工到三河鱼塘找到赵宏，称赵宏违反专供合同，两月来给餐厅经营至少造成10万元的损失，要求赵宏继续依合同供货并赔偿10万元，赵宏拒绝，高峰伙同员工上前拳打脚踢将赵宏一顿暴打（经鉴定构成轻微伤）。赵宏答应继续供货，但称现在手头只有2万元可供赔偿，高峰逼迫赵宏交出2万元后说："剩下的8万元赔偿金，咱们再续签一年的合同，还是1万公斤，每公斤由20元降到12元，总价正好便宜8万元，算是你赔我的损失。"赵宏说："真的不行，每公斤12元我的利润太少。"

> 高峰上前又打了赵宏两记耳光，赵宏被迫按高峰要求续签了合同。次日，赵宏到公安机关报案。后经核查，情未了连锁餐厅因鲈鱼供货紧张造成的损失约2万元。
>
> 控方：高峰的行为构成抢劫罪，抢劫数额为10万元。
> 辩方：高峰的行为构成强迫交易罪。

[控方一辩开篇立论]

谢谢主持人，各位评委大家晚上好！控方认为，高峰的行为构成抢劫罪，数额10万元，理由有三：第一，主观无意维权，非法占有明确。高峰得知赵宏将鲈鱼外卖，与赵宏之间产生的是合同争议，高峰上门主张，赵宏无意赔偿，争议仍然是争议。此时，高峰可以请求中立机构裁判确权，否则没有获得赔偿权，不能拿走赵宏合法所有并明确占有的财物。但高峰当场施暴取财，这显示是以行使权利之名行非法占有之实。第二，暴力压制反抗，当场劫取巨款。高峰带来的十几个人，能够把赵宏围住3圈，开口10万元，赵宏拒绝，一顿暴打。暴力直接指向10万元，赵宏被逼交出仅有的2万元。高峰的行为不是赤裸裸的暴力劫财又是什么？其抢劫行为在暴力索要10万元时已经成立。第三，暴力行为持续，劫财性质不变。为了能获得抢劫未能当场实现的8万元，高峰继续使用暴力逼迫赵宏签订了一个鲈鱼买卖合同，意图用合同形式完成全部抢劫。可见所谓合同不过就是暴力劫财的延续，是掩盖抢劫实质的幌子。没有真实的交易，谈何强迫交易罪。综上，控方认为，高峰暴力劫财10万元，其行为构成抢劫罪，数额10万元，谢谢！

[辩方一辩开篇立论]

谢谢主持人！不错，本案中的确存在强迫行为，但是抢劫罪是以暴力直接强占他人财产，而强迫交易呢，是以暴力促交易，通过交易再赚钱。所以有没有真实的交易才是区分两罪的关键。结合案例咱们来看一下，第一阶段，是赵宏违反了约定，所以情未了损失惨重，高峰是一个精明又小气的餐厅老板，在索赔时他考虑的可不仅是直接损失两万元，还包括可能受损的商誉以及流失的客源。他并不知道法律给他的最大限度是多少，所以才提出一个数字10万元，如果今天他索要的是数额确定之债，比如借款，那么超出的部分认定他非法占有目的并不难，但是当他行使的是损害赔偿请求权时，就不能以数额的大与小、多与少来推定主观。10 比 2 大这显而易见，但是这个数字的提出没有超出常情、常理和常识的一般范畴，这合理的索赔怎能是非法占有的目的，又怎能是抢劫罪主观呢？第二个阶段，因合同违约而起的闹剧又以签订新的合同作为结局，这一切的一切不都是为了那餐厅的生意那专供的鲈鱼嘛。两个耳光之后的合同，他什么都没有变，仅仅是降价 8 万元，但是即便如此，赵宏他还有钱可赚，所以真实的交易一目了然，而不公平性也显而易见。各位，高峰的行为只能构成强迫交易罪，因为拳脚下的交易，它还是个交易，谢谢。

3. 开放性定罪之辩的基本立论模式

这种辩题的形式一般是指，明确了一方的基本立场，但对另一方没有完全限定，导致另一方的立论有多元化的选择，但其实质仍可还原到罪和非罪、此罪和彼罪之辩的基本模式上。

例如，有的辩题只是要求控方指控构成犯罪，但是并未明确要求控方指控构成何种犯罪。控方有可能指控不同罪名，辩方要做不同的准备。再如，有的辩题明确控方指控构成某罪，但是对辩方只要求论述不构成某罪。辩方既可以做无罪辩护也可以做可能构成其他轻罪的罪轻辩护。

4. 量刑情节之辩的基本立论模式

案例论辩仅集中争议量刑情节的论辩题并不多见。量刑情节争议的前提是控辩双方对于是否定罪，定什么犯罪均无争议。涉及争议的量刑情节通常不会是简单的量刑情节，这一情节往往涉及较为重大的理论争议。

论辩题：丁大伟盗窃案
——首届全国公诉人与律师电视论辩大赛总决赛
重庆公诉队 vs 四川律师队

丁大伟原是科曼投资发展有限公司（以下简称科曼公司）聘用人员，因盗窃同事和公司财物被解聘。丁大伟被解聘后不思悔改，其在公司工作期间就发现很多部门疏于防范，经常是人走门不锁，易于下手偷窃。但其知道公司熟人较多，亲自盗窃恐怕有风险，便许以好处，唆使王鹏（13 周岁）去公司行窃。2011 年 5 月 23 日，王鹏在去科曼公司行窃的途中，遇到同学周阳（13 周岁），周阳问王鹏干什么去，王鹏如实相告，并极力邀

> 请周阳和自己一起去，周阳同意。王鹏、周阳进入科曼公司楼内的一个办公室后，一人拿走价值8000元的笔记本电脑一台，一人拿走价值5000元的手机一部。二人在下楼出门时，被公司保安拦住，遂案发。公安机关根据王鹏的供述将丁大伟抓获，但王鹏和周阳都记不清自己偷的究竟是手机还是笔记本电脑，门口的保安也只记得当时就把两个人偷的东西扣下放在一起了，到底谁拿的什么也记不清了。
>
> 控方：丁大伟的盗窃罪数额是13000元。
>
> 辩方：丁大伟的盗窃罪数额是5000元。

[控方一辩开篇立论]

　　谢谢主持人，评委和观众大家好，正如主持人所讲，川渝本是一家亲，今天我们在这里共同来讨论丁大伟的盗窃数额，我们更希望能和来自四川的辩友们，共同探寻到一条理性的认识问题和分析问题的方法，一个成年人唆使一个天真的孩子去偷，而天性当中的伙伴意识，更是让两个孩子就像磁铁一样地吸附到了一起，走到了一起，共同实施了丁大伟的罪恶。孩子们犯了错到底这是谁的过，控方认为一切的法律后果都应该由丁大伟来承担，丁大伟的盗窃数额应认定为13000元。其实这里边的逻辑关系并不复杂，我们来给对方辩友慢慢梳理。我们先来看王鹏和丁大伟，王鹏他是一个不满16岁的未成年人，丁大伟让王鹏去实施盗窃，丁大伟构成间接正犯。也就是说只要王鹏是在丁大伟的授意之内，那么一切的行为后果都应该由丁大伟来承担，说得再具体一点，丁大伟是让王鹏去科曼公司偷，那么只要王鹏是去科曼公司偷，不管他偷了什么，偷了多少，怎么偷的，都符合丁大伟的授意，也都应该由丁大伟承担责任。好了，搞清了王鹏和丁大伟的关系，我们再来看一看王鹏和周阳，案例中告诉我们，王鹏是在如实告知周阳之后，极力邀约周阳加入自己的行为之中，可见周阳的参与，不过是王鹏为了实现丁大伟的犯罪而选择的犯罪方式，王鹏是选择自己一个人去还是带上一个人和自己一同去，就如同王鹏是选择空着手去，还是带上一只行李箱去，这在本质上是一致的，这种方式的选择都是为了完成丁大伟的犯罪，所以我们说本案当中无论是王鹏手上的赃物，还是周阳手上的赃物，都应该由丁大伟来承担责任，综上，丁大伟的盗窃数额应认定为13000元，谢谢。

[辩方一辩开篇立论]

谢谢主持人，评委大家好，数额打包快速，辩方十分佩服，但控方实在是没有分清楚本案当中的焦点问题。第一，丁大伟对王鹏的行为负责，还对不对周阳的行为负责？第二，丁大伟对王鹏的盗窃行为负责还对不对王鹏的其他行为负责？第三，王鹏、周阳盗窃金额不明时，丁大伟是不是要对全部金额负责。首先控方最致命的错误在于分不清丁大伟、王鹏、周阳三人之间的行为因果关系问题，丁大伟不是周阳盗窃的原因。控方却非要在他们之间建立关联，这可真是强制拉郎配、乱点鸳鸯谱，只可惜红线牵得上，结果却靠不住啊。因为只有直接的必然的因果关系，才能引发刑事责任认定。

首先，在本案当中，丁大伟只直接唆使了王鹏，对于王鹏是盗窃的原因，而对于周阳则只是条件之一，因此丁大伟只应对王鹏一人的盗窃行为负责。其次，控方对于丁大伟的主观认定也有错误，在本案当中周阳加入是临时的，而丁大伟事先无从控制，事中也无从知晓，事后更无从分享，因此他当然不存在故意，在此过程当中无犯意当然无犯人，丁大伟当然不应对周阳的行为承担责任，辩方认为周阳的盗窃对于丁大伟而言，因果关系中的教唆唆使也在其中中断，因此丁大伟对周阳的行为不应当承担责任，在本案当中盗窃金额无法落实的情况之下，就只能按照存疑有利于被告人的原则，认定为 5000 元。司法不可含混，细节小心打量，在案件当中我们一定要注意当中的一些关系，因此有些案件我们一定要审慎小心。

很多案件都是因为急于想解决问题才囫囵吞枣、草菅人命，丁大伟案的定性虽然只是金额问题，但是如果错判，却与佘祥林、赵作海等冤案别无二致，谢谢大家。

这场论辩，表面是对盗窃多少数额负责的问题，实质涉及共犯、间接正犯等诸多较为复杂的刑法理论问题。一道辩题若集中在理论问题的探讨层面上，特别需要注意的往往是如何把己方的理论说透彻，反驳对方的理论根基，同时又能够有效结合案情，将理论阐述深入浅出，尽量形象生动化，避免理论阐述的枯燥乏味。

5. 双结构辩题的基本立论模式

双结构或双层次的辩题是指辩题既要求对定性是否构成犯罪，构成何罪进行探讨，还要求对某个重要量刑情节进行探讨。这种辩题因探讨的问题分成两大部分，通常令人感觉较为麻烦。但实际上，因论辩赛的时间有限，很难在定性和量刑两部分都充分展开论证，又因量刑之争的前提是定性之争，因而在大多数情况下，量刑情节之争往往是简单的一笔带过，控辩双方仍集中于对罪与非罪、此罪与彼罪问题的探讨。

论辩题：苏强绑架案
——首届全国公诉人与律师电视论辩大赛半决赛
江苏公诉队 vs 四川律师队

苏强2001年因故意伤害罪被东华县人民法院判处有期徒刑5年，2006年6月5日刑满释放后自谋职业，经营一家名为"仙客来"的饭店，雇用李艳为服务员。2011年3月，因房租上涨，李艳要求加薪，苏强未予答应，李艳产生报复苏强后离开的念头，遂向卫生部门举报"仙客来"饭店使用地沟油，苏强因此被罚款1万元并被责令停业，李艳也随后离开"仙客来"饭店另到别处寻找工作。后苏强得知李艳告发其行为，并于6月4日中午在某超市发现李艳，即上前将其扭到自己住所，要其偿还罚款及停业损失2万元，李艳以其没有举报为由拒绝苏强的要求，苏强将房门锁闭，并派人监视李艳不让其离开。次日上午9时，苏强看李艳仍坚持不愿还款，即打电话给李艳的家人，以加害李艳相要挟，要其家人归还李艳的欠款2万元用于赎人，李艳家人为安全考虑，按其要求先汇1万元，并以正在借钱为由拖延时间，同时向警方报案。警方于6月5日晚7点在苏强住处找到李艳并将其救出。

控方：苏强构成绑架罪，且系累犯。
辩方：苏强构成非法拘禁罪，且不是累犯。

[控方一辩开篇立论]

谢谢主持人，各位评委、大家好，我方观点苏强构成绑架罪且系累犯，绑架罪是指绑架人利用近亲属或他人对人质安危的忧虑，以勒索财物或其他不法要求为目的，使用暴力等方法控制人质的行为。结合本案，第一，主观上苏强具有勒索财物的目的，举报既是公民的权利，也是公民的义务，李艳的如实举报，不会导致苏强对他享有任何财产权，向李艳要钱显然毫无依据，使用地沟油被罚也是他咎由自取，苏强却打着欠债还钱的幌子，掩盖的恰恰是勒索财物的目的。第二，客观上，6月4日，苏强将李艳从超市挟持到住所，以拘禁的手段使其不能反抗，并向李艳本人非法索财，符合抢劫行为、当场使用暴力、当场劫取财物的特征；次日，又以加害李艳相要挟，勒索他家人，符合绑架罪以人为质特征；在控制李艳的过程中，苏强由向李艳本人索财，转而向其家人勒索财物，属于在犯罪过程中的犯意转化，应当以犯意提升后的重罪，也就是绑架罪定罪。第三，我国刑法规定，刑法执行完毕后，5年内再犯应当判处有期徒刑以上刑法之罪的是累犯，规定5年是为了考察犯罪人是否真心悔过，只要在5年内再次着手实施犯罪，就已彰显他不知悔改之心。苏强的绑架犯罪，虽然完成于5年之外，但在5年之内，也就是6月4日，控制李艳并向他本人索财时，就已经体现他再犯之心，因此应当认定为累犯，从重处罚，综上我方观点苏强构成绑架罪且系累犯，谢谢。

[辩方一辩开篇立论]

谢谢主持人，评委，大家好，刚才的指控显示出控方并未对绑架罪和非法拘禁罪进行有效区分，就以情感代替法律，对案件进行错误定性。辩方认为，控方在主观、客观、社会危害性等方面对案件均有错误认识。第一，绑架罪的主观是勒索他人财物，而苏强却是索要自己损失，李艳加薪不成实施报复，苏强罚款停业确有损失，其内在因果关系使苏强产生索要损失的念头。第二，绑架罪在客观行为上，其对象一般框定在某一阶层群体或集团当中并非特定唯一，其暴力程度可能无边界，其行为方式大多隐秘不公开，而苏强的行为与此相比却大相径庭，对象特定，行为有度，身份暴露，地点公开，可以说是要钱要得理直气壮，落网落得直截了当，这一切都不符合常识、常情、常理对绑架的判断，并非苏强太傻太天真，而是控方没有透过现象抓住案件的本质。第三，绑架罪是极为严重的犯罪，起刑点比故意杀人罪都高，看出刑法对其社会危害性的评价，而苏强的主观恶性和社会危害性与此相比，显然不可同日而语，辩方认为，苏强应构成索债型非法拘禁罪，这里的债就是指广义的、社会公众能理解的有因有责的亏欠，也符合《刑法》第238条第3款的立法本意。因此，合法之债是债，非法之债是债，赌债是债，高利贷是债，苏强之债当然也是债。最后苏强6月5日刑满释放，其累犯计算时间节点应为2011年6月4日，而苏强6月5日才构成新罪，因此苏强也不是累犯，准确的定罪离不开正确的思考，法者应当学会用安静之水沐浴精灵，以万籁无声荡去思想的尘埃，三思而后行的判断，也才经得起最终的检验，谢谢。

这场论辩，控方因立场限定，在立论中花费了三分之一的篇幅论证为什么构成累犯，而辩方对不构成累犯仅是简单论述，其后的自由论辩对累犯的探讨也非常有限。这都是双结构辩题的常见模式。

（二）事实的分段描述

开篇立论尤其是控方通常都需先说明基本事实，并根据己方观点结合事实进行论述。对于复杂事实往往都需要按照事实的不同阶段进行拆分论述。这是开篇立论较为好用且常见的一种论述模式。具体我们来看一场真实的论辩：

论辩题：古玩市场诈骗案
——2023上海律师辩论大赛
小组赛徐汇一队 vs 闵音嘹亮队

张某是一位收藏爱好者，一年前曾花10万元误购了一幅古画赝品，为挽回损失，张某决定将该画转售。某日，张某办理了工商登记手续，在古玩字画市场设摊，该画也作为卖品之一展示。张某在画的下方加了一张字条，写明"祖传宝物，只予有缘人"。当地一所知名大学的中文系教授徐某到市场闲逛，在张某的摊位看到该画，反复端详，确认为古代知名画家的作品，遂主动向张某开价，欲以人民币50万元求购，张某对徐某说："你仔细看，买了你可不能退货。"徐某称："我人称徐半尺（指画打开半尺即知真假），岂会看走眼？"双方以50万元成交。两个月后，徐某通过其他途径终于获知该画系赝品，意图退画退款，上门欲张某商量，遭拒，遂报案。

正方：张某的行为构成诈骗罪。
反方：张某的行为不构成犯罪。

第三章 案例论辩分阶段的技能

[正方一辩开篇立论]

我们试想一个场景，如果有一天我们不小心买到了一个假货，我们会怎么办？也许我们会觉得，算我倒霉，也许我们会想要拿取法律的武器主动维权。但是我相信在座的每一个人都不会想到，我要把这个假货包装，再卖给下一个人，去祸害下一个人。

但是今天本案中的张某却就是选择了这样一种违法犯罪的道路，张某一年前误购假画，为了实现转嫁损失这一非法占有的目的，巧设骗局，实施诈骗，诱导徐教授产生了错误认知，从而处分了自己的财物，符合了诈骗罪的犯罪构成。理由如下：

第一，张某为挽回损失，知假卖假，非法占有之目的昭然若揭。一年前张某10万元误购假画，既是误购，就说明他明知这是一幅假画，而且价值远远不到10万元。为了挽回损失，他选择转售，就是想要用别人口袋里的钱来填自己的窟窿。在徐教授上门要求他退款的时候，他也断然拒绝。以上种种都体现了其知假卖假，存心作恶。

第二，张某巧设骗局，请君入瓮，诈骗行为清晰明确。张某明知道这幅假画连自己都会看走眼，足以以假乱真，迷惑性极高。在此基础上，他还主动实施了5个行为来完善了这一骗局。其一，他专门办理了工商登记，伪装出一个正常销售主体的身份。其二，在古玩市场设摊，暗示这是一幅古代艺术品。其三，将假画混迹在诸多卖品之中，鱼目混珠。其四，诸多卖品却只在这一幅假画下面贴上字条，引诱买家。其五，字条上书"祖传宝物，只予有缘人"，"祖传宝物"完全就是一句天大的谎言，"只予有缘人"则是增添神秘色彩的高级钓鱼话术。至此这已经形成了一个完整的陷阱。张某的行为虚构事实，隐瞒真相，构成诈骗行为。

第三，张某欲擒故纵，成功得手。张某的一套连环计让徐教授成功地落入圈套，产生这是一幅真画的错误认识，出价50万元。至此张某应该明知徐教授是一个普通但自信的外行，他不仅没有予以纠正，反而在对方已经反复端详的基础上出言激将对方"你再仔细看看，卖了我可不退货"。教授也如同所有诈骗犯的受害者一样，拥有自负这个弱点，但是受害者的自负不能成为犯罪分子的出罪理由。综上，我方认为张某构成诈骗罪，谢谢大家。

[反方一辩开篇立论]

买卖交易有两方，对方今天却只看卖家，不看买家，我方就来带各位

135

看一下完整事实。本案中买家徐某不是一般人，他人称徐半尺，只需将画打开半尺即可辨别画的真假，可见徐某在古画领域造诣颇深，有着远超普通人的鉴赏能力，这样的人即便卖家告诉他此画是清朝真迹，他也不会轻易相信。本案还有第二个关键是交易发生在古玩市场，众所周知，古玩市场有真有假，比的就是买家的鉴赏力，讲究的是愿赌服输，这是买家徐某也心知肚明的交易行规。

看完基本事实，我们再来看诈骗罪的构成要件，如要构成犯罪，本案张某必须要一有非法占有目的，二有欺骗行为，三有买家徐某因张某的欺骗行为陷入错误认识、继而交付财物遭受损失。我们逐一来看。

第一，卖家张某没有非法占有目的，张某售画前特别办理了工商登记，最终徐某购入的古画也只是卖品之一，可见张某的主观是认真摆摊、长期卖画，而不是干一票就跑路。张某卖画也只是为了挽回损失，是能卖一点是一点，他并没有主动谋求高额价差的故意，而且赝品字画也有价值，所以张某不是空手套白狼，不存在非法占有的主观目的。

第二，张某没有欺骗行为。在整个交易过程中，张某从未说过此画是真，更从没有说过此画和古代知名画家有任何关系。在徐某开价后，张某反而还好心提醒徐某说"你仔细看，买了可不能退货"，言下之意就是此话并不保真，可能有假，显然张某已经尽到告知义务，并无欺骗。

第三，徐某的错误认识和张某的行为没有因果关系。徐某作为资深玩家又岂会不知"祖传宝物"只是卖家惯用的销售广告，不可尽信。我们看到徐某买画是仔细、反复端详，方才确认此画为古代知名画家的作品，所以徐某陷入错误认识，完全是因为他自己看走了眼，和张某没有因果关系。

今天的张某不过是一个普通的商人，做着普通的买卖，对方却要苛责以刑法。可张某无错亦无罪，因为张某主观上没有非法占有目的，客观上没有欺骗行为，更因为徐某的错误认识和张某之间没有因果关系。所以我方坚定的认为本案的张某无罪，谢谢大家。

（三）普通事实情境化

开篇立论重在结合案例事实全面阐述己方观点，因此事实描述的情境化在立论中较为重要，如此才能让开篇立论形象生动，立论阐述深入浅出，才容易让人印象深刻。

论辩题：茶店伤人案
——2018首届华东律师辩论赛
上海二队 vs 江苏一队

李刚，男，在某市场经销茶叶。因为争揽顾客，李刚多次与同市场经销茶叶的王强发生争执。2016年6月某日，李刚、王强又发生争吵，被他人劝开。王强觉得李刚欺人太甚，找到朋友林森准备去教训教训李刚。二人前往李刚经营茶叶的店铺，林森站在门口，王强走到店铺内的李刚跟前，拿起地上的凳子照李刚的头部打去。李刚急忙躲闪并向外跑去，同时掏出随身携带的尖刀朝站在门口的林森捅了一刀。经法医鉴定，林森系重伤。

正方：李刚的行为构成故意伤害罪。
反方：李刚的行为不构成犯罪。

[辩方一辩开篇立论]

谢谢各位，我方的观点是李刚的行为不构成故意伤害罪。这是一场突如其来的争斗，在电光火石之间，也许就是因为它发生得太快，所以对方辩友的立论让我是雾里看花，水中望月，不切实际。那么只好由我方来把这个瞬间定格，把事实的真相还原给大家。

首先这是一个积怨爆发的事件，王强和李刚在经营市场当中早已发生过多次争执，那可谓是积怨已久、矛盾是不断升级。在案发的当天早上，两个人又刚刚吵过架，王强决定要找自己的朋友林森一起去教训教训李刚，而林森欣然一口答应，就在那一瞬间，双方已经达成了默契，那就是要去找茬、去动手、去让李刚付出血的代价，这就是林王二人达成共同犯罪的故意。

其次，这是敌众我寡的一个瞬间。林王二人到了李刚的店铺，林森站在门口，而王强径直走到李刚面前，二话不说抄起板凳就向他的头部打去，两人各有分工，但实际都是在为一个不法侵害行为所进行配合，这还不是共同犯罪吗？

我们的李刚，一方面要面对穷凶极恶的王强，另一方面却看见林森气定神闲，站在他唯一能逃生的那条通路上。论对象，两人都是侵害行为人；论时间，不法侵害正在进行。因此，在这个时候，李刚完全可以行使正当防卫的权利。

最后，这是一个生死攸关的瞬间，我们都知道，头部是人最重要的要害部位，王强拿起板凳就往李刚的头上砸，李刚要是躲闪不及，那就是非死即伤，这个情况还不危急吗？

但是我们的李刚，哪怕是要行使自己的无限防卫权，也是极端的克制，他只有一个念头——那就是逃走。所以他没有与王强互殴，没有反复地去捅刺林森。所以我们能苛责他吗？不能，因为这是他迫于求生，这是他要他保住自己的性命，他不是伤害，他是自保，因此他的行为就是刑法赋予的无限防卫权。因此我方认为既然不能苛责，就不能构成犯罪，谢谢大家。

事实描述的情境化在前述内容中有专项介绍，这里不再赘述，仅补充几个小内容：

1. 漂亮开场

控辩双方发表开篇立论时即给评委和听众留下第一印象，而立论的一开场往往又最容易吸引人。讲求开场的漂亮效果，可以有各种方式，例如通过案例事实的高度概括带动大家，或通过一句名言警句甚至对联等夺人眼球，抑或通过反问设问等方式吸引评委和听众等。例如，第二届全国检察机关优秀公诉人电视论辩大赛半决赛，福建公诉队 vs 吉林公诉队（论辩题"喜宴上的不义之财"，见前述引用），辩方在开篇立论中的第一句话是"一时贪念要不得，知错能改无罪过，我方观点雅莉无罪。……"第一句话就很好地概括了案件的核心事实，又体现了辩方的底线逻辑，还很对仗朗朗上口，故容易吸引评委和听众的注意力。

2. 简化

所谓简化就是把案例题中一些表述略麻烦的内容使用简单易懂的方式进行表述。当某个论辩题涉及多个人物，人物关系复杂且名字不易记忆时，场上对人名的描述容易出现口误，或不易令评委和听众轻松听明白人物之间的关系，这一问题在十佳公诉赛这种短时间的论辩准备中尤为突出。因此，可以通过人名的指代方式进行简化，直接说行为人（或被告人，当事人）、被害人、死者、伤者及妻子儿子等特殊关系人等。例如，我们在"复杂事实根据自己立场高度概括"部分援引的"张某挪用公款案",直接说张某、吕某、许某,效果不如改成银行行长、妻子和中间人。

简化有的时候还可以通过称呼的指代传达一定的情感。例如,前述概念挖掘部分援引的马强赌博还是诈骗案的论辩中,控方称被害人王淑贞为王老太太,强调应当认定是抢劫,才可能返还被害人的财物;王老太太比王淑贞这个称呼更容易博得评委和听众对被害人的同情,从而更有利于控方的观点阐述。

3. 数字的换算

案例论辩题中常会出现数字,众所周知,数字本身是枯燥的,因此在案例论辩中涉及数字描述时往往需要通过对数字的换算来说明数字包含的内容。例如,将数字的对比直截了当说成倍数,将年月日等时间的描述转化到季节和特定时刻等。

论辩题:一盒蛋糕的纠纷
——首届全国律师电视论辩大赛总决赛
司法部直管所律师队 vs 宁夏律师队

一天,一顾客在 A 市一小商店买蛋糕时,偶然发现所买蛋糕里竟然有红色塑料丝绳,当即要求店主退换,店主退换后将这只蛋糕留下。店主打电话给生产该蛋糕的厂家,声称:"如果不给25万元,就将此事向社会和新闻媒体曝光。"经双方多次协商未果,后厂家以敲诈勒索向当地公安机关报案,公安机关以店主涉嫌敲诈勒索罪将其刑事拘留。

控方:店主的行为构成敲诈勒索罪。
辩方:店主的行为不构成敲诈勒索罪。

在这场论辩中,控方立论一开始,就强调了案例中的关键数字:"本案中一盒蛋糕不过百十元的价钱,但是这个店主却开出了25万元的天价,他的行为是罪还是非罪?"吸引评委和听众。其后,又进一步阐述"我们想一想,一盒蛋糕,姑且以100元来计算,25万元是什么概念?是这盒蛋糕原本价值的2500倍之多,这哪里是索赔呢?分明是敲诈!"这就是典型的数字转换运用,通过对比更加形象生动,令人印象深刻。

三、自由论辩

（一）自由论辩之战场的划分

一道辩题的争辩点通常不止一个，而是多个，在立论阶段全面阐述多个辩点并不太困难。但在自由论辩阶段，在有限的时间内，全面展开所有辩点平均分配时间精力，往往会导致重点不突出，关键问题没有论证透彻。因此在自由论辩阶段必须设计先谈哪个辩点后谈哪个辩点，如何选择和突出重要辩点，如何引导对方跟随己方节奏推进不同辩点的探讨。这就是我们常说的自由论辩中战场的划分与坚守，其实质是突出重点。

1. 战场（即核心辩点）的划分

（1）"两个半"战场的界定。

一场案例论辩，自由论辩各方只有短暂的四五分钟。综观各场论辩，想要把一个核心争议点说透彻，既结合案例事实又有良好的理论阐述，既说明己方立场又能较好地反驳对方的观点，一般至少需要发言3至5次，如此至少需要1到2分钟的时间。因此，实践经验的有效总结是，一场案例论辩，自由论辩阶段能铺开的战场，即能展开的核心辩点通常是2到3个。在涉及3个重要战场（即核心辩点）时，由于时间的限制，往往在谈论前两个问题时较为深入，在谈论最后一个问题时常因时间不足无法有效深入。因此，在设计战场时，前两个尤为重要，通常作为主战场，最后一个相对次要，这也就是我们常说的"两个半"战场。

（2）具体的设计思路。

一道辩题通常对控辩双方是均衡的，但细致划分到具体的战场时，难免某个点的集中论述对某方相对更有利或不利些，但通常不存在各个辩点都有利于或不利于一方，因此，在自由论辩中对"两个半"战场中的前两个重要战场的安排，存在谁先谁后的设计需求，一般有两种设计思路：

第一种是将最有利于己方的战场作为首个战场，以图在自由论辩阶段的开始就打个漂亮仗，再进入下一战场。这种设计思路的好处是容易在一开始压制对方的气势，赢得主动权；弊端是第一战场的高歌挺进并不必然代表其后的一路顺利，若第一战场打得漂亮，但在第二战场局势逆转，反倒被对方明显压制的话反而不利于己方；因为评委和听众印象最深的不是自由论辩的开始而是自由论辩的结束，更容易在结束阶段建立谁胜谁负的概念。

第二种设计思路是把自认为最有利的战场放在第二个，第一个战场谈论其他重要辩点，甚至在第一战场谈论相对不利于自己的那个战场，先让出"一亩三分地"，欲扬先抑。这种设计思路要求能够较好地把控第一个战场的风险，并能够较顺利地推进第二战场，否则有可能在第一战场的争辩中明显处于劣势且无法顺利逆转，从而整场论辩处于被动挨打的状态。

（3）其他需要注意的问题。

第一，一场论辩赛，虽然不同辩点的论证经常是相互依存相互交织的关系，在具体论辩中甚至可能来回跳转，例如先说客观，但说主观时必然还要根据客观论证，在主观问题的战场上又会绕回到客观方面的争议。但战场的划分一般要尽量清晰，例如谈客观方面时，集中多维度的全面展开；通过客观论证主观时，整体上是紧密围绕主观问题展开探讨，而非无章法相对随意的来回跳转。核心是要让大家听清楚论证的基本思路及争辩的焦点，以及这些核心争辩点之间的逻辑关系。

第二，战场划分应根据开篇立论设计的辩点展开，而不宜超越立论重新设立新的辩点，以此做到立论—自由论辩—总结陈词的前后呼应，一以贯之。一对一的案例论辩，由于一名辩手的逻辑思路整体是连贯的，这种前后呼应的连贯性相对好保障。团队论辩，尤其是在提前做了较多准备的情况下，在发现己方准备有所偏差时，如果负责开篇立论的一辩往往还是按照既定的内容发言，这就容易导致立论内容和其后实际争议的重点内容有所不同。这种情况下的解决方案，是建议一辩保持既定内容之外对对方的内容至少需要针对性的反驳几句，三辩的总结陈词更需要根据现场实际争辩点进行调整。这都对辩手提出了更高的要求。

2. 战场的坚守及退让

战场的划分是完全根据己方的立场和论证需求，但划分后如何坚守战场则涉及和对方的博弈。因为对方也有战场的设计，这种设计不一定和己方的设计思路相同，你想先谈论某个问题对方偏回避，你想回避某个问题对方偏纠缠，这就是自由论辩中常见的战场争夺。这种情况下，如何自由应对并无定式，需要根据不同的情况予以不同的处理。一方面，如前所述需要有战场划分的意识，在自由论辩中能体现出这种划分和衔接，能够带领评委听众从一个战场跳转到另一个战场，听清己方逻辑思路；另一方面，要有战场坚守的意识，尽力根据事先的设定，坚守己方的战场，按照己方的设计推进战场从而整体把控自由论辩的节奏，而不是跟着对方的战场划分及节奏忙于解释和反驳，失去现场主动权及对情势的控制。这种坚守就需要巧妙地运用到转化的技巧，这在其后自由论辩的情势控制中我们将专门探讨。但同时需注意的是，坚守战场不代表一成不变，有的时候难免对方也坚守对方的战场设计，双方僵持不下，这个时候如果你说你的，我说我的，就变成了自说自话，表面或许仍然在激烈争辩，但探讨的不是同一个辩点的核心问题，双方无法有效对接，对双方都不利。因此，在尝试坚守战场失败后，特殊情况下要及时调整设计思路。下面，就通过几场实战论辩一起关注关于战场的划分及坚守的问题。

论辩题：李芳交通肇事案
——首届全国公诉人与律师电视论辩大赛半决赛
浙江公诉队 vs 广东律师队

李芳（女）与周明（男）是大学同学，上大学时二人曾谈过恋爱，2001年毕业时李芳让周明和她一起去广东发展，而周明坚持到北京工作，二人分手。2011年7月，李芳到北京出差，晚上约了周明在一家餐厅吃饭。二人见面，百感交集，李芳提出喝些酒，周明表示自己开车来的，不能喝酒，李芳嗔怪道："不行，咱俩这么长时间没有见面了，今天你必须陪我喝点儿。"周明见状，遂与李芳对饮。二人边说话边喝酒，不知不觉喝了一瓶高度国窖1573酒，周明喝有6两，李芳喝有4两。饭后约22时许，李芳提出要周明送其回所住宾馆，周明欣然应允。二人在饭店门口准备拦乘出租车，但一直等了半个多小时也没有拦住。李芳遂说道："这么长时间也拦不到车，咱们别等了，你开车送我回去吧。"周明说："北京查车挺严的，万一被抓住就麻烦了。"李芳带着醉意说："你就这点胆量，还敢陪我回宾馆！我今天还就非得让你开车送我不可！不然你就别陪我一起回去。"周明闻言，于是启动车辆，带上李芳上路。李芳坐在副驾驶上，一边与周明聊天，一边不断提醒周明注意一点、开慢一点。周明开车800多米后，经过十字路口时，由于酒醉闯红灯撞到两位正常过马路的行人，致一人当场死亡，一人重伤。警察到现场后经测试两人血液中酒精含量分别为283mg/100ml和168mg/100ml。

> 控方：李芳构成交通肇事罪。
> 辩方：李芳不构成交通肇事罪。

[控方一辩开篇立论]

谢谢主持人，大家好，10年前纯真的恋情，10年后未了的余情，一瓶高度的白酒，一时心潮的澎湃，引发了今天这场令人遗憾的悲剧，我方的观点是李芳的行为构成交通肇事罪。首先，李芳客观违法，分析案件我们看到周明喝下6两白酒，醉酒驾车撞倒行人致一死一重伤，那么我们不禁要问是谁让周明喝酒，是谁让周明醉酒驾车，又是谁与这一死一伤的伤亡结果，存在密不可分的刑法上的因果关系，我们发现这3个问题，同时指向一个人，那就是李芳，如果说李芳劝周明喝酒，还仅仅是一种暧昧的蛊惑，那么她决意要求周明醉酒驾车，就是一种赤裸裸的指使，《中华人民共和国道路交通安全法》第22条第3款明确规定，任何人不得强迫指示纵容驾驶人违反道路交通安全法规，驾驶机动车，李芳指使周明醉酒驾车的行为，显然已经违反了该款规定，客观上没有李芳的行为，就不会有本次事故的发生，这就是刑法上的因果关系。其次，李芳主观有责，李芳作为一名成年人，对于醉酒驾车的危险，以及可能发生的结果，当然具有预见能力。

同时，李芳让周明必须喝酒在先，非得开车在后，其先行行为引发了不同于一般乘客的避免危害结果发生的义务，但她却没有避免，过失责任显而易见，刑法是万法的后盾，它不轻易介入公民的生活，但是当人的行为具有严重社会危害性的时候，刑法将果断出击为百姓的安宁、生活的秩序提供坚实有力的保障，本案中李芳的行为已经具有了严重的社会危害性，应当以交通肇事罪定罪处罚，谢谢。

[辩方一辩开篇立论]

谢谢主持人，大家好，本次交通事故是周明违反谨慎驾驶注意义务闯红灯撞人造成，因此，控方所言，李芳造成交通肇事罪其实质是让李芳为周明的过失行为担责，这一观点显然不能成立。首先，周明是在意志自由、行动自主的情况下过失开车，与李芳无关，从两人在宾馆门口的对话可知，尽管周明喝了酒，但其意识十分清醒，醉驾、闯红灯、撞人等一系列行为却是周明的自主选择独立实施,因此应当由周明单独为交通肇事负责。其次,李芳只是周明的昔日恋人同学,不是单位主管人员,车辆所有人或承包人,对周明不负有监督义务,更不具有控制支配能力,而李芳要求周明开车送她回宾馆,并未指使周明争分夺秒,超速快行,反而是提醒周明要开慢一点,注意一点,这根本不可能导致周明违反注意义务。最后,在罪责自负已成为刑法基本原则的今天,一个人要为另一个人的行为担责,只有在共同犯罪的情况下才能构成,但交通肇事罪是一个过失犯罪,我国《刑法》第25条已明确规定,过失犯罪不成立共同犯罪,因为共同犯罪成立的前提是犯意传递、犯意联络,而过失犯罪本是无心之过,何来犯意,因此,李芳不可能是周明交通肇事的共犯,综上所述,我方认为,李芳不构成交通肇事罪,谢谢。

[自由论辩]

控方二辩:谢谢,请问交通肇事罪的客观行为是什么?

辩方二辩:客观行为要有违法行为,请问本案当中,一死一伤是不是周明闯红灯撞人造成的呢?

控方三辩:对方辩友说得很好,那么李芳有没有违法行为呢?

辩方二辩:李芳有没有违法行为要看周明的行为要不要李芳负责啊,请问,李芳与周明构成共同犯罪吗?

控方一辩:我们认为并不构成,而是单独构成交通肇事罪,我想请问对方辩友的是,李芳的行为有没有违反道路交通安全法的有关规定?

辩方一辩:李芳手不握方向盘,脚不踩刹车,如何能够单独构成交通肇事罪呢?

控方二辩:请问,是谁让周明饮酒,是谁让周明酒后开车?

辩方二辩:那周明是不是自己喝酒呢?请问,如果没有周明,会不会有一死一伤的后果呢?

控方二辩:对方辩友无非是说,周明是执行者,那么没有执行者,指使行为又如何达到效果呢?

辩方三辩:对方在说过失犯罪,还是在说故意犯罪,教唆可是一个故意犯罪啊,我还是请问对方辩友,周明是不是在意识自由的情况下,自己选择了酒后驾驶。

控方三辩：一般的被指使者，当然有一定的选择权，如果连一点选择权都没有的话，那么李芳将因为自己是间接正犯，而被直接认定为交通肇事罪，对方辩友您说是吗？

辩方二辩：当然不是了，因为她既不是间接正犯，也不是共同犯罪啊，请问对方辩友，本案适不适用部分行为全部责任的归责原则呢？

控方二辩：我们从来都没有说李芳是构成过失共同正犯，请问对方辩友，您如何理解2000年司法解释中指使行为也可以构成交通肇事罪？

辩方三辩：指使行为只限于三种人，就是车辆的所有人、管理者和承包人，李芳仅仅是周明的同学，不属于这三类人的范畴。

控方一辩：那么按照对方辩友的逻辑，在2000年司法解释没有出台之前，交通肇事罪的主体是不是只限于驾驶员呢？

辩方二辩：对方讲的话，我们也承认，交通肇事罪是一般主体，那我请问对方辩友，那有三类人的话，能控制支配驾驶员，本案当中李芳有控制支配的能力吗？

控方一辩：首先感谢对方辩友认可了交通肇事罪的主体是一般主体，那么我们来探讨一下李芳的行为是不是一种指使行为？

辩方一辩：我国《刑法》第15条明确规定，过失犯罪必须要有法律规定才构成，那么请问控方，你们认为司法解释的第7条，为什么没有规定乘车人也是构成指使的交通肇事呢？

控方二辩：请问对方辩友，司法解释的作用是解释法律还是造法？

辩方二辩：对方辩友，司法解释当然是解释法律了，不过我想问一下，本案当中如果没有周明自主选择的行为，会不会有损害结果的发生？

控方三辩：刚才对方辩友已经回答过，交通肇事罪是一般主体，而司法解释又是释法，那么既然如此的话，李芳为什么不能成为主体呢？

辩方三辩：交通肇事罪是一个结果犯，我倒是想请对方辩友明确回答我，李芳哪个行为对一死一伤的结果负责？

控方一辩：指使周明醉驾的行为所以要负责，谈完客观行为，我们来讲讲因果关系，请问对方辩友，没有李芳的行为，事故会发生吗？

辩方二辩：那么讲因果关系，请问对方辩友，这是必然因果关系，还是偶然因果关系呢？

控方二辩：那我又想请问对方辩友，您认为哲学上的因果关系和刑法意义上的因果关系有什么区别？

辩方三辩：当然有区别，刑法上的因果关系并不等同于哲学上的因果关系，刑法上的因果关系有客观性和相对性，我想请问对方辩友，你如何理解刑法上因果关系的相对性。

控方三辩：既然如此的话，那么李芳通过自己的指使行为，客观上使周明握住了醉驾的方向盘，是不是刑法意义上因果关系的客观性呢？

辩方二辩：客观性啊，必须不以人的意志为转移，有规律的引起与被引起的关系，加入了周明的自主选择，这意志自由还具有客观性吗？

控方一辩：我们非常认可因果关系是一种合乎规律的引起和被引起的关系，周明的选择恰恰是李芳的指使行为造成的。对方辩友，请不要忽略基本的事实。

辩方二辩：这怎么能合乎规律呢？今天周明选择了，明天周明就不选择了，这是因为人啊，因为人还是规律吗？

控方二辩：我们刚才已经说过了，周明是选择，但是是谁让他选择的？是李芳，李芳的指使是多么给力啊，同时我想请问对方辩友，李芳基于自己的先行行为，有没有产生后续的注意义务？

辩方三辩：我们注意到对方辩友谈先行行为，我倒是有一个问题，你们是惩罚李芳的劝酒劝驾行为呢，还是惩罚李芳因为劝酒劝驾之后，没有阻止周明驾驶的行为呢？

控方二辩：李芳劝酒劝驾，而且这个指使行为一直在延续，看似在提醒慢慢开，其实告诉哥哥大大胆胆地往前开，不是吗？

辩方二辩：对方辩友啊，先行行为是在不作为犯罪当中，本案当中你既惩罚她作为，又惩罚她不作为，好像有些矛盾啊。

控方一辩：我们说没有李芳的指使行为，事故就不会发生，这就是因果关系,谈完因果关系,我们再来谈谈主观过错,对方辩友认为李芳没有主观过错,是因为她没有预见能力呢,还是没有注意义务?

辩方二辩:因果关系好像没有谈完,本案当中还有一个相对性的,请问原因的诱因还是不是结果的原因呢?

控方三辩:对方辩友所说的,无非是周明的行为是一个介入因素,然而周明作为一个实行犯,他的行为怎么可能成为介入因素呢?

辩方一辩:实行犯那是对方是否在讨论共同犯罪呢?对方是否认为李芳和周明构成共同犯罪,这和你们的立论李芳构成单独犯罪完全矛盾呢。

控方二辩:请对方辩友,不要将你的主观臆断强加于我们,我们从来没有说这是共同犯罪,我想请问对方辩友,一个常态的事情能成为刑法意义上的介入因素吗?

辩方二辩:如果不是共同犯罪,那就应该部分行为,部分责任,如果部分行为全部责任,那不是共同犯罪是什么呢?

控方二辩:我们再一次强调,我们没有说她是共同犯罪,那还是让我们来谈谈主观过错吧,请问,李芳是不是尽到了她应尽的注意义务,她有没有穷尽所有的手段来避免危害结果的发生?

辩方一辩:如果不是共同犯罪,控方为何认为周明的行为要李芳来担责呢?

控方三辩:对方辩友,我们已经反复强调,本案不是共同犯罪,而李芳是有违反道路交通安全法的,她有没有引起危害结果呢?

辩方三辩:一个违法行为并不导致都是犯罪行为,但是犯罪行为一定是违法行为,而在本案中,周明选择了醉驾是一死一伤的结果,我们惩罚周明才是交通肇事罪的应有之义。

控方一辩:我们说谈论本案的客观行为固然重要,但是李芳的主观过错也是不可分割的一块,对方辩友一直不谈李芳的主观过错,是否意味着承认了我方,认为李芳是有过错的呢?

辩方二辩:没有啊,我还来不及谈呢,现在我谈一下,谈过错必须谈注意义务,请问本案当中,有注意义务是周明,为什么把注意义务转移给李芳了呢？

控方二辩：对方辩友断章取义，明显违反了逻辑法中的同一律的规定，您说李芳是乘客，李芳是普通乘客吗？没有李芳指使醉驾，哪来后面的事故发生呢？

辩方二辩：不是普通乘客，她就不是乘客了吗？对方辩友好像也犯了逻辑错误啊。

控方三辩：对方辩友，我可以告诉你，2006年出版的《中华人民共和国法律年鉴》上有7716起交通事故是由乘客和行人引起，并被定罪处罚，你作何解释呢？

辩方一辩：控方到现在都还没有回答我们，为什么周明犯的错要李芳来担责。

控方一辩：我们说李芳担责是因为她有指使行为，对方辩友，我注意到你在开篇中就提到了李芳叫周明注意一点，是否意味着李芳已经预见了危害结果可能随时发生，所以她才要提醒呢？

辩方二辩：对方讲了很多指使，但是指使的内容指向的是我们刑法总则的教唆啊，请问，过失犯罪有没有教唆犯？

控方二辩：对方辩友，您从何得出指使的行为是针对刑法总则中的教唆呢？

辩方二辩：那我就不能理解了，一个人的指使用言词能不能让车开动啊，难道她把那个人说死的吗？不是车撞死的吗？

控方三辩：对方辩友的观点，周明有自主选择权，但这能否认李芳的责任吗？

辩方三辩：有自主选择权，证明当事人的意识是自由的，当事人的意识自由是刑法责任的法哲学基础。

控方一辩：对方辩友，让我们回归法条本身，李芳指使了周明醉酒驾车，违反了道交法的规定，因而发生危害结果，她就应该以交通肇事罪定罪。

（控方时间已经到）

辩方二辩：法条本身就规定，过失犯罪不构成共同犯罪，否则的话，就有教唆出来的过失犯啊。

辩方三辩：我来回答刑法因果关系的相对性。

（辩方时间到）

辩方三辩：谢谢。

[总结陈词]

控方三辩：谢谢主持人，大家好，10 年之后他们是朋友，还可以喝酒，只是那种温柔，再也找不到醉驾的理由，情人最后难免沦为狱友，对方辩友对事实判断错误，又在刑事违法性和社会危害性上产生了重大的偏差得出的结论当然也是错误的。第一，李芳确有指使醉驾的违法行为，对方辩友不要以为她语气温柔就否认她指使的本质，难道在对方辩友看来，指使他人醉驾这是违法的，但语气温柔就例外了，这显然是说不通的。第二，本案存在刑法上的因果关系，是李芳引起了周明醉驾这一状态，从而造成严重后果，没有她危险状态不会有，危害后果也不会有，对方辩友认为周明自主，就来否认李芳的责任，这显然是说不过去的，难道一定要实行犯是没有意识的，才能对教唆犯、指使者予以定罪处罚吗？对方辩友又在介入因素上发生了重大的理解偏差，论点当然不能成立。第三，李芳符合主体要求，交通肇事罪不是身份犯，司法解释只是解释法律，不是创设权利义务。

对方辩友，狭隘限定主体，于法无据，也有悖常理。此外，李芳的行为还有严重的社会危害性，她以友情、感情为名让一个个"周明"醉醺醺地驾驶，让一起起交通事故血淋淋地发生，让一出出悲剧不断地冲击我们的心灵，立法者既然将醉驾入刑，就表示国家法律对这种行为予以了高度的关注，而李芳可不仅仅是指使他人醉驾，还造成了一死一伤的严重后果，对此，我们又怎能不以更严厉的刑法来进行评价呢，对此难道不会让更多的"李芳"，更多的"周明"犯下更多的罪，造下更多的悲剧吗？李芳认为醉酒不开车就是胆小如鼠、不解风情，但我们认为李芳的行为已触犯《刑法》第 133 条，应当以交通肇事罪定罪处罚，谢谢。

辩方三辩：谢谢主持人，大家好。我喜欢控方激情洋溢的风格，但法律是摆脱一切激情的理性，总结整场辩论，我方认为控方错误有三。第一，对周明意志独立、自我选择酒驾的事实视而不见，对李芳没有控制和支配周明置之不理。第二，错误地适用归责原则，将共同犯罪中部分行为全部责任的归责原则扩大适用于过失犯罪。第三，回避因果关系的客观性和相对性，跳过周明意志自由这一在因果关系上至关重要的一环，错误地扩大了因果关系。我方和控方一样，对因醉酒而导致的交通肇事深恶痛绝，但我方认为喝酒不开车，开车不喝酒，惩罚周明就足以预防此类犯罪，如果认定李芳构成交通肇事罪，其实质是让一个人为他人的过失担责，更为严重的是，用刑罚的手段来惩罚过失犯罪的诱因，从基本上违背了罪责自负的原则，直接的后果便是犯罪的扩大化，今天我们惩罚劝驾，明天是否用刑法惩罚劝酒，后天还要惩罚明知客人开车来就餐，却依然卖酒的服务员吗？以此类推，早晚有一天，酒厂的厂长们也会坐在交通肇事的被告席上，为了预防犯罪，反而制造了更多的罪犯，我们是否走得太远，以至于忘记了为什么而出发？刑法长着父亲般的脸，威严而慈祥，面对任性的孩子，绝不轻易扬起手中的鞭子，谢谢大家。

这场论辩，控方在自由论辩阶段设定了三大战场，紧扣立论逐一展开，前后呼应，脉络清晰，战场的划分较为成功：

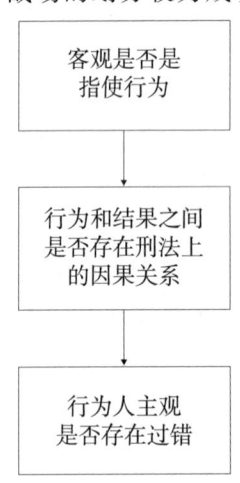

```
┌─────────────┐
│ 客观是否是  │
│  指使行为   │
└──────┬──────┘
       │
       ▼
┌─────────────┐
│行为和结果之间│
│是否存在刑法上│
│  的因果关系  │
└──────┬──────┘
       │
       ▼
┌─────────────┐
│ 行为人主观  │
│是否存在过错 │
└─────────────┘
```

但控方在战场的转化上有所缺憾。从第一战场转到第二战场时，控方强调：

"指使周明醉驾的行为所以要负责，谈完客观行为，我们来讲讲因果关系，请问对方辩友，没有李芳的行为，事故会发生吗？"

从第二战场转到第三战场时，控方说道：

"我们说没有李芳的指使行为，事故就不会发生，这就是因果关系，谈完因果关系，我们再来谈谈主观过错，对方辩友认为李芳没有主观过错，是因为她没有预见能力呢，还是没有注意义务？"

可见，控方在转战场时有较为清晰的语言表述，但对上一个战场的总结略显不足，衔接略显生硬。例如，没有有效总结争议点，为什么认定是"指使行为"，为什么认定本案的这种条件关系就是刑法上的因果关系，因此容易导致己方自觉上一个战场的问题已说透彻可以转到下一个战场，但评委和听众的思维实际上还停留在上一个战场中受双方争议观点的牵扯。这种情况下，对方非常容易不跟进己方的战场转化，继续纠缠上一战场的问题。例如，在本场论辩中，当控方试图从因果关系转到主观过错时，辩方强调因果关系还没有谈论清楚，拉着控方又讨论了好几轮因果关系的问题；当控方谈论主观过错时，辩方又轻松转到了客观行为是否有责的第一战场上，控方又不得不跟进对接，这实际上都导致控方主动转战场的意图落空。当然，这种情况下，辩方虽然一定程度上打乱了控方的战场设计，但由于辩方的来回跳跃，自身并没有清晰的战场划分，实际上也不利于评委和听众完整跟随辩方的思路。

论辩题：陈明和赵辉抢劫案
——首届全国检察机关优秀公诉人电视论辩大赛
北京公诉队 vs 重庆公诉队

2009年6月8日21时许，孙刚开车来到临街一家银行门口，将车停在路旁，下车到银行的自动取款机前使用其银行卡取款。当孙刚取出钱款尚未退出银行卡时，旁边过来两名巡逻警察，告诉孙刚此处禁止停车。孙刚连忙上车驶离，忘记将银行卡退出带走。孙刚走后，陈明来到该自动取款机前取钱，发现取款机内有卡未退出，遂在该自动取款机上分8次从该银行卡上取出现金人民币1.6万元。陈明持1.6万元及该银行卡欲撤离时，被发现银行卡忘记拔出而立刻返回的孙刚拦住。当孙刚看到陈明手拿现金和自己的银行卡时，要求陈明返还银行卡和取出的现金，陈明向孙刚的腹部猛踢一脚。孙刚试图反击时，陈明从背后抓住孙刚的双手。此时，陈明

> 的朋友赵辉经过此地，在得知全部真相后，也向孙刚的腹部猛踢一脚。孙刚倒地后，陈明和赵辉逃离现场。经鉴定，孙刚脾脏破裂，系重伤，但不能查明脾脏破裂是陈明造成的，还是赵辉造成的。
> 　　控方：陈明和赵辉的行为构成抢劫罪。
> 　　辩方：陈明的行为构成信用卡诈骗罪和故意伤害罪，赵辉的行为构成故意伤害罪。

[控方一辩开篇立论]

　　谢谢主持人，大家好，惩罚是对正义的伸张，无道而取财必然受到法律的责难。《刑法》第269条规定，犯盗窃罪，为窝藏赃物而当场使用暴力的构成抢劫罪。控方认为陈明、赵辉的行为正是如此，理由如下：第一，陈明首先实施了利用取款机盗窃孙刚钱款的行为，那么盗窃罪是以非法占有为目的，窃取他人占有的数额较大的财物的行为。本案中，孙刚取款后忘记将卡拔出，此时这张银行卡为银行占有，卡中的钱款为银行保管，且仍为孙刚所有。那么陈明途经此地的时候，发现该卡无须输入密码、验证身份，即可从卡中取款，贪念之下，产生了非法占有的故意，顺手牵羊，按键取款，将孙刚的1.6万元取走，据为己有。那么陈明的行为，符合盗窃的客观构成要件，已构成盗窃罪。接下来，我们再来看他的第二个行为。陈明犯盗窃罪以后，被返回现场的孙刚发现，为了窝藏赃款，脚踢孙刚腹部，施以暴力。陈明盗窃又暴力窝藏的行为，已经符合《刑法》第269条转化型抢劫的构成要件，构成抢劫罪。第二，赵辉、陈明的行为构成共同抢劫犯罪。我们可以看到，赵辉参与犯罪时，陈明的行为已由盗转抢，并且抢劫行为尚未结束。赵辉明知陈明盗窃在先，又以暴力抗拒窝赃。这个时候，他为了帮助陈明，也以共同实行暴力的意图参与其中，并且他利用了陈明暴力控制孙刚的状态，脚踢孙刚的腹部，此时二人已就共同抢劫形成了一个共同的故意。赵辉知情后，所参与的暴力行为，就是属于抢劫行为的一部分。因此陈赵二人属于事中通谋、承继的共同犯罪。两人既有共同的故意，又有共同的行为。依照部分行为承担整体的责任的原理，赵辉的行为也应当以故意伤害罪定罪处罚。控方陈词完毕。谢谢！

第三章 案例论辩分阶段的技能

[辩方一辩开篇立论]

主持人，各位评委，大家好！究竟是遗失银行卡惹祸还是控方的法律适用出了错，让我们立足本案的事实，辨法析理。首先纠正控方一个错误，控方指控两人的行为均构成抢劫罪，但是最后的结论却指认赵辉构成故意伤害罪，显然跟我方的观点是相一致的。本案的事实，可以明显地分为三个阶段。第一个阶段，陈明冒用了孙刚的银行卡，使银行产生错误认识，自愿交付卡内人民币1.6万元，该行为完全符合我国《刑法》第196条第1款第3项之规定，已构成信用卡诈骗罪。控方之所以认定陈明的行为已构成盗窃罪，显然是基于错误认识。陈明所使用的并非是秘密窃取他人财物的行为，而是典型的冒用他人银行卡的行为。我们知道对于陈明的取款行为，银行是明知的，只是因为不知实情，才使陈明的冒用行为得逞。另外，银行也是基于错误认识，自愿交付了人民币现金1.6万元，如有自愿交付，又何来盗窃呢？显然，陈明的行为已构成信用卡诈骗罪。我们再来看第二个阶段，当孙刚返回后，陈明利用孙刚要求其返还财产的机会，猛踢孙刚腹部一脚，该行为显然是其实施完信用卡诈骗犯罪之后，另起犯意的行为，当然应该予以单独评价。但是我们遗憾地看到控方正是因为错误地将陈明的先行行为认定为盗窃罪，进而错误地进行了转化。第三个阶段，当赵辉途经此地，在得知了全部事实真相后，也向孙刚的腹部猛踢一脚，显然是帮助正在实施故意伤害犯罪的陈明，二人均应对致人重伤的结果承担责任，且构成故意伤害罪的共犯。需要指出的是，陈明一脚也罢，赵辉一脚也罢，显然是相互救济、相互补充、相互利用的关系。虽然本案当中具体无法查明是哪一脚造成了被害人重伤的结果，但是陈明和赵辉均应当承担致人重伤的刑事责任。综上，辩方认为陈明的行为已构成信用卡诈骗罪和故意伤害罪，赵辉的行为已构成故意伤害罪。

主持人，各位评委，准确执法、不枉不纵，是公平正义的必然要求。让我们秉持执法者的良知和理性，通过正确认定本案，来践行法治中国的时代精神。辩方意见发表完毕，谢谢。

[自由论辩]

控方二辩：请问对方辩友，当孙刚插了卡以后因故离开，陈明来到提款机之前，这张卡是在谁的占有当中？

辩方二辩：这张卡是在银行的占有当中。但是刚才对方在问答阶段认为，陈明的行为并没有侵犯金融管理秩序。但是我们看到陈明骗的是银行，骗走的钱也是从银行的占有中转移走的，侵犯的是信用卡管理制度，危及的也是信用卡的安全。那么请问这样还不是侵害了银行的金融管理制度吗？如果您认为还没有侵害，请您给出一个侵害客体的标准。

控方三辩：其实对方已经承认这个事情当中是利用了银行的金融工具 ATM 机以及银行卡，但这并不代表一定是侵害了这个金融秩序。我们看到本案当中，孙刚持卡输密码之后，这个时候是一个什么状态呢？显然就是他的钱包已经被打开了。这个时候陈明只是如囊中探物，仅仅是这个关系。我想请问对方辩友，你们认为这个取款机的交付，它是一个有意识的交付，还是一个无意识的交付？谢谢。

辩方三辩：取款机听谁的指令呢？那是银行的指令。请问在银行指令上的交付，这是不是一种交付呢？还是请对方正视我方的问题，在本案中我们看到被骗的是银行，拿走的是银行占有的财产，而且直接损害了银行的信用卡管理制度。请问为什么对方非要说没有侵犯金融管理秩序呢？

控方一辩：辩方老在说银行被骗，银行被谁骗了？是被陈明骗了吗？陈明在取款的时候，本案的密码已经输入，身份验证程序已经过了。那么在这里控方还是要请辩方回答的是，冒用他人的银行卡，这个冒用的前提是什么？

辩方一辩：冒用的前提当然是无权使用，冒充他人身份使用了。看来通过刚才辩论，我们不难得出，本案当中不仅侵犯了他人的财产权，而且更为重要的就是侵犯了银行管理秩序。我想请问对方的是，孙刚遗留在自动取款机内的银行卡，谁有权来使用呢？

控方二辩：孙刚遗留在取款机里面的卡当然只有孙刚有权使用，刚才对方二辩在回答我的问题当中认可了卡在银行的占有处，钱也在银行的占有处，这个冒用和欺骗的行为体现在哪里？请你给我们论证。

辩方二辩：陈明冒充了孙刚的身份，他冒充孙刚在按键，冒充孙刚在发出指令，冒充孙刚在继续取款，这还不是冒充孙刚吗？这样的冒充难道还不是冒用他人的信用卡吗？

控方三辩：其实生活当中的意义与刑法当中的定义，它有区别。这个案件当中，我们看到陈明冒充了孙刚的身份，但是并不代表是刑法意义当中的冒用，因为冒用，它有限定性的条件。我想请问对方辩友的是，你认为陈明使用了孙刚的银行卡，银行它是一个有意识的交付吗？请对方正面回答。

辩方三辩：最高检的批复，当拾得信用卡在 ATM 机上使用的时候，这就是一种信用卡的诈骗行为，难道对方否认在这种情况下，取款机没有交付吗？我想请问对方的是，在本案中既然只有孙刚有权用卡，那么陈明用了这张卡，为什么不是冒用？按照对方的标准，那是不是只有插卡和输密码才是冒用呢？

控方二辩：刚才对方辩友引用了最高检的司法解释，那么我就很疑惑了，对方辩友是认为本案的被告人拾得了这张信用卡吗？究竟是拾得还是没拾得？请给我们论证。

辩方一辩：我方的立论是非常明确的，在本案当中，陈明的冒用行为就是符合我国《刑法》第 196 条第 1 款第 3 项的规定，冒用他人的银行卡，这就是一种冒用的情形。我方从来没有说拾得啊。再让我们回到本案当中，刚刚对方说到刑法和生活不是一回事，我想请问对方的是，刑法如果脱离了生活，那它还是善法吗？

控方三辩：刑法跟生活不是一回事，是代表着生活当中需要有法律规定的时候，法律才能规定，这是法律的谦抑性。我给对方举一个例子，不是只有交付那就一定是诈骗，如果说一个人到商店买东西，这个营业员把贵重的东西混在他所购的东西带走了。但是因为营业员他没有交付贵重东西的这个意识，因此他构成盗窃，而不是诈骗。因此不是有交付就有诈骗。谢谢。

辩方二辩：本案恰恰是因为陈明既有欺骗行为，银行也是基于他的欺骗产生了错误认识，并在这个错误的认识支配下进行了交付，所以陈明的行为当然是一种信用卡诈骗了。那么对方一再强调输入密码，难道没有输入密码，就不能冒充吗？我今天来参加论辩赛，如果一个人顶替我的名义，来参加这个论辩赛，他没有输入密码他就不是冒充吗？我们必须从实质意义上去理解冒充。

控方一辩：刚才辩方说得很好，她说今天有人来顶替她参加论辩赛，那么顶替的是什么？顶替的就是这个身份。而自动取款机，它的身份识别

155

机制是什么？那就是密码验证和密码输入。本案当中识别机制、识别程序已经完全完成。那么陈明此次的取款行为仅仅是一个转移占有关系的行为，而并非是辩方所称的一个冒用行为。在这里，我们还是要请辩方给我们论证一下，冒用他人取款的行为，和本案当中这个秘密窃取的行为，结合本案的案例，实质区别在哪里？

辩方三辩： 今天控方的逻辑归纳起来其实非常简单，他就是认为信用卡诈骗罪只有插卡输密码那才是冒用，除此之外不存在冒用。那么按照控方的逻辑，今天陈明直接使用是盗窃，陈明把这张卡拔出来再插进去就变成了冒用。那么请问一个拔的动作就代表了盗与骗之间的区别，这合理吗？

控方二辩： 拔的动作在生活上，可能对方辩友认为它是一个意思，但是在法律的视野当中，它就是性质不相同的行为了。信以为真，首先要他能够认识到什么是真。如果他不论真伪，不识真伪，谈何信以为真。山中的老太太她以为地球是平的，以为太阳是绕着地球转的，请问有人欺骗过她吗？刚才我们已经论证了，在盗窃的行为上对方不能给我们论证何为冒用，冒用的行为在哪里。那么我们再来看看赵辉的行为，请问本案当中如果不能排除之前的一脚已经致孙刚重伤的结果出现，对方的不论是事中共犯，还是承继共犯，事后故意，如何成立共犯？

辩方一辩： 控方提到了银行有义务认识，那我就想请问，同样是一个老太太的问题，老太太在大街上被人骗了，她有没有义务识别对方是不是个骗子呢？

控方三辩： 这个是两个问题，那就是普通人的标准还是特定的标准的问题。还是请你方回答我二辩的问题，就是你认为这个赵辉是承继犯罪，那么请你论证一下，这个陈明的行为是已经进行完毕了，在继续的情况下，他如何承继？

辩方二辩： 如果前行为都没有论证清楚，当然无法正确地认定后行为是什么样的性质了。我们看到本案，银行误认为是孙刚在继续取款，误认为孙刚在发出指令，误认为是孙刚在按键，这么多误认为难道还能说银行没有错误认识吗？正是银行基于这样的错误认识进行了一个交付，这难道还不是银行被骗吗？

控方二辩： 看来对方是刻意回避我们对赵辉问题的质疑。本案当中正因为对赵辉以故意伤害罪定罪，那是无可回避的矛盾。只有把他认定为是抢劫中共同以暴力抗拒抓捕的抢劫共犯，所有的问题才能够迎刃而解。对方辩友刻意回避，你方论证赵辉构成故意伤害罪的论据何在？请你指明。

辩方三辩： 控方不要焦急，前提犯罪我们论证清楚之后，我方会振振有词地跟你论证。其后的行为究竟是什么，那么前提犯罪按照控方的观点，无非是说插卡输密码才是冒用。可是我们看到本案中实质的就是一个冒用，这就是一个骗。那么接下来我们来看重伤的行为，请问对方，今天赵辉是一个承继的共犯，那么承继共犯的基本含义和处罚原则又是什么呢？

控方二辩： 我要请教对方辩友，对方辩友说承继的共犯……

（控方时间到）

辩方二辩： 对方无法回答我方的问题。那正是因为承继共犯的处罚原则，是后行为对前行为负责，对前行为造成的结果也应当负责。一个共同的行为造成了共同的结果，当然要共同承担责任。

辩方三辩： 部分行为全部责任，这是一个共犯处罚的基本原则。本案中陈明和赵辉之间互相配合互相联络，这是一个共同犯罪，所以无论是谁的一脚造成的，都应该对重伤结果负责。有区分的只是量刑而非定性。

这场论辩赛，控辩双方对战场的争夺较为激烈。虽然第一大战场的设置都是论证前行为究竟是盗窃还是诈骗，但是具体的设定上，思路并不相同。

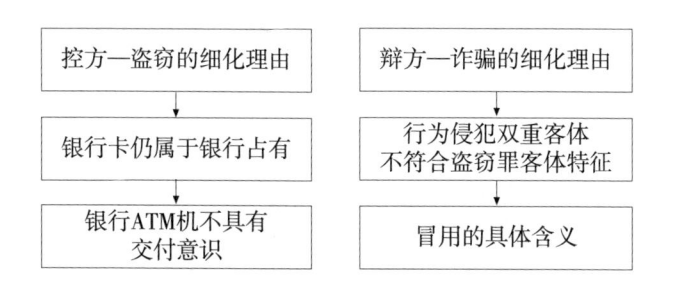

```
控方—盗窃的细化理由              辩方—诈骗的细化理由
        ↓                                ↓
   银行卡仍属于银行占有          行为侵犯双重客体
        ↓                        不符合盗窃罪客体特征
   银行ATM机不具有                        ↓
      交付意识                      冒用的具体含义
```

因此，在自由论辩的前半部分，我们看到双方一方面在回应对方的问题，另一方面根据自己的战场设定坚守自己的论证思路。在自由论辩的后半部分，控方多次想要转战场去谈论共犯的问题，以便对辩题展开全面探讨。但辩方为了对前一个大战场做总结，获得优势地位，始终停留在论证银行有无认识义务的问题上，自觉谈论透彻了才在论辩的最后一点时间内简单反驳了共犯问题。并且辩方坚持跟进控方转化战场时采用了较为灵活的语言表述，因此较为容易被评委和听众接受，例如：

"如果前行为都没有论证清楚，当然无法正确地认定后行为是什么样的性质了。"

"控方不要焦急，前提犯罪我们论证清楚之后，我方会振振有词地跟你论证其后的行为究竟是什么。"

"接下来我们来看重伤的行为，那么请问对方……"

在这场论辩中，控辩双方相对较高水平的战场争夺战，充分表明对战场的划分、转化和坚守的重要性。

（二）自由论辩之情势的控制

情势控制即控场能力，具体是指自由论辩是否主动，让评委和听众觉得整场论辩的战场推进等都在己方的自由掌控中，游刃有余。情势控制往往决定着一场自由论辩的胜负，需要掌握几个重要技巧：

1. 拒绝长句，避免解释

相较于真实法庭论辩，案例论辩中自由论辩阶段的特殊性之一在于，其通常不需要针对某个问题详细地阐述前因后果，而只是展示论证的某一个方面，或者方法、结论、依据、比喻等。当可以正反论证的时候，通常一次只说一个方面。因此要学习分段表达，控制字数；自由论辩中的发言简短一是保证用时，二是很多时候简单反而又容易让人印象深刻。我们来看一个例子：

论辩题：爱情的苦果
——首届全国律师电视论辩大赛半决赛
重庆律师代表队 vs 山西律师代表队

黄艳艳（女）与王辉（男）同在一个单位，已恋爱多年。眼看正要

第三章 案例论辩分阶段的技能

> 登记结婚，却因为王辉的一次出差，使事情发生逆转。在这次出差中，经人介绍王辉认识了另一女青年张，并一见钟情。以后，王辉多次提出与黄艳艳终止恋爱关系，黄艳艳不同意。一日，黄艳艳持一小瓶剧毒农药来到王辉宿舍，要求王辉答应结婚，并断绝与张往来。王辉则要求黄艳艳不要再纠缠他，黄艳艳拿出装有农药的小瓶，说如果不答应，就将农药喝下去。王辉说你喝就喝，与我无关。黄艳艳一气之下，将农药全部喝下，王辉见状也未加以阻拦。黄艳艳喝下去后，顿感疼痛难忍。王辉不仅不救，反将黄艳艳拖出门外，锁门离去。后有邻居拨打110求救，在警察赶到现场时，黄艳艳已死亡。
> 辩题：王辉的行为是否构成杀人罪（故意杀人或过失杀人罪）。
> 控方：王辉的行为构成杀人罪。
> 辩方：王辉的行为不构成杀人罪。

[控方开篇立论]

我方认为，被告人以不作为的方式，实施了故意杀人罪。所谓不作为是指，能够履行而不履行应尽的义务。本案的被告人负有阻止被害人死亡的作为义务。他见死不救，以不作为方式触犯了《刑法》第232条，构成了故意杀人罪。理由如下：第一，被告人的作为义务来源于他的先行行为。他移情别恋，拒绝结婚，明知被害人因此产生自杀念头，不仅不予劝阻，反而出言刺激，引起被害人自杀。而当被害人真的喝药时，他仍然不加任何阻拦。正是这一系列先行行为，导致被害人的生命处于十分紧迫的危险状态。第二，被告人完全有能力履行作为义务。但是，当被害人疼痛难忍生命岌岌可危时，他不仅不救，反而将她拖出门外扬长而去。正是这一当救而不救的不作为行为，将被害人推向了死亡。第三，被告人明知被害人喝下农药可能死亡，却听之任之，放纵死亡结果出现，其在主观上具有非法剥夺他人生命的间接故意。因此，被告人的行为完全符合故意杀人的主观要件。我们从不否认人有自由恋爱、追求幸福的权利。但毕竟他们曾经相恋多年，毕竟本案发生在被告人宿舍，即使在道义上，被告人也应当伸出援救之手，更何况他的先行行为已经使救助从道德义务上升为法律义务。然而他却弃人性、背道义，置法律于不顾，其行为不仅应当受到道德谴责，更应当受到刑法的制裁。

[辩方开篇立论]

我们对黄艳艳的殉情自杀深表惋惜，对黄艳艳自杀时王辉的冷漠态度，表示遗憾！对方律师首次陈述了三个观点，对王辉的具体言行进行了分析，他们认为王辉的行为构成间接故意杀人罪，也就说不作为故意杀人罪。我方认为王辉的行为可以概括为4个字：有错无罪。理由是：第一，黄艳艳的死亡是其自杀的结果，作为有完全行为能力的成年人，黄艳艳自杀意念的产生、药物的准备、地点的选择、行为的实施，均是其自我意志的体现，在自杀过程中，既没有王辉的唆使引诱，更没有王辉的帮忙胁迫。试问王辉提出终止恋爱关系，何罪之有？王辉拒绝黄艳艳以死逼婚的纠缠，何罪之有？黄艳艳自杀时，王辉虽未制止但并没协助，何罪之有？黄艳艳以死逼婚的纠缠，未救助，但视其为罪，法理何在，法条何依？第二，王辉的行为不构成杀人罪。首先黄艳艳自杀不是王辉不作为所致，不作为是我国法律规定的负有特定法律义务的行为，本案中王辉不负有这一特定法律义务。第三，道德义务不同于法律义务。罪刑法定，王辉对黄艳艳不救助的行为，不属于犯罪。我方认为，王辉的行为不构成杀人罪。

[自由辩论]（控辩双方第一轮发言）

控方：显然，本案被害人的服毒自杀行为，已经成为对方律师为被告人开脱罪责的一个极其重要的理由。但是我不得不提醒对方律师，其实本案的关键，不在于被害人是否有自杀行为，而在被告人是否有阻止受害人死亡结果的救助义务。如果没有这个义务，那么被害人的自杀行为当然应该由她自己负，那么，被告人见死不救的行为，也只是属于一个道德范畴的行为。但是如果被告人有救助义务，那么不论受害人是自杀还是他杀，被告见死不救的行为都将视为非法剥夺他人生命的行为而构成犯罪。但是在本案当中我们恰恰看到被告具有这种救助义务，其救助义务就来源于他的先行行为。根据刑法理论之通说，由于自己的行为，而使刑法所保护的权益处于危险状态，行为人就有义务去排除危险，阻止危害结果的发生，这就是因先行行为引起的义务。那么在本案中我们不难看出，正是由于被告人移情别恋、撕毁婚约、恶言刺激的行为，才导致受害人服毒自杀。这一危险状态的出现，不是先行行为又是什么呢？既有先行行为，为什么又没有作为义务呢？既有作为义务，为什么又不构成不作为犯罪呢？

辩方：控方为我们提出了一个非常正确的观点，那就是王辉是否构成

第三章 案例论辩分阶段的技能

犯罪要看他有没有救助黄艳艳的法定义务。那么本案中,王与黄是多年恋爱关系,而且事情发生在王辉的宿舍,这都是事实。但是这些事实就能使王辉产生救助黄艳艳法定的强制义务吗?为了说明这一点,我们想引入一下宪法的规定。我国《宪法》第33条明确规定,只有宪法和法律规定的义务,才是公民必须履行的义务。显然,本案当中,王辉和黄艳艳之间,仅仅属于一般的恋人关系,而且特定的环境并不能产生特定的义务,如果对方坚持认为,他们之间要负这种强制的义务,那么请指出我国哪部法律规定恋人之间负有这种强制的义务呢?

……(自由论辩其他内容省略)

这场论辩,自由论辩刚一开始,控辩双方就各自用了一长段的话作为第一轮发言,占用了大量的时间。整场自由论辩,双方交替发言只有6轮次,导致自由论辩无论是节奏感还是对抗性都明显不足,影响了自由论辩的精彩度。同时,这种长段或长句发言的方式并不见得现场效果就好,我们看文字尚且要认真看半天才能清晰其中的逻辑,更何况是现场仅仅凭听辩手发言呢?拆分逻辑,直接指出问题的关键,以短句的发言方式往往更有力度。例如,自由论辩控方这一长段的发言基本逻辑是:

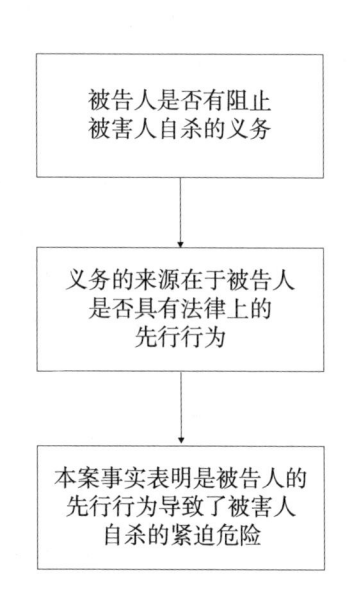

```
┌─────────────────┐
│ 被告人是否有阻止 │
│ 被害人自杀的义务 │
└────────┬────────┘
         │
         ▼
┌─────────────────┐
│ 义务的来源在于被告人│
│ 是否具有法律上的 │
│     先行行为    │
└────────┬────────┘
         │
         ▼
┌─────────────────┐
│ 本案事实表明是被告人的│
│ 先行行为导致了被害人│
│ 自杀的紧迫危险 │
└─────────────────┘
```

这个逻辑的阐述过程显然太长,其实完全可以简化为直接反问:

"请问辩方,被告人的移情别恋,撕毁婚约,恶言刺激,是否是导致被害人服毒自杀的重要原因?"

然后再在其后的发言中对自己的问题进行小结,肯定这个原因,并分析这个原因就是先行行为,自然被告人就具有了救助义务。这种逻辑拆分表述方式既简洁明了,又更具攻击性。

同理,辩方的第一轮长发言,也完全可以简化成:

"《宪法》第33条明确规定,只有宪法和法律规定的义务才是公民必须履行的义务。请问控方我国哪部法律规定了恋人之间负有救助的强制性义务?"

拒绝长句是从己方主动论证的角度来说的,避免解释主要是指针对对方发问时回应的角度而言。我们常说,话越多漏洞就越多,解释越多就越被动。一名优秀辩手需要有严谨周延的逻辑,但这种逻辑很多时候只需己心了然,适当表达即可,要适当控制面对对方发问时爱解释的欲望,因为解释过多容易让评委和听众感觉你始终在防守而缺乏进攻的主动性。牢记评委和听众中心主义的基本策略,就容易养成避免解释的习惯。避免解释要求针对对方观点反驳时能够迅速判断核心点直截了当地反驳或能够适度地"断章取义"通过归谬等方式进行有效反驳。这对辩手的能力提出较高的要求。

在这里需要注意的有两种情况:

(1)一场辩论,控辩双方对某个问题的争辩成胶着状态时,通常也有必要类似总结陈词中对焦点的小结一样,站起来针对这个争辩的问题进行一两次完整的阐述,系统说明己方观点并反驳对方观点。但即便如此,因是自由论辩的发言,仍然存在时间掌控问题。单次的发言一般不超过30秒为宜,一场辩论单次的长发言一般不超过3次。

(2)需要注意的是,当对方某轮发言特别长信息量特别大时,我们应如何应对呢?一种是其后我们将分享的底线逻辑的反驳方法,即迅速判断归纳出对方这轮长发言的底线逻辑是什么,再针对这个底线逻辑进行有效反驳。但其实还有另一种更为简洁的方法。事实上,无论是场上的辩手还是场下的评委和听众许多时候都无法在短时间内迅速记牢对方的所有问题和所有的知识点。因此,当对方发言特别长,内容特别丰富,尤其是说得特别快自己并未完全听清的时候,往往只需要抓住其中的一点进行反驳,现场就营造出了良好的对接效果，即"只抓一点不计其余"。这也就是为什么有的时候我们观看现场和看文字记录的感觉有所不同，在现场听觉本身只会抓重点不可能兼顾所有，但看文字更讲求周延全面。

2. 话题转化

无论是转战场还是控制情势，都必须掌握话题转化的技巧，只有善于话题转化才能把控论辩的主动权，才能做到在一场论辩中全面展开多个关键辩点，及某个辩点的多个层面。话题转化常用的技巧主要有以下三种：

（1）淡化处理。

对方谈论某个问题较难回应或不想直接回应时，跳转到另一个相关问题进行对接，但要显出这种跳转的合理性，而不是回避。这种情况下，常用的转化语言有"不仅……而且""关键不在于……而在于""还是让我们回到……"。

例如第二届全国检察机关优秀公诉人电视论辩大赛决赛江苏公诉队 vs 上海公诉队马东受贿案的自由论辩：

辩方二辩：我听懂了对方的逻辑，对方今天就是说送钱就是不正当的，而不正当的就在于送钱，您这是不是在循环论证呢？

控方一辩：关键是为什么送钱，马东为什么送钱呢？

（2）巧妙曲解。

对方谈论某个问题时，避免直接回应，而是找出其底线逻辑加以曲解后再进行反驳。"对方的意思无非是……"就是这种情况下常用的转化用语。

例如首届全国公诉人与律师电视论辩大赛半决赛北京公诉队 vs 浙江律师队李平抢劫案自由论辩的一开场，辩方即用该方法回应了控方的第一问，从控方想要探讨的风险问题转到了己方想要探讨的责任问题：

控方二辩：谢谢主持人，在空间狭小的阳台上发生扭打，当然会造成花盆坠落，砸人伤物的风险，请问，是谁制造了本案中这种法律所不允许的风险？

辩方二辩：对方辩友的这个观点，无非想证明，本案李平应当对重伤结果负责，但是前提是李平要有危害行为，那么请问，如果本案当中碰落花盆的人是杨波的话，请问李平还需要承担责任吗？

（3）不同层面之间的转化。

这种转化主要是在客观和主观之间，事实和法理之间，实然和应然之间转化。

```
┌───┬───┐  ┌───┬───┐  ┌───┬───┐
│客 │主 │  │事 │法 │  │实 │应 │
│观 │观 │  │实 │理 │  │然 │然 │
└───┴───┘  └───┴───┘  └───┴───┘
```

试举几例：

①对方谈客观，己方想要谈主观时，可以说：

"认定行为性质不在于表面是否合乎规定，而在于在什么样的主观支配下"；

"无犯意则无犯人"；

"意识是行为的先导，思想是行动的指南，让我们看看被告人的主观状态究竟是什么"。

而对方谈主观，己方想谈客观时，则可以说：

"无行为则无犯罪"；

"主观见之于客观"；

"主客观相统一，还是让我们来看下客观行为"；

"脱离考察客观要件事实的过程，单纯的考察主观罪过就是无源之水，无本之木，是难以得出符合实际的结论的"。

②对方煽情，己方想强调说理时，可以说：

"作为法律工作者，我们可以用慈悲的目光看人，但必须以理性的目光论案"。

而当对方说理，己方想要煽情时，又可以说：

"合理的判断不仅要符合法律规定，还要符合老百姓朴素的认知"。

③对方说法规，己方想强调事实时，可以说：

"法律的生命不在于抽象而在于具体，不在于规范本身，而在于事实和证据"。

而当对方说事实，己方想要强调法理时，则可以说：

"今天我和对方拥有一份共同的案件材料,有争议的不是对事实的描述,而是对事实的判断……"

可见,各个层面之间是可以通过巧妙的语言连接进行灵活的转化的。但是,在这里需要特别注意的是,案例论辩中为了转化话题掌握主动权是可以通过上述方法在不同层面之间自由转化,只要内在逻辑基本合理即可。但案例论辩的这种思辨训练和法律人真实的思辨及真实法庭论辩思辨顺序是不同的。法律人真实的思辨是有一定之规的,诚如我国著名刑法学家陈兴良教授提出:"客观判断优先于主观判断,事实判断优先于法律判断,类型化判断优先于非类型判断,形式违法性判断优先于实质违法性判断。"

3. 其他方法

自由论辩中的情势控制并没有绝对的一定之规,核心是:在和对方直接性的针锋相对时,有能力随时跳转到自己想要说的话题或者层面上,掌控自由论辩的主动权,并将这种跳转显示得自然、合情合理,将这种跳转变成一种短兵相接而非刻意回避。除了上述的方法外,还有各种方法可用,这里再介绍一些常用的方法。

(1) 方法论的批驳。

即指出对方使用了什么方法,以及在方法论使用中存在的错误,例如三段论的分析是否倒置了大小前提,是否存在循环论证等。例如某场关于是否构成受贿的论辩,控方强调事后受贿仍然是受贿,辩方敏锐地指出:

"请控方不要循环论证。还是请您先证明事后收受的这份财物是贿赂。"

方法论的批驳论辩中时有人用,但实际上这种批驳方法存在一定的风险,因为如果仅仅从方法论的理论层面进行抽象的阐述论证,一方面占用的时间较长,不容易一两句话简洁明了地说明白;另一方面过于简洁又不容易说透彻,不容易引起评委和听众的共鸣。例如,首届全国公诉人与律师电视论辩大赛半决赛浙江公诉队 vs 广东律师队李芳交通肇事案中,控方有这样一句关于逻辑的反驳:

辩方二辩:对方辩友断章取义,明显违反了逻辑法中的同一律的规定,您说李芳是乘客,李芳是普通乘客吗?没有李芳指使醉驾,哪来后面的事故发生呢?

在现场当时短兵交接的情况下，评委和听众想要迅速听明白辩方究竟如何违反了逻辑法中的同一律的规定，并不是十分轻松。因此，方法论的批驳一般需要通过假设类比或归谬等方式生动具体化地体现，对此我们将在其后进行介绍。

（2）底线逻辑的破解。

即指出对方的底线逻辑是什么，并分析这个逻辑底线的不当之处。例如前述首届全国公诉人与律师电视论辩大赛半决赛北京公诉队vs浙江律师队的李平重伤案，自由论辩中控方的第一问就被辩方以底线逻辑的方法进行了反驳。

控方二辩：谢谢主持人，在空间狭小的阳台上发生扭打，当然会造成花盆坠落，砸人伤物的风险，请问，是谁制造了本案中这种法律所不允许的风险？

辩方二辩：对方辩友的这个观点，无非想证明，本案李平应当对重伤结果负责，但是前提是李平要有危害行为，那么请问，如果本案当中碰落花瓶的人是杨波的话，那么请问李平还需要承担责任吗？

（3）适当的归谬。

不计其余只抓一点，针对对方完整逻辑中的某个点进行归谬，使其整体逻辑显得不合理。归谬的方法是案例论辩中常用的方法，尤其是辩方经常作为攻击控方的有效手段。例如，前述首届全国公诉人与律师电视论辩大赛半决赛广东公诉队vs上海律师队的王宏盗窃案中，控方从时间、方式等多方位全面论证王宏的行为是盗窃，而辩方拆分控方的逻辑，抓住其中的时间点进行归谬反驳：

"我明白了，控方的逻辑就是，凌晨取车就是贼。大家想想，凌晨4点我带着老婆开着车，吃完火锅去唱歌，咣当一声被人拦了，说我是偷车贼，这冤不冤呢？"

控方的逻辑并无漏洞，但辩方归谬的手段运用却能在现场取得良好的效果。

（4）针对非实体性问题的攻击。

这种方法主要是打击对手的心理，控制场上的情势。例如，指出对方的某个口误等。

(三) 自由论辩之句式语气的变化

自由论辩中句式语气的变化，有利于体现较强的气势或特殊的情感，有利于吸引评委和听众的注意力，引导对方跟进自己设定的战场或问题，因此也是情势控制的一种重要手段。常见的句式语气有如下几种：

1. 排比句

排比句容易显得有气势，例如首届全国公诉人与律师电视论辩大赛决赛上海公诉队 vs 浙江律师队的张洁生产、销售有毒、有害食品案，控方一辩：

"对方辩友显然无视了正常的因果关系，今天我们说卖油条的不吃油条，洗衣粉嘛，卖牛奶的不喝牛奶，三聚氰胺嘛，卖饼干的张洁却不吃饼干了，有毒有害嘛，道理不是一样的嘛。"

这既是类比，又是排比，对仗整齐，令人印象深刻。排比句一般由至少三个分句组成，因此排比句的运用需要特别注意时间的控制。此外，排比句运用还需把握良好时机，例如针对某个问题，是先拆分论证，其后整合阐述，使用排比句进行小结；还是直接针对某个问题使用排比句先整合发送，再和对方分点逐一论证，不同情况下有不同的效果。

2. 反问句

论辩场上有人爱问"是吧"，这是商榷的语气，改成"难道不是吗"，立刻变成强烈的问句。第二届全国检察机关优秀公诉人论辩大赛华北赛区决赛天津公诉队 vs 北京公诉队陈刚玩忽职守案，在自由论辩中有一段控辩双方都集中使用反问句的精彩对接：

辩方：一个人用自杀选择做判决的救济，这种方式正常吗？

控方：一个人怎么选择是辩方说了算的还是他自己说了算呢？

辩方：当然是社会一般人说了算，一般人都不会选择自杀，难道陈刚应当预见吗？

控方：难道就因为宋涛选择了自杀就说陈刚不应当预见吗？

辩方：当然是，因为自杀是一个异常的行为，异常的行为要求法官预见，您对法官的要求是不是过高了呢？

控方：那您对法官的要求是不是过低了呢？辩方一直在强调一般人，法官是一般人吗？

反问句还常和排比句融合使用，增强反问的气势，例如，首届全国律师电视论辩大赛张有财是否属于正当防卫的论辩中，辩方用了一连串的反问句，颇具现场效果：

"请问控方，难道吴来福基于所谓的善意就可以随意侵入他人住宅如入无人之境吗？难道吴来福由于一厢情愿的护花心情，就可以视他人权利如草芥吗？难道吴来福凭主观臆断，就可以为所欲为、旁若无人吗？难道吴来福只有这样做，其权利才能得到尊重，别人的自由和安全可以忽略不计吗？控方对吴来福的行为不断美化和刻意拔高，不觉得高处不胜寒吗？"

反问句是案例论辩中特别好用的提问方式。核心就是将自己的观点提炼，然后以反问的方式发送。既可以根据事实问题反问，也可以是针对法律基本点反问。我们再来看一场短时间准备的真实的案例论辩赛，可以看到控方对反问自觉运用，且效果良好。

论辩题：刘刚卖刀案
——第七届全国检察机关十佳公诉人暨优秀公诉人业务竞赛
控方黄奕玮 vs 辩方赵红

张龙和赵亮二人有宿怨。某日在街上相遇后再次发生激烈争吵，并相互厮打起来。继而张龙大声喊叫，"今天要好好教训你！"边喊边跑向旁边的杂货店，掏出100块钱扔给店铺老板刘刚，并说道："赶快点，卖我一把菜刀用！"同时扭回头对赵亮叫骂，"有种你别走！"赵亮也不甘示弱，随手在地上抄起一根木棍，留在原地不动等张龙。

刘刚之前一直站在店铺里，看到了双方打架争吵的全过程，见张龙来买刀，就卖给了他。张龙拎着这把菜刀与赵亮再度打斗，将赵亮当场砍成重伤。

辩题：刘刚的卖刀行为是否构成犯罪？
控方：刘刚的行为构成故意伤害罪的帮助犯。
辩方：刘刚的行为不构成犯罪。

[自由论辩]（删减版）

控方：那请问对方辩友，刘刚他明明知道，张龙要用菜刀去杀人，而仍然为其提供菜刀，这样是不是具有主观上帮助他人犯罪的故意呢？

辩方：那么您说有这句话就说明他有犯意，请对方辩友解释一下，本案刘刚的犯意到底是产生于何时？

控方：我方并没有说有这句话就有犯意。刘刚明知他人要实施犯罪，仍为其提供菜刀这一关键性的作案工具，这难道还不能认为是刑法意义上的帮助的犯意吗？

辩方：我们还是回到这个卖菜刀的行为，对方辩友请您解释一下，什么样的情况下是使法益产生了紧迫现实的危险呢？

控方：我们认为本案当中，刘刚的行为就是使法益产生了紧迫现实的危险，因为被害人就在门口，张龙购买菜刀之后，立刻在门口对被害人实施了砍伤的行为，最后也造成了被害人的重伤，如果没有这把刀，被害人是否会被砍成重伤呢？这难道不是刑法上紧迫现实的危险吗？

辩方：那么刘刚每次卖刀的时候，都要问一问买这把刀是用来做什么的吗？

控方：我方并没有要求刘刚每一次都要询问，但是在本案当中确实有一个现实的客观的紧迫的危险的存在。

3. 设问句

自己抛出的问题紧接着回答，不给对方解释机会，但使用疑问开始的先声夺人方法容易让人关注其后答案。因此在自我作答的时候，原则上不能是特别简单地根据己方立场给出答案，还需要进行一定的解释说理，解释的是否充分直接决定设问的成功与否。但解释的同时又必须注意时间的掌控。例如，首届全国女检察官电视论辩大赛决赛北京队 vs 湖南队丁俊受贿案的自由论辩中，控方一辩用了这样一段设问加反问，效果良好：

辩方一再否认丁俊具有受贿的故意，那么让我们来看看丁俊在本案当中的表现吧。是谁让陈浩收下的礼？是丁俊。是谁让陈浩将贿赂拿回家使用？还是丁俊。又是谁让陈浩写的报告？还是丁俊。随后丁俊又在报告上签字同意并且上报厂长，并且口头推荐，难道这一切的行为还不能够说明丁俊具有受贿的故意吗？难道这一切行为还不能够说明丁俊在本案中起到主要作用吗？

4. 侃侃而谈的句式

这是指通过一些用语显示和对方问题的对接，再接着阐述己方观点，这容易显得自己在论辩场上的淡定和游刃有余。例如，我们常在论辩场上听到这些类似的用语：

"对方谈到……那我们就来谈……"；

"对方谈……和……的区别，那么我们就来谈谈如何处理这两种行为"；

"辩方谈到……行为，那我们就来谈谈如何衡量什么行为可以算是……"；

"对方谈到了……那么我们应当遵守什么方法来看待这个问题呢"；

等等。

（四）自由论辩之提问的设计

有人曾提出案例论辩自由论辩中有这样一项基本原则"有问未必有答，有答必然有问"，指的是对方问的问题己方未必都需要回答，但是一旦己方回答对方的问题，紧跟其后的必须有提问。这个总结未必非常精准，但确实非常好地说明了自由论辩中提问的重要性。只有通过场上有效的发问才能形成攻势，才能掌握自由论辩的主动权。自由论辩中提问的设计，常用的方法有如下几种：

1. 永远不必害怕的两难问题

有不少关于论辩技巧的书籍或文章首推的提问设计方法就是如何设置陷阱，通过两难问题的发问使对方陷入回答的困境，这种两难问题常用"是或不是"这种限定性的发问作为问题的结尾。但很坦诚地说，我个人参与了大大小小几十场的论辩，从未真正成功设计过这种两难问题，似乎也从未面对过真正的两难问题。我想这大概是因为两难问题只是从己方立场和逻辑出发，针对对方进行限定性发问时才存在所谓的两难，但从对方的立场和逻辑出发，跳开被限定的条件，实际上基本所有的两难问题都不是真实的两难。因此，面对形式上的两难问题，通常没有必要直面回应，可以转向探讨两难设计背后的条件或底线逻辑，从而成功化解。例如可以回应"关键不在于……（对方提出的两难问题）而在于……（即这个两难问题涉及的条件或底线逻辑）"。

2. 最简单的反问

反问也是自由论辩中常用的一种提问方式，前述已说过反问主要是为了增强气势,将陈述性的结尾变成问句的结尾,"陈述句+难道不是吗"及直接以难道开头的"难道……吗"是两种常用的句式结构。因为反问句不是真实有效的提问,所以一场论辩赛,反问句不宜多用。也同样因为反问句不是真实有效的提问,所以对反问句有时也可以不回应或简单地做形式化回应。例如,在首届全国公诉人与律师电视论辩大赛半决赛浙江公诉队 vs 广东律师队李芳交通肇事案的自由论辩中:

控方三辩:一般的被指使者,当然有一定的选择权,如果连一点选择权都没有的话,那么李芳将因为自己是间接正犯,而被直接认定为交通肇事罪,对方辩友您说是吗?

辩方二辩:当然不是了,因为她既不是间接正犯,也不是共同犯罪啊,请问对方辩友,本案适不适用部分行为全部责任的归责原则呢?

控方使用反问句,辩方一句"当然不是"轻松接招然后转向问自己的问题。可见,反问句在形式效果外要取得良好的实质效果需要在反问前做良好的铺垫,让反问变得强烈,不可置疑。但同时还需注意反问这种强烈的度的把握。例如,首届全国公诉人与律师电视论辩大赛半决赛重庆公诉队 vs 辽宁律师队汪海家庭暴力案:

辩方三辩:控方总是说,打得如何惨,多么惨,是的,给人的感觉确实很惨,人都死了,可是我们看《康熙辞典》是这样解释的,虐者残也,虐待本身就有残忍的一面,也就是说,残忍也没有超出虐待的范围,控方难道不同意《康熙辞典》吗?

事实上,任何辞典的解释都需对照案例的事实,这种直接拿辞典进行反问的方式,攻击性较强,但略有以辞典压人之势,因此实际效果有所折扣。

3. 强攻击的知识点考问

一场案例论辩,必然涉及许多知识点,知识点考问是案例论辩中常用的一种提问方式。知识点考问的意义在于通过某个知识点的内容展开论证己方的立场和观点,增强说理性;有的时候甚至能够直指对方在某个知识点认知上的缺陷,具有较强的攻击性。

知识点考问的具体运用需要注意:

(1) 作为提问者要注意知识点考问在整场辩论中不宜太多,有一两个作为亮点即可。整场论辩过多的知识点考问容易将论辩变成一种枯燥的理论探讨，不好听也不好看。

（2）要注意知识点考问应当是相对具体的知识点，而不是抽象的知识点，例如，有人在自由论辩一开始就问"请问区分罪和非罪的标准是什么"，这个知识点考问过于抽象，过于开放，对方可以有各种简洁的回答然后迅速转到自己的立场和观点中进行发问，例如回答"犯罪构成要件啊，我倒想请问对方的是……"因此这个知识点考问毫无实质意义，属于失败的设计。再如，首届全国公诉人与律师电视论辩大赛半决赛浙江公诉队 vs 广东律师队李芳交通肇事案，控方第一问是"请问交通肇事的客观行为是什么？"这也是一个过于开放的抽象的知识点考问，辩方回应"客观行为要有违法行为，请问本案中，一死一伤是不是周明闯红灯造成的呢？"轻松对接即转到了自己的问题上。

（3）知识点考问涉及的知识可以是法理知识，也可以是和辩题紧密相关的生活经验常理等。例如，首届全国公诉人与律师电视论辩大赛半决赛重庆公诉队 vs 辽宁律师队汪海家庭暴力案，控方问了一个和辩题有关的医学专业的问题：

"……那我们就来看一下刘莉的伤情，请问辩方：肺戳裂伤、血肿，多发肋骨骨折，您知道临床表现是什么吗？"

这个问题辩方在现场一时难以回应。需要注意的是，有些内容虽然也属于知识点，但不属于一般人普遍认知的范畴，也不属于和案例题紧密相关的问题，相对的生僻则并不合适进行知识点考问，非要问，容易显得过于强势，甚至略显霸道，并不容易取得预期的效果。

（4）知识点考问和其他的提问（除了反问）一样，发送完问题后需要跟进，即如果对方回答，要根据这个回答指出对方的错误或进行进一步的分析；如果对方没有回答，则需要追问，需要自我作答，从而表明己方这个问题的意义。

那么，面对对方的知识点考问我们又该如何处理呢。一般情形下，对方既然设计了知识点考问即是有备而来，等着你回答后进行反驳。前述已经分析过解释越多越被动，因此，对知识点考问的回应，要尽量简短回答。当不能迅速判断准确回答时，可以把这个球再抛回去让对方自己回答。如此就变成了提问者自行解释，通过提问者的自行解释，有利于为己方节省时间，并从对方的解释中找到精准的反驳点。例如，某些情况可以直接回应"我看不出你问的这个问题和本案的关系，还是请你给大家解释一下吧"。

4. 内化于心的判断标准之问

（1）判断标准的提问方式。

几乎任何一个论辩案例都可以抽象出和判断标准有关的问题，例如，案例论辩中常问的，什么是关键行为，什么是实质、什么是表象，区分的标准是什么，等等。因此，在案例论辩中针对许多重要问题，需要掌握己方的判断标准，并能迅速抽象出对方的判断标准，指出对方判断标准的缺陷所在。判断标准大多情况下是和概念挖掘紧密相连的，即先挖掘出一个核心概念进行界定，然后通过判断标准在论辩中变成问题发送。例如，前述在说明概念挖掘时用到的2005年北京市十佳公诉人选拔赛决赛马强诈骗还是赌博案中，首先要明确什么是赌博什么是诈骗，然后才能在自由论辩中作为问题发送："请问赌博和诈骗的核心区别是什么。"

再如，首届全国检察机关优秀公诉人电视论辩大赛上海公诉队 vs 广东公诉队王强故意杀人案中，控辩双方争辩的一个核心问题——王强是否具有刑法意义上的产生救助义务的先行行为，辩方提出先行行为的概念和判断标准（具有直接性和高度盖然性），但略显遗憾的是辩方就将这个判断标准作为己方的逻辑进行解释，并没有变成有效的问题发送出去。如果先问控方什么是刑法上的先行行为，判断标准是什么，然后再提出自己的概念和标准，结合事实进行阐述，效果可能会更强烈些。

（2）问判断标准，必须给出己方标准，比较不同标准的合理性。

有判断标准胜于没有标准，在都有标准的情况下，谁的判断标准更合理，谁更胜一筹。例如，前述首届全国优秀公诉人与律师电视论辩大赛决赛北京公诉队 vs 上海律师队张晓林受贿案中涉及一个问题，即：张晓林和收受钱款的孙甜美是否是情夫妇关系。辩方提出情夫妇要求长期稳定的婚外性关系，两人仅是偶尔外出过几次，不能等同于情夫妇。对此，控方紧追不舍，先问：

"情夫妇为什么要长期稳定，现在离婚率这么高，连受法律保护和制约的婚姻关系都没有办法长期稳定，为什么要求情夫妇长期稳定？"

反驳了辩方这个判断标准的不合理，控方又提出自己的判断标准，认

为情夫妇是基本的事实常理判断:

"单独的两情相悦那是柏拉图,单独的外出游玩那是游伴,如果说单独的性关系那是性伴,但是柏拉图加上游伴加上性伴,难道还不是情夫妇吗?"

在这个问题的争执上,控方的判断标准显然更容易说服评委和听众,占了上风。

(3) 判断标准必须内化于心,但未必都外化于形。

外化于形时也有各种灵活的表述方式,而非都是直接的问题"……的判断标准是什么"。例如前述马强诈骗还是赌博案的论辩中,控方问"赌博的本质是什么?"再如,第二届全国优秀公诉人论辩大赛华北赛区北京公诉队 vs 山西公诉队王文是否构成过失致人死亡案的自由论辩中,在探讨法律义务和道德义务的判断标准时,控方问"法律义务与道德义务的界限在哪里"等。

5. 最常用的根据事实提问

根据事实提问是案例论辩中的常用方法,即站在己方的立场上通过事实描述进行发问,既可以是根据某一个单一事实进行发问,也可以是整合事实进行发问;既可以直接针对事实发问,也可以结合事实对法律基本点进行发问。

根据事实提问,与前述探讨的在案例论辩中事实层面包括站在自己立场的事实的高度概括,事实的情景化描述和事实的精细化描述紧密相关。既可以根据整体或局部的高度概括事实进行发问,又可以将事实情景化地形象生动地发问,还可以对某个事实的细节进行针对性的发问。

我们来看在真实的论辩案例中根据事实提问的具体运用。

论辩题:郭芳防卫案
——第七届全国检察机关十佳公诉人暨优秀公诉人业务竞赛
控方曾腾 vs 辩方陈禹樟

基本案情:杨海(男,50岁)和郭芳(女,38岁)是同村村民。某夏日傍晚,杨海酒后路过村里的农田时,遇见刚打完农药正要回家的郭芳,看周边无人,顿起歹念,上前将郭芳仰面推倒在稻田里,意图强行发

> 生性关系。郭芳用手乱抓、奋力反抗，在双方纠缠撕扯过程中，郭芳拽下药水箱上的一根软管将杨海颈部缠绕住。杨海被勒住脖子后手脚乱舞，郭芳在杨海身后拽着软管控制其行动。
>
> 其间，郭芳大声呼喊求救，但四周无人应答。杨海表示："你松开吧，我送你回家。"郭芳说："鬼才信你！"二人对峙将近两个小时后，杨海提出，"你勒得我太紧了，松一点吧。"郭芳便将软管略微放松，杨海趁机采取用手推、用牙咬的方式想要挣脱软管。郭芳担心杨海挣脱软管后会继续干坏事，于是用嘴猛咬杨海手指、手背，同时用力向后拽拉软管及杨海后衣领，持续片刻后杨海身体突然前倾、趴在田埂土路上。郭芳认为其可能是装死，仍用力拽拉软管数分钟，后见杨海身体不动、也不说话，遂离开现场。
>
> 次日清晨，郭芳又来到现场查看，发现杨海已死亡，于是打电话报警、自动投案。经鉴定，杨海符合他人勒颈致窒息死亡。
> 辩题：郭芳的行为属于正当防卫还是防卫过当？
> 控方：郭芳的行为属于防卫过当。
> 辩方：郭芳的行为属于正当防卫。

[自由论辩]

控方：难道一定要着手之后现实发生了才叫不法侵害吗？想请问您的是，如果这个不法侵害已经结束了，那么杨海在面临两个小时之后松绑，又做了什么？他是起身？还是要继续地撕扯呢？

辩方：他只是在挣脱自己的软管，我们说在当时的情况之下，杨海已经醉酒了，所以我们说杨海在意图实施不轨之后，是被郭芳缠绕了颈部。我想请问对方辩友的是，郭芳在当时的情况之下，一定要使用软管把杨海的颈部紧紧地勒死吗？

再如，首届全国女检察官电视论辩大赛北京队 vs 湖南队丁俊受贿案，双方都大量地运用了这一提问方法：

湖南队三辩：丁俊主观上并没有受贿的故意，他知道刘磊送了3万元以后，首先表态自己不要，其主观意思清楚明了。当他考虑到陈浩的家庭状况后，才明显地考虑到你家经济状况不好，是碍于情面而采取的一种婉拒的方式。请问对方辩友，丁俊从始至终未获分文，他的直接故意体现在何处？请直接回答我方的第二次提问。

北京队三辩：因为考虑到同伙的家庭经济状况困难就可以成为受贿罪的庇护伞吗？

湖南队一辩：请问控方，为什么我的当事人当时完全有条件要而不要，而且事后也只字未提要钱一事呢？

北京队二辩：那是他不愿意用赃款而不代表他不收受赃款。当他对贿赂款作出了处分，"老陈你先留着用"的时候其收受贿赂的行为已经完成，至于他用不用、什么时候用，那都是分赃的问题，请问受贿罪的构成要件是不是以分赃为构成要件啊？

湖南队二辩：请问控方辩友，如果丁俊想要钱，为什么当时不要钱；如果丁俊想要钱，为什么在案发前长达半年的时间内只字不提呢？

……

北京队一辩：丁俊与刘磊往日无情，近日无亲，那么却一再为刘磊的请托事项忙前跑后尽心竭力，这是为什么？难道不是那3万元贿赂在起作用吗？难道辩方还认为丁俊具有如此收受贿赂故意的人是一种积极工作，清正廉洁的典范吗？

湖南队一辩：请注意，这是我的当事人在照顾陈浩的老乡关系啊！

北京队三辩：还是让我们来看一看本案的事实吧。收不收，丁俊说收。留不留，丁俊说留。帮不帮，丁俊说帮。所有这一切都是按照丁俊的意思去做的，陈浩他只不过是使唤丫头拿钥匙——当家不做主，为什么辩方要一再为主犯开脱罪责呢？

……

湖南队三辩：对方辩友，请你注意这样一个事实，我想请问，世上有没有分文不取的贪官吗？

……

湖南队一辩：丁俊那句，"我先不要，缺钱时再说"这句话究竟是什么意思？我们不妨做深层次的剖析。它包括了现在时态和将来时态两个阶段，在现在时态，丁俊的态度是不要这笔钱，对于将来时态，丁俊用了

"缺钱时再说"这句话，就包括了多种或然性。第一，将来不缺钱，丁俊不会要；第二，将来丁俊可能缺钱，可能会要；第三，即使将来丁俊缺钱也不会要啊。这三种情况都有可能出现，并不确定。为什么控方只选择我当事人将来会要钱这种对控方有利的情况来排除其他几种可能性呢？

……

北京队一辩：辩方怎么能够无视客观事实而将丁陈二人的行为人为地割裂开来呢？让我们看一下本案的事实吧。当面对大信封里表示的小意思时，陈浩问"怎么办"，丁俊回答，"你先收着吧"，陈浩应声将钱锁进了抽屉里。当明知这3万元是巨额贿赂的时候，陈浩又问"怎么办"，丁俊回答"你先留着用"，陈浩索性将这笔钱拿回了家中。这一系列的行为一问一答，一个请示，一个实施行为，难道二人配合得如此默契还不能说二人是共同收受贿赂吗？

……

湖南队一辩：缺钱时再说，再说的这种表述并不能够表明我当事人缺钱时一定会要这笔钱的唯一结论。正是因为它代表的是一个或然状况，反映的是我当事人一种不确定的心理状态，所以我们必须结合事后的结果加以判断分析。而实际上在事后直至案发，长达半年多时间内，我的当事人也没有获取分文啊，这哪是什么受贿的故意呢？

……

这场自由论辩，我们看到双方尤其是辩方，基于己方立场，结合基本辩点，运用了大量的事实发问，让案例论辩变得具体生动。

根据事实提问是案例论辩中最常用甚至是最好用的方法，也是最容易学习掌握的方法。案例论辩培训中常有人求教自由论辩中怎么问问题，怎么多问问题，我都会强烈推荐根据事实提问的方式。

根据案例给定条件阐述事实较为容易，说事实的时候带上己方立场这个也不难。根据事实提问的"秘诀"就是根据己方立场说事实的基础上，把陈述句变成问句以及把整体事实拆分成具体事实发问。

（1）把陈述句改成设问句。

如前述辩题：

"请问控方，为什么我的当事人当时完全有条件要而不要，而且事后也只字未提要钱一事呢？"

"请问控方辩友，如果丁俊想要钱，为什么当时不要钱；如果丁俊想要钱，为什么在案发前长达半年的时间内只字不提呢？"

（2）把陈述句改成反问句。

这是一种更简单的方式。如前述辩题：

"丁俊与刘磊往日无情，近日无亲，那么却一再为刘磊的请托事项忙前跑后尽心竭力，这是为什么？难道不是那3万元贿赂在起作用吗？"

"这一系列的行为一问一答，一个请示，一个实施行为，难道二人配合得如此默契还不能说二人是共同收受贿赂吗？"

（3）把整体事实发问拆分成多个问题。

首届全国检察机关优秀公诉人电视论辩大赛浙江公诉队 vs 江苏公诉队于海挪用公款案：

控方三辩：对方辩友一定要擦亮眼睛，不要被于海蒙住双眼。于海不告诉李丽能得到5%奖金的事实，这是隐瞒；在王勇提出向上级汇报时，批评其瞻前顾后这是压制；最终王勇说你是领导听你的，这是服从。难道这不体现的是个人决定吗？

这是一个很漂亮的问，是整合事实的发问。如果我们想要设计成多几个问，基本思路就是拆分事实，针对某个细节事实进行反问。例如这一问稍微一改就能变成若干问题：

"于海不告诉李丽能得到5%奖金的事实，请问这是不是隐瞒？"

"在王勇提出向上级汇报时，批评其瞻前顾后，请问这不是压制又是什么？"

"最终王勇说你是领导听你的，这难度不是服从吗？"

"事前隐瞒，事中压制，事后服从，这还不是个人决定吗？"

6. 发问必有追问或小结反驳

上述是关于提问的几种基本方法。无论是通过哪种方法进行发问，在案例论辩中很重要的一点是，提问后对方没有回答的要有追问有小结，对方回答的要根据对方的回答进行进一步的反驳，更重要的是通过提问和小结的方法充分展现己方的立场和逻辑。对此，我们在其后讲团队配合时作进一步的探讨。

(五) 自由论辩之假设类比的运用

在案例论辩中假设类比的运用往往容易让枯燥的法理深入浅出，容易让争辩的观点变得具体生动，是一种常用且好用的论辩技巧。因此，我们常说一场案例论辩一般都需要有一两个假设类比作为整场论辩的闪光点，吸引评委和听众。例如，当年电视剧《玉观音》热播时，某场关于正当防卫的论辩，控方认为是伤害不是防卫的理由之一是力量的对比，辩方机敏回应：

"身材的弱小高大与力量的对比并非绝对成正比。我们看到《玉观音》中纤弱文静的女警察安心一脚飞起，顿时将强悍的歹徒击倒在地。"

这个类比很容易就赢得评委和听众对己方观点的认同。

在真实的法庭论辩中，控方一般不主动运用假设类比，但辩方可能运用。例如在曾经轰动一时的"快播案"中[①]，在对外直播的庭审中，辩护方用了众多假设类比获得良好辩护效果：

"不能因为有人用菜刀杀人就说菜刀公司有罪。"
"不能因为有人用电脑犯罪，就说电脑公司有罪。"
"约炮成就不了陌陌的今天，假货也成就不了淘宝的今天。"
……

1. 运用假设类比的注意点
(1) 和案例的契合性。

一个恰当的假设类比能增彩不少，但一个不够精准的假设类比反而容易成为己方的弱点，给对方进攻提供机会。例如，首届全国公诉人与律师电视论辩大赛半决赛重庆公诉队 vs 辽宁律师队汪海家庭暴力案的自由论辩中，控方指出：

"我们可以看到，最后一次的殴打就是压死骆驼的最后一根稻草。"

控方是想以此证明最后一次殴打不再是虐待的故意而是故意伤害的故意。但这个比喻把最后一次严重的殴打比喻成了和之前殴打一样的轻飘飘的稻草，不能凸显出最后一次殴打和之前殴打的实质区分。因此，辩方

[①] 快播在十几年前曾是国内视频领域红极一时的头部播放器，坐拥上亿用户。其经营主体深圳市快播科技有限公司及公司创始人王欣，在 2016 年被海淀区法院判决认定构成传播淫秽物品牟利罪。

回应:

"我们非常赞同控方二辩所说的一句话,最后一次殴打行为是压死这个骆驼的最后一根稻草,但是我们要问,原来的那些稻草是谁放上去的呢?是汪海放上去的,这行为是什么呢?是持续的殴打,是持续的虐待行为啊。"

可见,控方的这个比喻反而成了辩方的论证手段。遗憾的是这场论辩中辩方对这个例子的回应隔了好几轮次,若能在控方说完后紧接着就如此回应,效果会更强烈些。

再如,首届全国检察机关优秀公诉人电视论辩大赛上海公诉队 vs 广东公诉队王强故意杀人案的自由论辩中:

控方:现在我们谈的就是先行行为有没有产生救助义务的法律规定,那么现在告诉你,如果一个人拿着枪支,你发现他在玩枪支的时候你有没有制止的义务?

辩方:我发现一个人在玩枪支,我当然没有制止的义务了,因为如果我跟他没有特别的关系的话,我为什么要制止他玩枪支呢,也许他是一个喜欢玩枪的人呢,我可不是一个喜欢剥夺人家爱好的人啊。

在这轮论辩中,辩方轻松回应控方例子,控方举例显然没有取得预期效果。其实,控方可以在这个例子的基础上限定一些条件,例如,

"你给了他人枪支,具有这种先行行为后看见他人玩枪是否有制止义务";

"你是未成年人的监护人具有特定关系,看到未成年人在玩枪支是否具有制止义务"。

限定条件后,例子和论辩案件的契合度更高(王强具有先行行为,故有救助义务;王强和被害人具有特定关系),辩方更难回应,现场效果更佳。

(2)尽量简洁易懂。

假设类比一方面要追求生动形象,让法理深入浅出;另一方面还要追求简洁明了,既为节省时间,更为让评委和听众在第一时间内迅速理解己方的用意。例如首届全国公诉人与律师电视论辩大赛决赛重庆公诉队 vs 四川律师队丁大伟盗窃案的论辩中,辩方用了这么一个类比:

"控方总是把周阳看成是个工具,他明明是个人,怎么到控方那就变成了一个工具呢,还是想请问控方,按照您的逻辑,丁大伟唆使了王鹏,王鹏唆使周阳,周阳再唆使周小扬,周小扬再唆使喜羊羊,而喜羊羊又唆使了灰太狼,丁大伟是不是要对灰太狼盗窃行为负责呢?"

这个举例的逻辑本身没有问题,但在自由论辩的快节奏中,这样的语言表述实在有些饶舌,不论是对方还是评委和听众并不容易在第一时间就迅速跟上辩方的节奏和思路,因此控方相对轻松地就化解辩方的这个举例:

"对方辩友,你刚才举的那个例子,更像是在拍动画片,而不是举案子,我们再来看这样一个例子……"

可见,假设类比的设计不是一件简单的事情。准备时间允许的情况下,假设类比的设计往往是一场案例论辩细节设计的重头戏。需要根据己方的观点和逻辑,针对某个特定的问题或细节,开创性地全方位地设想,相关的假设类比有哪些。罗列出所有能想到的假设类比,然后比较,哪个假设类比最精准,和案例的契合度最高,最简洁明了,最容易使用。设计到这个层面后并未就顺利结束,还需要根据自己设计的这个假设类比从对方的立场和逻辑出发,全面考虑对方针对这个假设类比可能性的各种反驳,再继续探讨己方回应反驳的对策。

在案例论辩中,并不存在完美的假设类比,所有的假设类比都有可反驳的空间,因此应对对方反驳的对策不可能是绝对的,只要能有效回应,顺畅衔接己方逻辑,增强己方论证即可。但若发现对方的某个常规反驳思路己方无论如何都无法有效回应,无论如何回应都会被对方抓住重大逻辑漏洞,反而使得己方陷入被动局面;这种情形下就必须放弃假设类比的运用,寻求另外的假设类比重新进行探讨设计。

2. 对假设类比的不同层次的反驳

既然假设类比是自由论辩中常用且好用的方法,那么在学习运用的同时,也就必须学习如何有效地应对对方提出的假设类比。刚才说到任何的假设类比都有可反驳的空间,对假设类比的回应通常有如下几种方式:

(1)同层面的精彩回应。

即通过类似的假设类比回应,指出对方假设类比的不当之处。还是上述提到的重庆公诉队 vs 四川律师队丁大伟盗窃案中,自由论辩中辩方指出:

"控方口口声声说,工具的工具也能使用工具,儿子的儿子难道是儿子吗,那是孙子啊。控方的观点如何理解概括的故意呢?"

对这个类比,控方一辩紧接着回应:

"对方辩友,儿子的儿子不是儿子,但是弟弟的弟弟可一定是弟弟啊。"

这就是一个非常漂亮的同层面的对接,这种论辩现场闪耀的灵感火花异常耀眼,很多时候我们往往因为这种现场的随机漂亮而对某个辩手印象深刻,很多时候我们往往会忘记某一场精彩论辩的具体内容,但却对这种现场的随机漂亮印象深刻。

这种同层面的回应还有另一种方法,针对并非严格形式的假设类比,通过现场感强的回应方式化解对方假设类比的攻势。例如,首届全国公诉人与律师电视论辩大赛决赛北京公诉队vs上海律师队张晓林受贿案的自由论辩中:

辩方二辩:劝阻无效就等于默认吗?虽然我们不习惯控方的三辩在辩论的时候只看观众不看我们,但是我们知道劝阻一定是无效的,这可绝不代表我们默认同意啊。

控方三辩:辩方二辩,我其实一直在脉脉含情地看着你呀,我们要注意到在本案中这是一个共谋者,共谋者的反对他不能仅仅是说一句话,他必须有效地制止,请问本案中有效制止了吗?

这也是一个颇为有趣的现场对接,让评委和听众几乎忽视了辩方类比的用意,对控方的回应会心一笑。

(2)改装对方提出的假设类比为己所用。

例如,第二届全国检察机关优秀公诉人电视论辩大赛决赛江苏公诉队vs上海公诉队"当买官遇到骗子"的自由论辩中,控方先后举了两个类比,辩方分别承接这两个类比顺延己方的思路进行改造后予以分析论证,颇具现场效果。

江苏三辩:马东花钱买官,一般人都能判断出在行为的当时,这种行为完全有侵犯法益的危险,司法解释告诉我们犯罪分子将面粉误当作毒品进行贩卖的同样构成未遂,今天马东只不过将一个骗子当成了领导进行行贿,您方为什么就认为他是无罪的呢?

上海一辩:那是因为你举了一个特例啊,如果今天你把面粉当成白粉非法持有的话，它照样不定未遂，它是绝对不能犯呀！

……

上海二辩：对方辩友您错了，行贿罪不仅要买权还要权不正当地运用才能够定罪啊！您今天无非就是说有想法有行为就要定罪，那么杀一个稻草人、打两下玩具熊能定罪吗？

江苏二辩：可是如果他不知道这是个稻草人，以为他是人，难道不是故意杀人未遂吗？

（3）指出假设类比和案例的不同之处。

例如，首届全国检察机关优秀公诉人电视论辩大赛上海公诉队 vs 广东公诉队，辩方为了说明先后的事实关系不代表必然引起，不属于刑法上的先行行为，举了一个例子，但控方敏锐指出例子的不同漂亮回应：

控方：其实控方的漏洞很简单，就是在他之后，所以是因他而起，这恰恰是法律中最应当警惕的一种谬误，我们说老张开车去东北，撞了，撞车也发生在开车之后，难道这就是必然引起的结果，就成了先行行为吗？

辩方：您所说的和这个案例完全不一样，王强的先行行为已经致苏梅处于危险的状态，这在法律上就当然具有了救助义务，而不是雷锋式的这种救助义务，王强在本案当中，他是不相干的人吗？

再如，前述第二届全国检察机关优秀公诉人电视论辩大赛决赛江苏公诉队 vs 上海公诉队"当买官遇到骗子"的自由论辩中，控方擅长假设类比，而辩方的应对技能也颇高，除了运用上述改装的手法反驳外，还运用了指出类比与案例不同的手法回应了控方的另外一个精彩举例，当然正如假设类比均可反驳一样的道理，所有对假设类比的反驳也不可能一击毙命，提出假设类比的一方仍然能够继续对接。我们一起来看这个例证：

江苏一辩：所以在本案中出现了一个骗子，不正好是一个偶然的因素将它阻断了吗？我想再举一个例子，我们拿弹弓去射击天上的飞机，没有危害性的是无罪，但是我们拿一个地对空的导弹，只不过事后查明它当时的装置错误或者说是发生了故障，没有将这个飞机打下来，难道我们能否认这是一种未遂吗？

上海二辩：问题就出在此啊，您射击飞机的主观目的很明确，但是马东买官的目的不明确，买官只是一个道德判断，他为什么等于法律上的不正当？法律上的不正当如何规定？

江苏三辩：马东送钱给李明是因为他误认为李明是国税局局长，控方今天告诉我们一个奇怪的观点，那就是买官只是道德评价，而不是法律评价，请对方辩友注意，中纪委下发的《关于严肃换届纪律的通知》当中明确地提出五个严禁，首先就是严禁买官卖官，这是不是法律文件？

上海一辩：请问对方辩友，您今天定罪是按照通知呢，还是我们今天的释法说理呢？您看到了钱和权就套成要件说是行贿，那今天我看到刀和人，我是说杀人呢，还是医生救人呢？

（4）针对假设类比运用的底线逻辑进行反驳。

"无非是想说明……"是常用的句式。例如，前述引用的首届全国公诉人与律师电视论辩大赛重庆公诉队 vs 四川律师队丁大伟盗窃案自由论辩中，辩方举例喜羊羊的例子，控方轻松回避。若换一个思路，控方也可以从底线逻辑的角度进行反驳：

"辩方这个例子无非是想说明，多层教唆仍要最初的教唆犯负责是否合理。但控方认为关键不在于单层教唆还是多层教唆，而在于这些教唆有无超出教唆犯的教唆范畴。"

（5）案件不可类比。

在对方举例时，直接回应"案件不可类比"及类似的语言进行回避，转回到现场讨论的案例中来进行问题的探讨。例如，第二届全国检察机关优秀公诉人电视论辩大赛半决赛广西公诉队 vs 陕西公诉队李宗受贿案：

辩方一辩：难道收受借条只为收钱吗？那么如果今天一个女孩爱慕您方一辩的英俊潇洒给您写了一封情书，而您不想驳姑娘的情面收下了这封情书，难道您收下情书就一定要跟姑娘谈恋爱吗？

控方一辩：咱俩的情书咱们赛后再细聊，但是我们想在这个案件中我们不应该把情感关系跟财产关系混为一谈。在财产关系上，接收、接受是等同的，如果您认为他接收不等于接受，请论证。

在这里控方对辩方采用了回避的处理方式。如果辩方不继续根据己方的假设进行追问和小结，这种方法是相对有效的，但若辩方紧追不舍，回避往往显得较为被动。因此，回避是应对假设类比最低层面的方法，除非对方的假设类比不当或过多，较为合适回避外，大多情况下，应对假设类比的更好方法还是前述的几种。例如上述回避的假设类比中，若结合案情（打了收条且锁在了保险柜）进行改装效果更佳：

"如果我精心收藏了这份情书，那么一定是我心动了，否则我定会随手丢弃。"

3. 假设类比的对接实例

一场论辩，假设类比的运用好坏以及回应的好坏往往决定这场论辩的精彩程度。我们再来看真实的案例论辩：

论辩题：贺石借卡微信提现
——第七届全国检察机关十佳公诉人暨优秀公诉人业务竞赛
控方高尚 vs 辩方王艳

基本案情：陈春杰与贺石曾经是工地上的工友。陈春杰为了炒股，向贺石提出租用其银行卡。贺石答应后又起了贪念，瞒着陈春杰将自己的手机微信与该银行卡绑定，以便自己将来能够随时通过微信充值的方式，提取银行卡中的钱款。将银行卡借给陈春杰之后，贺石通过几次微信小额充值的方式，试探出卡内有余额，遂在半年内多次将该银行卡中的资金（共计3.2万元）充值到自己的微信上，用于个人挥霍。

辩题：贺石的行为构成什么罪？
控方：贺石的行为构成盗窃罪。
辩方：贺石的行为构成侵占罪。

[自由论辩]

辩方：我的卡借给你，那就是你的了吗？我不能用吗？就好像我把一个车借给你，但是你有钥匙我也有钥匙，只能你用，不能我用吗？

控方：您用之前一定要跟我说一声呀。并且车里面的东西不是您的，您即使开车，也不能拿车里面的东西。

辩方：我的车我用之前还要跟您说一声，您认为这合理吗？

控方：当然合理，因为您已经借给我了。我再给您举个例子，我把房子租给您了，您在里面添置了家具，难道我能够随时开门去把家具搬走，我再把它卖掉吗？这可以吗？

辩方：如果说我的房子免费给您住，但是我也可以住，在这种情况下，我为什么不能借房？

控方：对方辩友说借，本案是借吗？是租用关系呀。租用是要排除其他人的使用，这才叫租用。请问对方辩友，既然是贺石对银行卡内的资金具有占有，他为什么还要转到自己的微信账户里面来呢？

论辩题：挖土盗窃案
——2018年华东律师论辩大赛
上海二队 vs 江西二队

某学校因在一低洼地扩建操场需要填垫大量泥土，该校主管人员同村民杨林商量此事时请杨林代为联系填垫，并商定每车泥土120元。杨林想到某房产公司在离学校一公里处有一块土地待开发，便私下雇用装载机及运输车辆对该土地泥土挖掘装运，卖给该学校，获利近4万元，扣除成本净获利二万六千余元。某房产公司发现所征土地被挖了一个大坑遂报案。公安机关侦破此案过程中获知，房产公司事实上也准备在开发时挖地坑以修建地下车库，杨林的行为客观上为房产公司降低开挖预算费用近十万元。

控方：杨林的行为构成盗窃罪。
辩方：杨林的行为不构成犯罪。

[自由论辩]

反方二辩：甲之蜜糖，乙之砒霜。同样的泥土在房产公司眼中一文不值，甚至要花费10万元运走，但是杨林却能变废为宝，请问在这一点上，杨林何错之有？

正方三辩：迪拜警局停了2500辆土豪不要的豪车，它还每年还要花费大量的管理费，按照您的逻辑，是不是欢迎大家开走，好为警局省费用呢？

反方一辩：我们谈论的是泥土而不是豪车，你有豪车放在这，你可以试一下。

正方一辩：对方辩友要谈垃圾，我就来举个例子：我买了一间二手房里面的旧装修，我本来就要拆除，难道你可以不问自取拿去换钱吗？这不就是偷吗？

反方一辩：二手房里面旧装修本身是有价值的，但是垃圾没有价值，本案中的泥土也没有价值呀。

论辩题：李平重伤案
——首届全国公诉人与律师电视论辩大赛半决赛
北京公诉队 vs 浙江律师队

杨波住东风小区3楼，一日凌晨2点，窃贼李平高空攀爬撬窗入室行窃，杨波惊醒后高喊抓贼，并想将李平扭送至派出所，李平殴打杨波，杨波被迫还手，二人在阳台发生扭打，混乱中将阳台一花盆碰落，小区保安赵军闻声赶来协助抓获窃贼跑到楼下时，被掉落的花盆砸伤头部，致颅骨骨折，经鉴定为重伤。后李平被其他赶来的群众抓获，但司法机关不能查清花盆由谁碰落。

控方：李平构成抢劫罪，对重伤结果负责。
辩方：李平构成抢劫罪，对重伤结果不负责。

[控方一辩开篇立论]

谢谢主持人，各位评委，李平深夜潜入杨波家中行窃，被发现后，竟然对杨波大打出手，根据我国《刑法》第269条之规定，犯盗窃罪为抗拒抓捕，而当场使用暴力的按抢劫罪定罪处罚，李平的行为就是这种转化型抢劫犯罪，李平殴打杨波，杨波被迫还手，扭打之间不知是谁碰落了花盆砸伤了保安，这个责任由谁来负，答案很明确，是李平，理由有三。第一，李平的犯罪行为制造了法律所不允许的风险，李平为抗拒抓捕，而当场使用暴力，造成了一种显而易见的风险，那就是在面积狭小的阳台上使用暴力，剧烈的肢体冲突，可能将阳台上摆放的任何物品碰落，造成楼下财产损失，甚至人员伤亡，这个风险是现实的，是紧急的，是被法律所不允许的，是李平制造的。第二，李平主观上存在明显罪过，作为有正常认知判断能力的成年人，李平应当预见上述风险的存在，却因疏忽大意没有预见，继续实施自己的暴力行为，导致他人重伤结果，李平主观过失明显。第三，李平的犯罪行为与赵军的重伤结果之间，有刑法上的因果关系，刑法因果关系的实质，指的是刑事违法行为与危害后果之间，引起与被引起的合乎规律的联系，本案当中，李平当场实施暴力的行为，制造并推动了花盆掉落砸物伤人的风险，最终造成保安被砸重伤，李平又岂能免责。综上，李平在犯罪过程中，客观上实施暴力，制造风险，引发重伤，主观上存在明显过失，根据主客观相一致的原则，李平应当对赵军的重伤结果负责，公诉意见发表完毕。

[辩方一辩开篇立论]

谢谢主持人，大家好，对方公诉人的公诉意见掷地有声，却有三点疏漏。第一，李平系转化型抢劫，其暴力特殊性不可忽略。第二，李平在特殊的失控环境下，是否有预见能力不可忽略。第三，花盆完全有可能由杨波单独碰落，这个疑点不可忽略，基于上述三个不可忽略的问题，我方认为李平对重伤结果不负责任。首先，李平对赵军的重伤无法预见，没有罪过。承担刑事责任必须具备主观罪过，包括故意或过失，而本案中凌晨2点陌生阳台，李平怎能预见到阳台上有花盆，怎能预见到花盆会被碰落，又怎能预见到碰落的花盆好巧不巧的刚好砸到了赵军头上，这不是意外事件，又能是什么呢？所以李平主观上没有罪过。其次，花盆由谁碰落不能查清，事实因果存疑，无法推导出刑法因果，李平与杨波扭打，混乱中花盆碰落，司法机关不能查清是谁的行为造成，那么完全有可能是杨波碰落自家的花盆，难道杨波碰落自家的花盆砸伤了赵军，这种责任也要由李平来承担吗？这显然有违罪责自负的原则。在花盆由谁碰落不能查清的情况下，依据存疑时有利于被告的原则，李平不承担责任。最后，我们对赵军的意外重伤深表同情，但作为一名法律人，我们痛恨犯罪的同时，更应当秉持理性，所以我方坚定地认为李平构成抢劫罪，但对重伤结果不承担责任，谢谢大家。

[自由论辩]

控方二辩：谢谢主持人，在空间狭小的阳台上发生扭打，当然会造成花盆坠落，砸人伤物的风险，请问，是谁制造了本案中这种法律所不允许的风险？

辩方二辩：对方辩友的这个观点，无非想证明，本案李平应当对重伤结果负责，但是前提是李平要有危害行为，那么请问，如果本案当中碰落花瓶的人是杨波的话，那么请问李平还需要承责任吗？

控方三辩：关键不在于花盆是谁碰落的，而在于花盆为什么会碰落，案件事实清楚地告诉我们，是李平入室盗窃，是李平暴力抗拒抓捕，是李平殴打被害人，是李平持续扭打，没有李平的行为，花盆怎会掉落，所以请对方正面回答我方提出的问题，也就是本案的风险究竟是谁制造的？

辩方三辩：本案的风险是李平制造的没错，刚才对方的一辩告诉我说，刑法上的因果关系，指的是危害行为和危害结果的因果关系，难道说对方辩友把概念偷换成了刑法的因果关系，指的是风险与危害结果之间的关系吗？

控方一辩：危害行为必须论证风险，对方终于承认了，这个风险是由李平造成的，不错，是李平的犯罪行为造成的，如果花盆是杨波碰落的，对方想让杨波负责，那么请告诉我们，杨波在主观上有什么罪过，杨波在客观上实行了什么不应该做的行为？

辩方二辩：对方三辩告诉我们，如果没有李平的抗拒抓捕，就没有赵军的被砸伤，那么没有 A，就没有 B，这是刑法上的因果关系吗？如果说没有央视的盒饭，那么撒贝宁就没有力气在这里主持，我们能够说撒贝宁激情主持的原因是因为一个盒饭吗？

控方二辩：对方的三辩告诉我们，本案的风险是由李平制造的，而对方的一辩又告诉我们，本案不排除这个花盆是由杨波碰落的，这岂不是矛盾吗？请作出解释。

辩方三辩：对方辩友，这完全不矛盾，我们要排除的，只是杨波碰落花盆的情形下，李平他根本就不具备这样的一个危害行为，请问，如果两人的扭打，惊动了阳台上杨波饲养的猫，猫又碰落了花盆，此时李平是否要担责呢？

控方三辩：还是具体问题具体分析，我们就看本案，对方说得好，风险是李平制造的，但是为什么李平制造的风险，他可以不负责呢？我们看一下李平主观上是不是有过错，请问在狭小阳台上进行打斗，作为一个抢劫犯他是不是应当预见到在阳台摆放花盆有可能砸物伤人呢？

辩方三辩：对方辩友，我刚才说的就是一个风险行为，那么李平是否应当预见到阳台上有猫，他的危害行为惊动到了猫，猫碰落了花盆，这个是否也很正常呢？

控方一辩：辩方今天无非是告诉我们，这个花盆有可能是杨波碰落的，我告诉对方，不论花盆是李平碰的，杨波碰的，李平、杨波一起碰的，还是胳膊碰的，大腿碰的，胳膊大腿一起碰的，由于这个状态是李平的犯罪行为造成的，所以李平必须对它负责，杨波的行为没有过错，即使是杨波碰的，杨波也不承担责任。再回到我方的问题，请问在这么狭小的阳台上，你实施暴力行为，是不是可能将阳台上任何物品碰落，请问，应不应当预见？

辩方一辩：对方辩友告诉我们说，扭打是一种状态，没有错，扭打是一种状态，但是碰落花盆是一个行为，现在李平引起的是与杨波的扭打，而不是赵军的重伤，难道对方辩友只要出现客观上的重伤责任，就要对李平进行客观归责，主观推定吗？

控方三辩：表面是扭打，实质是什么？实质是李平的暴力抗拒抓捕是合法和非法的较量，实质也是李平的暴力行为所导致的危害后果，请问李平的暴力行为直接导致了危害后果，主观上有过失，为什么他可以不负责呢？

辩方三辩：对方辩友，如果李平抗拒抓捕，驾车逃窜，警察在追赶的过程中，不慎将路人撞伤，按照您的观点，这也是李平抗拒抓捕的行为所引起的，那么对于这样的结果，李平也还是要承担责任吗？

控方二辩：对方所说的是李平的抢劫暴力行为所造成的结果吗，显然不是，还是让我们回到本案的事实当中来吧，在本案当中我想请问的是，一般人都能预见的，在空间狭小的阳台上发生扭打，当然会造成花盆坠落，砸物伤人的风险，为什么李平他就预见不到呢？

辩方二辩：对方辩友无非就是说，正常的可能的、就是应当被预见的，那么我保证，我接下来的每一句话都是正常的、可能的，对方辩友，你能预见到吗？

控方一辩：不错，我不能预见到，但是作为一个正常的人，在空间狭小的阳台上扭打，会造成花盆掉落砸物伤人的风险，这个可是大家都能预见到的，三岁的娃娃妈妈都会告诉，在阳台时候你要小心，别自己掉下去，别把阳台上的东西碰下去，连一个三岁娃娃都能认识到的东西，为什么李平就预见不到呢？

辩方三辩：对方辩友，那么如果在本案中，混乱中杨波推落了李平，李平掉落砸伤了赵军，请问李平对此是不是要承担责任呢？

辩方二辩：本案当中有一个前提，那就是杨波他没有过错，他实施正当防卫行为何错之有，而错是错在李平，我想再请问对方辩友，如果说赵军的出现按照对方要求，是一个意外的话，那么我想在凌晨2点的时候，你们是否有过从楼下经过的经历呢？

辩方一辩：对方辩友很好，您告诉我们了，特殊时空环境，但是在危害结果发生时，我们首先应当查清这个行为人是谁，进而考察他的主观，但是对方辩友今天始终没有告诉我们，这个花盆到底是谁碰落的，在花盆不能查清是谁碰落的情况下，请问对方辩友如何理解，存疑时有利于被告这个原则呢？

控方三辩：那请问对方一个简单的问题，刑法意义上的事实不清，存疑被告指的是什么？

辩方一辩：事实上刑法上的存疑正是指证据上和事实上的存疑，而本案正是因为事实上存疑，所以无法推导出刑法上的因果关系呀。

控方二辩：错，刑法上的事实不清指的是，构成要件归责的事实不清，而不是每一个本案的细节都要清楚，我想举一个例子，如果说有人持刀杀人，这把刀是买来的，偷来的，抢来的，还是借来的，无法查清的话，难道就不认定他故意杀人的刑事责任吗？

辩方三辩：那对方辩友，在本案中如果混乱中不能查明谁捅出致命的那一刀，您仍然坚定地认为，责任要由李平承担吗？

控方一辩：本案当中给得非常清楚了，是因为李平殴打杨波，杨波被迫还手，不要搞不明白这个，我再请问对方一辩，我国刑法上讲的事实清楚证据确实充分和一般老百姓讲的事实清楚，是不是一个概念？

辩方二辩：对方辩友说，本案的结果是李平的抗拒抓捕造成的，进而引起了花盆的碰落，进而引起了赵军被砸伤，那么这是一个引起的引起的引起的关系。那我举个例子，在秦朝时候，一场大雨引起了工程延期，进而引起了陈胜、吴广的起义，进而引起了秦朝的覆灭，难道说秦朝覆灭的原因，就是那一场大雨吗？

控方三辩：请对方二辩不要给我们再讲形式逻辑了，我们来说本案一辩中已经说得非常清楚，它是引起被引起，而且是合乎规律的引起，这当然就符合因果关系的构成，请对方正面回答刚才的预见性，李平是否能够预见到花盆掉落呢？

辩方三辩：对方辩友，那我问你，如果在本案中李平的行为引起了他自己被推落，从而又砸伤了赵军，这个时候他仍然需要承担责任吗？

控方一辩：我想不到，李平怎么引起自己被推落，不太清楚，再问一遍，刑法上的因果关系和老百姓说的因果关系是一个概念吗？

（控方时间到）

辩方二辩：不是李平被推落，而是李平在扭打过程当中，不排除被杨波推落的可能性，对方辩友。

辩方三辩：对方辩友，如果杨波推落了李平，李平砸伤了赵军，这个时候要李平再来承担赵军重伤的责任，是不是有点强人所难了呢？

辩方一辩：对方辩友所说的因果关系，实际上是哲学上万事万物的普遍联系，而我们所说的因果关系则要结合主观，而本案中在行为人还没有确定之前，谈主观有何意义呢？

辩方二辩：所以如果不考察主观，那么刑法的因果关系和哲学因果关系又有什么区别呢？在撒贝宁身上也有因果关系，因为他很儒雅，所以他很迷人，但是这不能用刑法来评价。

这场论辩，抛开立论、逻辑等其他各方面的评述，仅从假设类比的运用上看，辩方显然是占了上风，控方显得较为被动。辩方尤其是三辩，运用了许多的假设类比，控方基本都没有回应，或只是简单回应案件不可假设，是个明显缺憾。下面，我们尝试站在控方的角度针对辩方现场提出的各种假设类比（具体见下划线部分），运用上述的回应技巧进行回应。

（1）辩方举例撒贝宁和盒饭反驳控方提出的因果关系说，对此，控方可以改装这个类比，回应：

"盒饭和撒贝宁的主持风格无关，但我相信盒饭和撒贝宁有体力主持还是有因果关的。"

（2）辩方举猫碰落花盆的例子，试图说明花盆掉落和李平没有因果关系。对此，控方仍然可以根据己方的底线逻辑对这个假设进行改装：

"自家宠物顽皮把花盆碰落确实和别人无关，但如果这个宠物是因为李平入室盗窃，因为李平暴力抗拒抓捕在阳台和主人扭打，是因为李平的违法行为被逼到阳台无处可逃，上蹿下跳，那么这个宠物在阳台碰落物品的责任，李平当然需要负责。"

（3）辩方问控方能否猜得中二辩接下来要说什么，以此反驳不是正常人的事情都可以预见。对此，控方完全可以回应：

"知道啊，我知道你肯定要说李平不对重伤结果负责啊，难道不是吗？"

（4）辩方举例混乱中不知谁捅了一刀，想要通过这个极端的例子说明控方提出的无论谁碰落花盆李平都要负责这一逻辑的不合理，对此，控方可以指出该假设和本案的不同之处进行反驳：

"拿刀捅人可不是一个合理合法的行为哦，可是本案中杨波发现入室盗窃的李平，进而和李平赤手空拳地在阳台发生了扭打，这个可是绝对合法合理的。"

（5）辩方用陈胜、吴广的例子归谬控方引起和被引起的因果关系，而事实上控方强调的因果关系除了引起和被引起的条件外还强调合乎规律，因此对辩方的例子有两种基本反驳思路，一种是直接指出底线逻辑的不同：

"请辩方不要以偏概全，我方强调的是引起和被引起，且合乎规律的引起，才是刑法的因果关系"。

另一种是对例子的改装，强调真实的原因：

"关键在于是否合乎规律。无论是大雨还是大旱，关键是秦朝的残暴统治导致老百姓民不聊生，起义当然是必然的事"。

（6）辩方举例杨波推倒李平掉下阳台砸伤保安的例子，以此说明如果

193

花盆是杨波碰落的李平不应负责。这个假设因为控方自由论辩时间已用尽没有时间反驳。对这个假设，控方应敏锐地发现假设和案件的不同，可回应：

"杨波把李平推下阳台或许有错，可本案中杨波在阳台抓贼毫无过错。错在李平，难道花盆碰落不是有错的抢劫犯负责而是由正当抓贼的杨波负责吗？"

可见，对假设类比的运用可以有多种方法，其中最常用和最好用的两种方法是：一是转化对方的例子换一个角度或改造例子从有利自己的立场出发论证，而非简单地回避；二是指出对方例子和本案的不同之处，紧接着说明本案的具体问题，而非简单地说案件不可类比。

四、总结陈词

如果说开篇立论是给评委和听众留下的第一印象，自由论辩是最精彩的短兵相接，那么总结陈词往往是最吸引大家集中精力的时刻，立论中的观点有无良好呼应，自由论辩中的焦点如何有效总结，都需要在总结陈词中进行展示。因此，当控辩双方实力相当，自由论辩难分高下时，总结陈词往往对最终的胜负起到一锤定音的决定性作用，这也就是在团队论辩中总结陈词的三辩往往容易出彩的重要原因。

总结陈词主要包括以下几方面的基本要求：

（一）呼应开篇立论

总结陈词和开篇立论在自由论辩中都属于规范发言，都是阐述己方的观点和理由。总结陈词不能是开篇立论的重复，和开篇立论的区分最主要的是还需体现在对自由论辩争议焦点的小结。但在区分之外，总结陈词又不能完全脱离开篇立论，还要尽力做到和开篇立论的前后呼应，如此才能将己方的核心内容贯穿始终，增强说服力。

通常总结陈词和开篇立论重复度过高的原因主要在于：

1. 总结陈词的理论拔高不足

对于总结陈词如何进行理论拔高我们将在其后展开讨论，先通过一道论辩题感受下这个问题的大概含义。

> **论辩题：王宏盗窃案**
> ——首届全国公诉人与律师电视论辩大赛半决赛
> 广东公诉队 vs 上海律师队
>
> 东海洗浴中心老板王宏化名王力，于2010年6月18日向金源典当行老板黄明借款人民币4万元。后以其价值30万元的自用小轿车作担保，并将汽车和车钥匙都交黄明保管。又于同月25日、29日两次向黄明借款人民币26万元，同时约定若在同年7月31日前未能归还借款30万元，黄明有权转卖该车以抵作还款。同年7月29日凌晨4时许，王宏因不能归还上述款项，遂持该车的备用钥匙将车开走。黄明发现车辆不见后怀疑是王宏作为，遂打电话向王宏核实，王宏承认是自己把车开走，并于8月14日归还黄明人民币4万元。黄明多次联系王宏让其归还车辆，王宏拒绝，黄明遂向公安机关报警。
> 控方：王宏的行为构成盗窃罪。
> 辩方：王宏的行为不构成盗窃罪。

[控方一辩开篇立论]

谢谢主持人，大家好。正如刚才主持人所说，看完刚才的短片大家心里一定有一个疑问，那就是车主王宏能不能偷自己的车呢？我方认为王宏的行为构成盗窃罪，理由有三：第一，涉案车辆虽然是王宏所有的，但却已被他人合法占有。本案中典当行老板黄明已经通过质押合法占有了车辆。然而，一夜之间平稳占有的车辆不翼而飞，按天实行的担保再难实现。归根结底这都是王宏惹的祸。正如卢梭曾说过，"人生而自由，却无往不在枷锁之中"，此时的王宏所有权已经受到限制，而他人的合法占有成了盗窃罪保护的客体。第二，王宏开走车辆的方式是秘密窃取，案情告诉我们是王宏在凌晨4点用钥匙偷偷将车开走。之所以选择凌晨4点，看中的就是夜深人静无人知晓。而之所以选择用备用钥匙，用的就是一招偷梁换柱暗度陈仓，这是典型的盗窃行为。第三，王宏拿走车辆是出于非法占有的目的，王宏明知已经无力还债而仍然将车开走，并拒绝还车，就是能还而不还。一方面是黄明对车得而复失，排除了权利人的占有；另一方面又是自己对车失而复得,利用了该车的价值,排除与利用结合,就是非法占有的目的。

至于其事后有承认和退赃的情节,则均不影响对其行为当时目的的判断,综上所述,我方认为,王宏行为已经超越了民事上的不能还,发展到了刑事上的不想还。超越了民事上的有过错,发展到刑事上的有罪过,行为性质当然超越了民事违约,而构成了刑事犯罪。在财产流转日益频繁的今天,我方想仅以此案警告更多的"王宏","莫伸手,伸手必被捉",谢谢。

[辩方一辩开篇立论]

谢谢主持人,大家好,控方说王宏盗窃,但是我们知道常说的盗窃是指拿别人的东西,但本案的特殊性就在于王宏拿走的是他自己的车。这也算盗窃吗?当然不是。理由有三:第一,取车不讹诈,主观无犯意。假如王宏把车开走之后,去讹诈甚至索赔,我们当然可以说他主观上有非法占有的目的。但事实并非如此,面对质问,王宏既不隐瞒,也不索赔,还继续还款。更重要的是那30万元的债务并没有随着远去的车轮而消逝在尘土之中。第二,担保不合法,盗窃无依据。要指控王宏盗窃,首先要认清黄明对那辆车的占有是否合法,双方之间形成了怎样的法律关系?是质押、抵押,还是留滞,约定不能确定。而法律却明确规定要成一个有效的质押担保必须签订书面合同,办理登记手续。因此这是一个要式法律行为。要式不存在法律效力便不存在,我来打个比方,这就好比是一个同居但没领结婚证的男女,就不是法律意义上的夫妻。一方可以随时走人,另一方却无可奈何,道德上或许有谴责,但法律却爱莫能助。第三,行为虽失信,刑法当谨慎。根据《刑法》第91条的规定,当我们把个人财产交给诸如像邮局、银行等单位时,可能转化为公共财产,此时我们取走可能构成盗窃,但本案恰恰不具备这样的情形,即便退一步来讲,在今天这样一个民事借贷纠纷当中,王宏最多也只是民事违约而绝不是犯罪。我们说法律的力量就在于禁止我们去侵犯别人的权利,但并不限制我们行使自己的权利,王宏无罪,谢谢。

[控方三辩总结陈词]

谢谢主持人,大家好,也感谢辩方刚才精彩的表达。我们说定罪要以事实为依据,以法律为准绳。那么今天辩方的第一个失误就在于对事实判断的偏差。所谓自己的东西在法律规范下的确切含义,应当是所有权完整,且未受法律限制的财物。而在本案中,王宏基于质押将汽车交由黄明占有,也就是说王宏自愿将其所有权一部分权能让渡给黄明。那么，对王宏所有权的限制，不仅是意思表示的自治，也是法律约束的强制。而黄明对汽车的占有，不仅是案情上的实然，也是法律上的应然。所以黄明的合法占有，成为刑法保护的内容，而王宏正是以无告自取的窃取手段侵犯了黄明的利益。

辩方更大的失误，在于对法律把握的失当，辩方画出了一道民法与刑法的鸿沟，将本案隔离成一座孤岛，大字表明岛内民法自治，刑法不得入内。事实上我们知道所有侵犯财产犯罪，都可同时构成民事违法。民事违法从来就不是犯罪的避风港，因此王宏的行为是民事违法，更是刑事犯罪。他对自己的车同样是伤不起，也偷不起。最后让我们将视野从个案回到现实，本案给我们的启示恰恰在于，今时今日，财产不再仅仅体现为单一静态的所有权，并不是你占有或者我占有财富都在那里，不增不减。而是通过频繁的动态流转和权能分离实现财富几何基数增长，而占有成为实现财产权益和价值的前提。正如马克思的经典论述，私有财产的真正基础是占有。因此刑法只有对占有本身予以保护，才能保证财产安全和流转秩序。而良好的秩序是一切的基础，谦抑不等于放纵，谨慎不等于不用。不枉不纵才是刑法之真谛，谢谢。

[辩方三辩总结陈词]

谢谢，大家好。刚才控方三辩带着甜美的微笑对王宏定罪量刑，但是，我认为王宏拿回自己的车这个可以有。但是控方硬说王宏拿了别人车，这个可真没有，所以甜美的笑容背后无法回避控方的三个漏洞。第一，取车不讹诈，主观无犯意。盗窃罪所指向的行为只能是偷别人东西，王宏开走自己的车辆以后，既没有隐瞒，也没有讹诈，更没有赖账，主观谈何非法占有故意呢。第二，担保不合法，盗窃无依据。根据法律规定，黄明对那辆车还没有任何物权，两人虽然口头约定用车为借款做担保，但是并没有签订任何的书面合同，也没有办过相关登记。王宏取走也并没有侵犯黄明的任何物权，又怎么能构成盗窃罪呢。第三，行为虽失信，但刑法当谨慎，即使控辩双方搁置这个争议，假设担保已经成立，并且生效。那么，王宏不诚信的行为至多也就是民事违约而已。民法足以解决，刑法又何须介入。本案其实是一件简单的借贷纠纷，根据最高人民法院的公报2010年总共有57万件类似的借贷案件，如果按照控方的观点都有可能被认定为盗窃罪的话，那么全国的盗窃案件数量将增加2倍以上，这合理吗？今天控辩双方针锋相对，我们并非只为了王宏一个人，我们是在避免一个可能发生的错判。一个错判就如同一滴油污,当它滴落在社会生活的层面上,它有可能随着社会的经历,慢慢侵蚀整个社会。正如法学家叶林所言,刑法犹如一柄"双刃剑",用之不当国家人民双受其害。只有适时而用,适当而用才能成为保护社会的最后一道防线,谢谢。

这场论辩,辩方的总结陈词和开篇立论进行了良好的前后呼应,主体部分都是分三个基本点论述:

"第一,取车不讹诈,主观无犯意";

"第二,担保不合法,盗窃无依据";

"第三,行为虽失信,刑法当谨慎"。

这种首尾呼应的优点是己方的核心观点突出,贯穿始终,令人印象深刻;缺点是重复度过高,忽视了对核心争议问题的深入阐述。

本场论辩,整体的争议问题可以抽象为"偷偷拿回被他人占有的自己的车辆是不是偷"。具体的论证或争辩展开基本是两大问题:

(1) 什么是自己的东西(辩方从实质角度界定,事实说得很明白;而控方强调法律规范视角下,要求所有权完整,车质押出去了就不属于自己的)。

(2) 结合本案事实,口头约定的借款担保是否成立法律上的质押,是否影响了个人财物所有权的完整。

也可以换一种表述或概念界定,即:

(1) 如何理解财产的占有问题;

(2) 对他人占有的财物所有权人是否有权私自处理;

(3) 本案中的他人占有是否合法有效。

```
偷偷拿回被他人占有的自己的车辆是不是偷
├── 具体的论证或争辩展开基本是两大问题
│   ├── 1.什么是自己的东西
│   │   ├── 辩方从实质角度界定,事实说得很明白
│   │   └── 控方强调法律规范视角下,要求所有权完整,车质押出去了就不属于自己的
│   └── 2.结合本案事实,口头约定的借款担保是否成立法律上的质押,是否影响了个人财物所有权的完整
└── 也可以换一种表述或概念界定
    ├── 1.如何理解财产的占有问题
    ├── 2.对他人占有的财物所有权人是否有权私自处理
    └── 3.本案中的他人占有是否合法有效
```

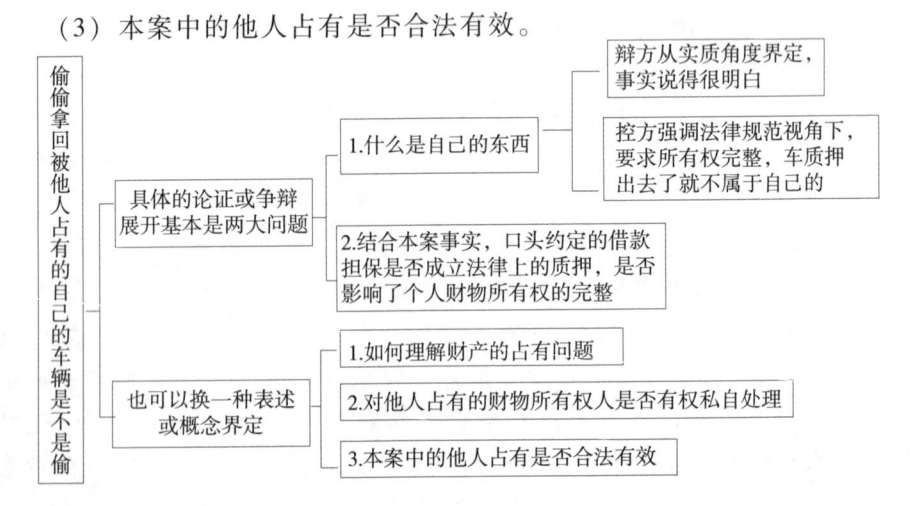

2. 总结陈词对事实的简单复述

总结陈词和开篇立论区分度低,没有充分发挥总结陈词这一阶段规范发言的重要作用,除了前述说的缺乏理论拔高外,往往还在于对事实的简单复述。

我们来看一场论辩赛,把控方开篇立论和总结陈词中的套话删除,纯留主体内容部分,看大家是否能分辨出哪个是开篇立论哪个是总结陈词。

论辩题:公私兼顾的"聪明人"
——首届全国检察机关优秀公诉人电视论辩大赛
浙江公诉队 vs 江苏公诉队

于海(男)系龙腾仪器厂(国有企业)厂长。2009年的一天,于海的情人李丽(女)向于海告知,李丽所在的四海公司(有限责任公司)目前面临流动资金短缺近200万元的困难,公司董事长提出谁能借来资金帮助渡过难关,将对谁给予所借来资金5%的奖励,并将在返还所借资金时对资金借出方多给予所借资金的10%作为利息。李丽请求于海从龙腾仪器厂借出200万元给四海公司使用。于海考虑到这样做既能够使李丽得到好处,也能给厂里谋取高息,遂答应了李丽。随后,于海给厂里主管财务的副厂长王勇交待了此事,但没有说出李丽能够得到5%奖励的情节,只是称厂里可以得到10%的利息。当王勇提出"国家有规定,国有企业不能私自对外拆借资金,是否应向主管部门汇报请示"时,于海表示"现在都是市场经济了,主要是能赚钱,不要瞻前顾后的,到时候把钱收回来就行"。王勇表示"行,你是领导,听你的"。于是,王勇按照于海的吩咐,通知厂财务人员向四海公司汇入200万元,并由四海公司出具了借条。四海公司董事长按照事先约定给予了李丽10万元的奖励。后来,四海公司因经营不善而倒闭,所借龙腾仪器厂的200万元也未能归还。

控方:于海的行为构成挪用公款罪。

辩方:于海的行为构成国有企业人员滥用职权罪。

[A]

主持人、各位评委、对方辩友,大家下午好。情投意合还是共同利益？个人决策还是集体拍板？分析一个案件构成何罪，关键在于对基本事实的判断。

首先，本案中基本事实有三：第一，于海在李丽提出借款之时就答应其请求，并吩咐王勇出借公款；第二，于海与李丽是情人关系；第三，于海同意将龙腾仪器厂公款借给四海公司，让李丽获得10万元好处，让我们来看第一个基本事实，于海为什么能在未与任何人商量的情况下就答应李丽的借款请求？为什么要隐瞒李丽能够得到5%好处的事实？为什么能交待吩咐王勇将公款汇出？这无疑表明于海可以而且确系个人决定将单位公款出借。

其次，第三个基本事实则证实于海与李丽基于情人关系形成了利益共同体，李丽得钱就等于于海获利。于海出借公款，谋取个人利益的目的也就昭然若揭。至于为单位谋取利益，只不过是于海为掩盖挪用公款犯罪的一块遮羞布，是画在纸上的一张饼，看似美丽却无法充饥。

综上，分析本案的基本事实，于海虽是公私兼顾的聪明人，但他的行为触犯了《刑法》第384条，符合全国人大常委会关于挪用公款归个人使用的立法解释的规定，应该以挪用公款罪定罪。

[B]

主持人，各位评委，对方辩友，大家好！犯罪的外衣再华丽我们也能够看穿它的本质。本案从表面上看，是单位借款给单位，于海分文未得，但实际上是其个人决定，并谋取了个人利益。我方认为于海的行为已构成挪用公款罪。第一，于海个人决定出借公款。案情告诉我们，当于海得知四海公司有奖励政策时，为使李丽得到好处，不顾四海公司处于困境中，其答应情妇借款在先，通知员工操办在后，此其一。当王勇建议向主管部门汇报时，于海不顾国家规定，反而对王勇左一个交待，右一个吩咐，此其二。为了使款项顺利出借，于海隐瞒自己的情妇可得到利益的情节，造成仅为公谋利的假象，此其三。出借200万元巨款，于海既不讨论也不汇报，这不是典型的个人决定吗？第二，于海牟取了个人利益，于海为满足情人的要求而出借公款，因为公款的出借，使李丽得到10万元的好处。从表面上看，于海是分文未得，但是基于两人的情人关系，双方已然是一个利益共同体。在于海看来，谁挪了钱并不重要，关键是两个人中有人拿了钱，李丽得财就是于海获利。通过对案件的抽丝剥茧，我们不难看出，于海身为国有企业厂长，其虽以为单位牟利，以情人出面获得好处为表象，终难掩其个人决定，个人谋取利益的庐山真面目。其行为不仅严重损害了国家工作人员职务行为的廉洁性，也严重侵犯了龙腾仪器厂公款的使用权，符合公款私用的本质特征。

上述发言［A］是总结陈词，发言［B］是开篇立论。但是把两者调换一下，把［A］作为开篇立论，把［B］作为总结陈词似乎并没有太多实质差别。这种难以差别主要在于总结陈词第一部分对事实的描述内容较多，但只是相对简单的事实复述。

事实的描述在两大规范发言阶段都常用到，但是用法有所区别。开篇立论常用到事实描述的情境化手段，常会先将案件事实描述一番再进行分析论证；自由论辩中事实的争辩往往都提及过，因此总结陈词中一般忌讳简单的事实复述，很少再用大段的事实描述，运用事实不再为了铺垫而是为了总结说理，一般是简练概括事实或穿插关键事实，夹叙夹议。

关于总结陈词，我们再来看一场论辩。这场论辩，辩方的总结陈词和开篇立论也是前后呼应，但体现的是核心观点的呼应，并非内容的重复，因此区分度较高，效果较好。

论辩题：王强故意杀人案
——首届全国检察机关优秀公诉人电视论辩大赛
上海公诉队 vs 广东公诉队

王强（男）与苏梅（女）自2005年起即以夫妻名义共同生活在一起，但始终没有办理结婚手续。2008年以来，王强在外又与其他女子有染，因此苏梅多次与王强吵闹，并欲与王强分手，但发现自己已经怀孕。苏梅遂告诉王强自己已经怀孕，劝阻王强与其他女子断绝两性关系，但王强依然如故，并称"咱俩又没有结婚，我和谁交往是我的自由。你也不是我老婆，凭什么管我"。2008年底的一天深夜12时许，王强回到家中，苏梅与王强又发生激烈争吵，痛哭流涕，伤心欲绝，于是从床下拿出事先准备好的毒鼠强，告诉王强"你要是这么继续下去，我就吃毒药不活了"，王强表示"想不想活是你的自由，我不能干涉你，你也不要干涉我"。于是，苏梅将毒鼠强倒入口中吞下，顷刻间毒发身亡。王强在一旁目睹苏梅吃药自杀的全过程，没有阻拦。在确认苏梅死亡后，王强向苏梅的父母打电话，告知苏梅自杀身亡。

> 控方：王强的行为构成故意杀人罪。
> 辩方：王强的行为不构成犯罪。

[控方一辩开篇立论]

主持人、评委，大家下午好。托尔斯泰说过，幸福的家庭总是相似的，不幸的家庭则各有不幸，我们今天要讨论的是一条年轻的生命消失了，她腹中的小生命也随着无缘于人生，谁该负责，负什么责，我方认为正是由于王强的所作所为将苏梅一步步推向死亡，他的行为已构成了故意杀人罪，让我们看看本案中的三个阶段。第一阶段，苏梅用3年的全心付出换来的是王强与其他女子有染，怀有身孕的苏梅无法接受和面对即将出生的孩子没有父亲的现实，她极力挽回和争取得到的却是王强的不屑一顾和我行我素，王强的薄情寡义，使得苏梅百般无奈下准备了毒鼠强。第二阶段，苏梅用一年的全力争取，换来的是王强的变本加厉。夜深人静12点钟，苏梅终于等到了那个不愿回家的男人，夜深人静的最后一次争吵，王强的冷漠无情，使得苏梅悲痛欲绝地拿出了毒鼠强。第三阶段，苏梅一生全部的寄托换来的却是王强一句，想不想活是你的自由，在生与死的边缘，苏梅渴望得到的是生的挽留，得到的却是死的回应，王强的薄情寡义、决绝无情使得苏梅万念俱灰，终于吞下了毒鼠强，死亡迫在眉睫，救助全靠王强，然而此刻的王强却选择了不作为，他平静目睹了苏梅服药，倒地，挣扎，直至没有任何一丝反应，他平静冷漠的确认，不带任何一丝怜悯。我方认为正是由于王强的一系列先行行为，激发了苏梅自杀的念头；正是由于王强的一次次冷漠，推动了死亡结果的临近；正是由于王强的一次次疏忽，导致了死亡结果的发生，这种行为王强应当救助、能够救助，却不予救助，这种行为与一把血淋淋的匕首又有什么两样。因此他的行为，应当受到刑法的评价，如此才能对得起生的尊敬、死的敬畏，谢谢。

[辩方一辩开篇立论]

谢谢主持人，尊敬的评委，嘉宾，观众们大家好。今天和控方一样我们对苏梅和孩子的离开，怀着挥之不去的伤痛和惋惜，对于王强的薄情寡义和冷漠抱有毫不掩饰的谴责和鄙意，但是如果这样就让王强贴上了杀人犯的标签，这不得不说是另一个悲剧，而且是一个更大的悲剧，我方认为有错并不等于有罪，王强的行为不构成犯罪。第一，从事实层面上讲，苏梅的死亡是她意志自由的选择，苏梅的意志支配着损害结果的发生，那么她就应该对自己的死亡自我负责，天助自助者，当苏梅不能承受生命之重，而要选择放弃时，我们怎么能归责于王强，让他背负故意杀人罪的罪名呢。第二，从法律层面上讲，首先王强不负有作为义务，控方认为王强的先行行为开始于2005年的同居，持续延续到了案发当晚的争吵和刺激，而我方认为先行行为应具有现实临近性高度盖然性和直接性，而本案中2005年的同居与本案当中发生的苏梅服毒并不具有现实的临近性，案发当晚的争吵，也是一年中极其平常的一次，不具有高度的盖然性，苏梅事先准备了毒鼠强，这说明这是她积蓄已久自杀念头的一个爆发，案发当晚的争吵只是契机，而没有直接性，因此王强的行为，不符合先行行为的特征，本案中也不存在其他诸如法律规定，职务，等其他引发作为的义务，其次王强不具有作为能力，众所周知，毒鼠强是极度烈性的毒药，苏梅在顷刻间就毒发身亡，王强没有能力也来不及去救。第三，从法理层面上来讲，对于不履行夫妻，父母子女的法定扶养义务，尚且只能用遗弃罪加以评价，那么对于恋人之间的不救助，又怎能以故意杀人的重罪予以定罪处罚呢，这违背了罪责刑相适应的原则，我们认为刑罚应当谨慎而谦抑，我们希望它不仅保护苏梅的生命，也能够给王强一次的公正的对待，我的发言完毕，谢谢。

[控方三辩总结陈词]

首先我要劝对方辩友。即便我们的辩论再激烈请你也不要忽视毒鼠强，因为我们还想继续比下去。归纳刚才的辩论焦点，我想首先说明下对方辩友一直不愿面对的客观事实，王强他有能力救助，但是他不愿意救、不去救，我们说案例已经告诉我们，当苏梅举起毒鼠强的时候，王强可以采取打翻夺下，哪怕只是假意相劝那么一句话，都可以救助苏梅，但是事实正如他自己本人所说的"我不干涉你"那样，他不愿救不去救，而事实在这样一个特定的场合，苏梅的唯一依赖就是王强，王强不救，无人能救，苏梅就无力回天。同时对方辩友也告诉我们，因为这个案件是一个自杀案件，所以就不可能定一个故意杀人罪。但是社会现象告诉我们，比比皆是的自杀现象背后还真的有被逼自杀，要追究刑事责任的。在这个案例当中苏梅是被逼自杀，我方一辩已经将整个案例分三个阶段告诉了所有的听众，而在这个案例当中，有因才有果，正是因为王强的薄情寡义，才会使苏梅陷入万念俱灰，正是因为王强的不救助，才会使苏梅无法生还。刑法对每个人的生命权都是同等保护的，鲁迅先生说过所谓的悲剧是将我们最美好的东西一件一件毁灭给我们看，而这个案例所毁灭的正是我们最美好的东西，是我们对生命的尊重，是对人和人最基本的信赖的期待，现今社会屡屡发生的见死不救的现象，已经令我们所有人为之心寒，这一条条鲜活的生命，是不是应该在我们的目光中灰飞烟灭，他们的今天会不会是我们的明天，如果这些注视的目光当中，甚至是我们的父母妻儿和亲密伴侣，这个社会还能包容正义和良知吗？王强的冷眼旁观冷静确认苏梅死亡和毒鼠强一样，没有给苏梅任何生的机会，以及他自己即将出生的孩子生的机会，应当被法律所禁止。谢谢。

[辩方三辩总结陈词]

谢谢主持人，谢谢控方三辩的精彩总结。的确，法律之所以崇高是因为他不让生命失去光彩，但是，法律尤其是刑法的正义究竟何在，我将从以下几个层次来对我方的整场辩论进行进一步的梳理。第一，从法律规定层面来看，本场比赛我们要关注的一个焦点的前提就是王强在法律上究竟有没有作为的义务，一言以蔽之，有义务而不救助才是罪，无义务而不救助只是错，这也符合我们大多数人的最朴素道德观，王强的确有错，但不至故意杀人之重，控方只看到先行行为与危险状态在时空上的临近性，却忽视了直接性和高度盖然性，又将一个持续的状态作为先行行为，显然缺乏说服力。第二，我们看王强并没有救助的可能，他在时间上来不及，在方式上没能力，在结果上不可能挽回，所以我们说王强并不构成不作为犯罪。第三，从司法实践层面来看，自宋祥富一案以来虽然出现了类似案例的判例，但是他们的案件事实不同，裁判依据和理由也不同，世界上没有两片相同的树叶。今天控方不能论证王强的行为成立先行行为，那么王强就应当无罪。在国外有见危不救但是在我国并没有这样一个罪名，虽然他的一部分情形，可能被故意杀人的不作为包含，但是并不属于王强今天的情形。第四，从法理层面上来看，我们说没有法律上的作为义务，就应当认为王强无罪。这才符合罪刑法定的原则。若是因为仅仅发生了苏梅死亡的结果就给王强贴上了杀人犯的标签，我们说他同样有违罪责刑相适应的原则。刑法是不得已的恶，所以我们要坚守刑法的谦抑性原则，做到既不缺位也不越位。第五，我们从社会层面来看，的确我们认为本案涉及道德和法律关系，但是这两者的关系，说到底是一个立法问题而不是司法问题，在社会层面，诚然类似王强现象必须引起我们的关注和反思，否则在社会转型文化多元的今天，它必然带来信任危机，甚至是社会病变，但是所幸的是法律并非指引我们前行的唯一灯塔，道德风俗乃至信仰都是我们社会赖以维系和发展的基石，我们说法律应当有所为，而有所不为，才是真正的法治之道。谢谢。

（二）总结争议焦点，进行理论拔高

总结陈词需要对自由论辩中控辩双方真实争辩的焦点进行总结。在这里我们强调真实争辩的焦点，是因为一道论辩题可以有许多争辩点，控辩双方立论时一般只是预设了一些争辩点进行阐述，但在自由论辩中真实的争辩点既可能因为时间原因少于立论预设的点，也可能因为准备不足或准备方向的原因多于或不同于立论预设的点。因此，总结陈词进行的焦点总结，必须是针对自由论辩中真实的焦点。这就要求很多时候，自由论辩中的真实争辩点和立论设计的争辩点有所不同，要能够根据自由论辩的现场情势调整事先准备好的总结陈词的焦点总结思路，而不能完全按照事先准备的内容照本宣科。

总结陈词中对争辩焦点的总结，如果仅是简单针对某个问题，指出对方观点是什么，我方观点是什么，重复立论的理由，一定程度上缺乏实质意义。因此，在总结陈词阶段中，对焦点问题，要高度概括对方的观点和己方的观点，跳出自由论辩双方争执不下的僵局，进一步说理；深入论证争议的实质内容，巩固自由论辩中的己方立场和逻辑，甚至以此弥补自由论辩己方的不足。

论辩题：郭芳防卫案
——第七届全国检察机关十佳公诉人暨优秀公诉人业务竞赛
控方曾腾 vs 辩方陈禹橦

杨海（男，50岁）和郭芳（女，38岁）是同村村民。某夏日傍晚，杨海酒后路过村里的农田时，遇见刚打完农药正要回家的郭芳，看周边无人，顿起歹念，上前将郭芳仰面推倒在稻田里，意图强行发生性关系。郭芳用手乱抓、奋力反抗，在双方纠缠撕扯过程中，郭芳拽下药水箱上的一

根软管将杨海颈部缠绕住。杨海被勒住脖子后手脚乱舞，郭芳在杨海身后拽着软管控制其行动。

其间，郭芳大声呼喊求救，但四周无人应答。杨海表示："你松开吧，我送你回家。"郭芳说："鬼才信你！"二人对峙将近两个小时后，杨海提出，"你勒得我太紧了，松一点吧。"郭芳便将软管略微放松，杨海趁机采取用手推、用牙咬的方式想要挣脱软管。郭芳担心杨海挣脱软管后会继续干坏事，于是用嘴猛咬杨海手指、手背，同时用力向后拽拉软管及杨海后衣领，持续片刻后杨海身体突然前倾、趴在田埂土路上。郭芳认为其可能是装死，仍用力拽拉软管数分钟，后见杨海身体不动、也不说话，遂离开现场。

次日清晨，郭芳又来到现场查看，发现杨海已死亡，于是打电话报警、自动投案。经鉴定，杨海符合他人勒颈致窒息死亡。

辩题：郭芳的行为属于正当防卫还是防卫过当？

控方：郭芳的行为属于防卫过当。

辩方：郭芳的行为属于正当防卫。

[辩方总结陈词]（删减版）

今天控辩双方的争议焦点中，我们其实可以提炼出关于正当防卫的两个司法裁判规则。

第一个，如何判断现场的不法侵害的开始和结束时间。我们说当不法侵害发生的时候，我们必须要回到事发当时，必须要以防卫人当时的情况来全部考虑。刚才的控辩交锋已经充分展示了，杨海并没有放弃不法侵害。从一开始的压下身，到后来僵持两个小时之后，都没有改变他的犯意。这个时候郭芳继续保卫自己的权利，正是对不法侵害正在进行一个有力的回击。

第二个，关于正当防卫的理念问题。我们说，正不应当向不正让步，在正面对不正的时候，更不是只有跑才叫正当防卫。而在最后的过程中，当杨海已经不动、丧失继续侵害能力的时候，郭芳马上离开了现场，不是像控方所言她又回来了，觉得自己犯了罪。而是善良的郭芳于心不忍。因此在符合无限防卫起因条件以及其他条件的情况下，郭芳的行为当然应当构成正当防卫。

概念的挖掘是总结陈词这种理论拔高非常常用且好用的方法。

论辩题：陈明和赵辉抢劫案
——首届全国检察机关优秀公诉人电视论辩大赛
重庆公诉队 vs 北京公诉队

2009年6月8日21时许，孙刚开车来到临街一家银行门口，将车停在路旁，下车到银行的自动取款机前使用其银行卡取款。当孙刚取出钱款尚未退出银行卡时，旁边过来两名巡逻警察，告诉孙刚此处禁止停车。孙刚连忙上车驶离，忘记将银行卡退出带走。孙刚走后，陈明来到该自动取款机前取钱，发现取款机内有卡未退出，遂在该自动取款机上分8次从该银行卡上取出现金人民币1.6万元。陈明持1.6万元及该银行卡欲撤离时，被发现银行卡忘记拔出而立刻返回的孙刚拦住。当孙刚看到陈明手拿现金和自己的银行卡时，要求陈明返还银行卡和取出的现金，陈明向孙刚的腹部猛踢一脚。孙刚试图反击时，陈明从背后抓住孙刚的双手。此时，陈明的朋友赵辉经过此地，在得知全部真相后，也向孙刚的腹部猛踢一脚。孙刚倒地后，陈明和赵辉逃离现场。经鉴定，孙刚脾脏破裂，系重伤，但不能查明脾脏破裂是陈明造成的，还是赵辉造成的。

控方：陈明和赵辉的行为构成抢劫罪。

辩方：陈明的行为构成信用卡诈骗罪和故意伤害罪，赵辉的行为构成故意伤害罪。

[控方三辩总结陈词]

主持人，大家好，控辩双方主要的争议点主要有三：第一，就是ATM机的法律性质，及与陈明非法取财之间的关系。其实辩方之所以陷入一个误区，那就是他把ATM机这个机器等同于银行柜员这个人，两者之间画了等号，其实并不是这样的。如我方辩论当中论证的，这个ATM机，它再智能也只是机器，那么它分为两部分。在前部分，它有跟银行柜员相同的密码认证的功能。在后部分，它就是个机械物理的吐款行为，因此两者并不相同。把两者混为一体，那就是白马非马，是一个逻辑错误。第二，对方对于交付这个问题，我们知道盗窃与诈骗的分水岭就是违法行为的意志，还是利用他人的意志瑕疵，是否具有真实有效的交付的行为。我方在自由论辩当中，一直追问辩方的是，这个交付到底是有意识还是无意识的。这是因为无意识的交付并不构成诈骗，而构成抢劫。第三，对于赵辉这个问题，辩方一直避而不谈。我方多次进行了提问，其实这个赵辉他的主观意图就是非法帮助陈明，帮他占有已经取得的财物。正是因为赵辉的参与，与陈明合力共同排除了孙刚的完全反抗，而达成了他们非法占有他人财物的目的。透过本案的迷雾，我们看到本案的取款机其实是工具，吐款是一个无意识的交付，它是陈明行窃的一种工具，而事后的抢劫行为才是行为的整体，不能人为进行割裂。在这个整体当中，赵辉是承继了陈明行为形成的非法状态，并与陈明的行为互相支持和补充，并有犯意的联络，构成抢劫罪的共同罪犯。今天这张小小的银行卡引出的法律问题令我们思考，徒法不足以自行，司法适用必往来于法律与生活之间，在法与社会发展的互动关系中，在坚守罪刑法定的原则上，以动态的眼光释法用法，方能真正实现罪刑法定这一底线正义。法律应当与正义保持一致，法律人的天职就在于守护正义。精准定罪方能彰显正义与人权的光辉。综上所述，我方坚定地认为陈明和赵辉构成抢劫罪，谢谢！

[辩方三辩总结陈词]

谢谢，感谢控方对全场焦点的总结，但是很遗憾得出了错误的结论。第一个焦点就在于，陈明前期的取款行为究竟是一个盗窃行为还是一个信用卡诈骗行为。今天控方告诉我们这是盗窃行为。可是我们看ATM机是银行交付的工具，它是银行意志的延伸，当它交付1.6万元的时候，这是一种公开状态，银行对此也是心知肚明。可见银行不是不知情，而是不知实情。我方认为陈明这个行为是冒用信用卡的诈骗行为。所谓冒用，应从刑法意义上的实质理解。那就是不是自己有权使用的卡，冒充他人身份而使用，这就是冒用。而不是像控方今天所说的，只能拘泥于插卡输密码某个特定行为和动作。更不能因为是中途介入的，那么假的就变成了真的。对此，今天控方又告诉我们说，因为银行和ATM机无法辨别具体是谁冒用，那么就不存在被骗的问题。对此，我们不仅要声明两点：第一，是否发现被骗的真相和是否实际被骗，这是两个层面的问题，不能够混淆。第二，判断被骗的标准是什么。我们知道银行预设程序，默认了取款人就是有权用卡者，而今天违背了银行的初始预设，这就是被骗。更何况，我们看到在本案中，侵犯的是银行占有的财物。虽然损失的是孙刚，但是直接侵犯了银行的金融管理秩序。这样一个客体，显然也不是盗窃罪可以完整评价的。因此陈明的前期行为构成一个信用卡诈骗行为，而非是盗窃行为。其后的暴力行为应当单独评价，和赵辉的行为构成故意伤害的共同犯罪。那么我们就到了第二个焦点，也就是赵辉是否要对重伤的结果负责。今天控方在开篇立论的时候告诉我们，赵辉和陈明是抢劫的共犯。同时又告诉我们赵辉又构成了一个单独的故意伤害。对此，我们非常纳闷。那么在其后的过程中，他进一步解释，两个人都是抢劫的共犯，只不过一个人不要对重伤的结果负责。那么我们要看到在本案中，赵辉和陈明的伤害行为是一个持续的过程，你一脚我一脚抓住被害人，瞬间之间两人打倒被害人，顷刻逃跑，这是一个完美的配合。他们主观上相互联络，客观上相互配合，部分行为全部责任，都应当对重伤结果负责。最后论辩至此，在严惩罪犯的同时，我们愿持卡人能够放轻自己的匆匆行色，愿未来的生活中，我们的用卡更安全更高效。谢谢。

这场论辩，控辩双方在总结陈词中都较好地运用了概念挖掘的方法，强化了对自由论辩中争议问题的分析论证。控方提到交付的概念，必须是有意识的才是诈骗罪中的交付。辩方从实质理解的角度界定冒用的特征，提出了被骗的概念。

（三）追求现场感

现场感是总结陈词和开篇立论的重要区别之一，因此，有人说案例论辩中的开篇立论是规范演讲，一切尽在事先准备中；而总结陈词是即兴演讲，或者必须具备即兴演讲的要素，能够根据现场及时调整事先准备内容，突出现场感。总结陈词追求现场感，大的方面主要表现在前述的总结自由论辩的争议焦点。同时还有一些具体技巧值得注意：

1. 有驳有立

这是指对自由论辩的争议焦点进行总结时，既要深入反驳对方的观点和理由，又要阐述己方的观点和理由。如何进行理论拔高前述已谈及，这里主要探讨总结陈词中驳和立的两种基本模式。

（1）先驳后立，即先说对方错了，错在哪里，然后再阐述己方观点。

论辩题：王老师的心愿
——首届全国律师电视论辩大赛半决赛

新疆律师队 vs 湖北律师队

退休教师王敬轩患癌症住院达一年之久，花去医药费十多万元，但病情日益恶化，病人痛苦万分。医生诊断存活期不超过一星期。在此情形下，病人再三要求医生给自己实施安乐死，家属也希望让亲人早日解脱痛苦。医生经痛苦抉择同意病人及家属的要求，王敬轩被停止一切治疗，当日病逝。

辩题：医生是否应当承担刑事责任？

控方：医生应当承担刑事责任。

辩方：医生不应承担刑事责任。

[控方总结陈词]

迄今为止，辩方没有回答我方关于医生的行为究竟有无法律授权的问题，因为根本没有任何法律授权，所以辩方只有空谈伦理道德企图避实就虚，回避我国有法必依的法治原则，此其一。其二，辩方混淆了犯罪动机和犯罪目的。其三，对方有意偷换命题，把医生是否有权剥夺病人生命偷换成病人是否有权要求死亡，把医生行为的明显违法性偷换成安乐死应当合法化，因此辩方得出了错误的结论。我方认为，首先人最宝贵的是生命，生命对于每个人只有一次，任何时候都要放在至高无上的位置。我国法律对公民的生命采取了绝对保护、平等保护的原则，任何人不能以任何理由，任何方式非法剥夺他人的生命。否则就应承担刑事责任。医生行为的社会危害性主要表现在：第一，同一个医生，有时白衣天使有时死亡大夫，这是对法定职责的背叛；第二，仅凭个人的判断就结束他人的生命，表示了对生命的淡漠，是真正的反人道、反社会；第三，明知不法而为之，表现了对法律的践踏，是对社会秩序的直接迫害；第四，放任医生这种行为，可能造成严重的社会后果，可能使无辜者成为因家庭经济困难、医疗水平不高、设备落后的牺牲品，甚至成为别有用心的人摆脱负担、图财害命的手段和方式。上述行为特征反映了医生的行为，具有犯罪的本质属性。因此他必须承担相应的刑事责任。作为控方，我们同情患者面临的痛苦，也理解医生做出的选择。但是感情不能代替法律，我们更需要法学界对安乐死立法那种冷静慎重的态度。我们要求医生承担刑事责任，是他违背现行法律规定所引起的法律后果和义务，也是以此告诫每一个人不要以身试法。告诫每一个医生，请以最大的责任心尊重每一个生命。希望通过这种惩罚和谴责，震慑可能存在的犯罪行为，维护法律的尊严并指导人们树立正确的行为规范。在此愿法治的思想深入人心，让理性的光辉照射中国大地。

或者反之，先立后驳，即先强调己方观点再分析对方错误。

论辩题：爱情的苦果
——首届全国律师电视论辩大赛半决赛
重庆律师队 vs 山西律师队

黄艳艳（女）与王辉（男）同在一个单位，已恋爱多年。眼看正要登记结婚，却因为王辉的一次出差，使事情发生逆转。在这次出差中，经人介绍王辉认识了另一女青年张，并一见钟情。以后，王辉多次提出与黄艳艳终止恋爱关系，黄艳艳不同意。一日，黄艳艳持一小瓶剧毒农药来到王辉宿舍，要求王辉答应结婚，并断绝与张往来。王辉则要求黄艳艳不要再纠缠他，黄艳艳拿出装有农药的小瓶，说如果不答应，就将农药喝下去。王辉说你喝就喝，与我无关。黄艳艳一气之下，将农药全部喝下，王辉见状也未加以阻拦。黄艳艳喝下去后，顿感疼痛难忍。王辉不仅不救，反将黄艳艳拖出门外，锁门离去。后有邻居拨打110求救，在警察赶到现场时，黄艳艳已死亡。

辩题：王辉的行为是否构成杀人罪（故意杀人或过失杀人罪）？
控方：王辉的行为构成杀人罪。
辩方：王辉的行为不构成杀人罪。

[辩方总结陈词]

经过刚才激烈的辩论，更加证实了我方观点的正确。相信大家已经对我们的观点充满了信心，也就是王辉在本案中不构成犯罪。首先，不作为故意杀人罪的重要前提必须是：行为人负有阻止被害人死亡的特定法律义务。那么本案中王辉究竟有没有救助黄艳艳的法定义务呢？我方认为，从道义上讲，王辉应当见死而救。但从法律上讲，王辉并没有救助黄艳艳的强制义务。从案件的实际情况看，当黄艳艳将剧毒农药喝下生命危急之时，对其进行救助，既不是法律明文规定王辉的作为行为，也不是其职务或业务上的要求，更谈不上先行行为引起的法律义务。因为本案中王辉根本就不存在刑法意义上的先行行为。王辉的移情别恋，不能在王辉与黄艳艳之间产生强制性的受法律约束的权利义务关系。王辉的一句看似无情的语言，也不能必然引起黄艳艳的自杀行为。黄艳艳的死亡完全由于其自身心胸狭隘所致。因此我方认为，无论怎么讲，王辉都没有见死应救的法律义务。没有义务，何来责任！又怎能谈得上故意杀人呢？控方律师的观点错误有三：第一，混淆了道德义务与法律义务的重大区别；第二，忘记了我国刑法罪刑法定的基本原则；第三，没有真正搞清楚黄艳艳死亡的最直接、最根本的原因。因此其得出的结论自然也就十分错误。在这一问题上，我们用道德的眼光去看待法律，用道德的标准去平衡法律，在充分肯定王辉无罪的同时，我们又深深地感到在我们社会主义的中国，在大力提倡团结互助、以德治国的今天，相信王辉一定会受到社会舆论的强烈谴责和自己良心深处的深深自责，其行为也一定会受到道德法庭的正义审判。在此，我们想奉劝那些痴情男女，当你们在面临新爱与旧爱的选择时，千万不要因为法律不会追究见死不救，而像本案中的王辉一样。亲爱的朋友们，让我们在生活中少一些这样的悲剧，在法庭上少一些这样的论辩不是更好吗？主持人、各位评委、让我用最后一句话来结束我们今天的发言，那就是王辉虽有过错但无罪过。

（2）边驳边立，即边说对方错边说己方观点。

论辩题：王文过失致人死亡案
——第二届全国检察机关优秀公诉人论辩大赛华北赛区
北京公诉队 vs 山西公诉队

某日凌晨，张山驾驶汽车不慎将骑车人李伟撞成重伤，后张山拦下王文驾驶的出租车送李伟去医院。途中，张山对王文谎称要去旁边的自动取款机取钱，然后下车逃逸。王文发现张山逃逸后，考虑到李伟伤势严重，且害怕被误认为是肇事者，遂开车将李伟放置在医院门口后离开。一小时后，李伟被他人发现送医院抢救，后李伟因流血过多抢救无效死亡。

控方：王文构成过失致人死亡罪。

辩方：王文不构成犯罪。

[控方三辩总结陈词]

谢谢主持人，各位评委。李伟的死亡源于张山的肇事逃逸，王文的应为不为。综观今天的整场辩论，控辩双方的争论焦点主要体现在以下几个方面。第一，王文究竟有没有救助义务。今天辩方告诉我们，王文没有一个法律上的救助义务，只有一个道德层面上的义务。但是控方要说，法律和道德本就不是对立的，二者共同的目标是尊重和保护生命。合同法明确规定，承运人对危急乘客具有救助义务。当民事义务同时符合了支配空间和排除他人救助的两项条件的时候，则上升为刑事义务，即在支配空间对脆弱生命的保护义务。今天，一个鲜活的生命在你所绝对支配的空间内面临一个重大的危险，你不救就无人能救的情况下，法律就要求你有所作为。这正是刑法对于最高生命的保护。今天辩方一直纠结于合同的终止，认为合同终止所以义务就结束，但是控方要强调，李伟作为乘客明明还在车上，乘客还在车上义务何来终止？合同既无终止，义务当然要被履行。明确的救助义务，让我们看看义务是否被履行。今天辩方告诉我们，王文将李伟放置在医院门口就已经尽力救助。但什么是尽力救助？不作为不是什么都没有做，而是没有做法律所期待的事情。我们当然非常理解王文的顾虑。但是哪怕是在医院门口打个匿名电话，难道就是超越了王文的能力，是不可能完成的任务吗？显然王文没有达到法律的要求。第二，王文的不作为与李伟的死亡结果是否存在因果关系。今天辩方告诉我们，因为张山要对李伟负责，所以王文就不负责。但是控方强调过失犯罪，各负其责。张山负责并不意味着王文就不需要负责。今天辩方没有向我们充分阐述一个因果关系，辩方自己来告诉大家，因果关系在不作为犯罪中的判断标准是结果回避的可能性。控方只要证明如果王文将李伟及时救助，就很有可能救活。我们都知道失血是持续的过程，而李伟直至被抢救一刻他还活着。这说明如果王文将李伟及时救助李伟很有可能被救活。王文将李伟放在了医院门口最终导致死亡结果的发生，王文主观上当然具有过错。主持人，评委，我想说的是当退缩与冷漠的结果使一个无辜生命的逝去，赋有救助义务的王文没有履行救助义务就逾越了道德的底线，上升到法律的平台。面对生命法益的考验，法律没有选择。控方要重申王文有罪。谢谢大家！

第一种驳和立相对分离的模式更容易学习使用，第二种边驳边立的模式对现场的掌控要求更高些，但更容易凸显现场感。如果使用第一种模式，需要注意指出对方错误时需要说明为什么错，且在分析对方错误和阐述己方观点时最好能站在同一基点上相互对应，这样衔接才更为紧密，否则容易让人感觉驳和立是两层皮。

2. 少扣帽子，直指问题

总结陈词在驳斥对方观点时，有一些人习惯用一些套话，给对方的错误"盖帽子"，例如"只见树木不见森林""以偏概全""偷换概念"等。这种方法用一两个界定还好，若总结陈词每一个争议焦点都如此界定，听起来对方错误严重，我个人并不十分赞赏。因为这些所谓的错误只是一场论辩站在不同立场上的不同逻辑，并非真实的逻辑错误。我更赞同直接指出问题所在，继而进行分析探讨的反驳方式，这更容易显得平等对话、平和说理，也有利于节省己方用时。

3. 重视第一句话

现场感还表现在站起来的第一句话上。例如，控方在总结陈词最后经常会谈到要遵守罪刑法定的基本原则，辩方总结的第一句话立刻就能凸显现场感。

"罪刑法定原则也是今天控方谨慎遵守的一个基本原则。罪刑法定原则除了保护无罪者免受刑事追究之外，还包含另外一个含义，就是不让有罪者逃脱法律的制裁，今天违背罪刑法定原则的恰恰是辩方。"

再如首届全国公诉人与律师电视论辩大赛决赛重庆公诉队 vs 四川律师队，自由论辩中控方先用完时间，辩方在剩余时间内连续发起强攻紧逼控方，而控方毫无机会回应。因此控方三辩在总结陈词时站起来的第一句话就是"沉默不等于同意"，具有良好的现场感。

又如，第二届全国检察机关优秀公诉人电视论辩大赛半决赛上海公诉队 vs 四川公诉队，刘芳构成诈骗罪还是侵占罪，辩方总结陈词的开头较为有趣，现场效果良好：

"我住长江头，君住长江尾，这是四川和上海的缘分，闺蜜就是本案张莉和刘芳的缘分。闺密之间的财产纠纷，控方却盯着银行不放，方向错了，结论当然错了。"

4. 结合自由论辩的某个点

前述谈到总结陈词必须根据自由论辩的真实情况进行现场调整，总结争议点。这里说的结合自由论辩的某个点，是指在分析论证某个争议点时借用自由论辩中对方说的某句话或某个细节，强化现场感。

例如下面这场论辩控方总结陈词中的画线部分就是在已准备的基础上很好地加入了自由论辩的某个点，凸显现场感。

论辩题：丁大伟盗窃案
——首届全国公诉人与律师电视论辩大赛总决赛
重庆公诉队 vs 四川律师队

丁大伟原是科曼投资发展有限公司（以下简称科曼公司）聘用人员，因盗窃同事和公司财物被解聘。丁大伟被解聘后不思悔改，其在公司工作期间就发现很多部门疏于防范，经常是人走门不锁，易于下手偷窃。但其知道公司熟人较多，亲自盗窃恐怕有风险，便许以好处，唆使王鹏（13 周岁）去公司行窃。2011 年 5 月 23 日，王鹏在去科曼公司行窃的途中，遇到同学周阳（13 周岁），周阳问王鹏干什么去，王鹏如实相告，并极力邀请周阳和自己一起去，周阳同意。王鹏、周阳进入科曼公司楼内的一个办公室后，一人拿走价值 8000 元的笔记本电脑一台，一人拿走价值 5000 元的手机一部。二人在下楼出门时，被公司保安拦住，遂案发。公安机关根据王鹏的供述将丁大伟抓获，但王鹏和周阳都记不清自己偷的究竟是手机还是笔记本电脑，门口的保安也只记得当时就把两个人偷的东西扣下放在一起了，到底谁拿的什么也记不清了。

控方：丁大伟的盗窃罪数额是 13000 元。
辩方：丁大伟的盗窃罪数额是 5000 元。

控方三辩：谢谢主持人，大家好，刚才的辩论辩方一直告诉我们，要存疑有利于被告人，但是我们举了杀人放火，共同偷一个电脑，对方辩友又告诉我们不要存疑于有利，到底是方法错了，还是不该分呢，这个逻辑错误引申出两个前提的错误，第一个焦点在于本案中丁大伟没有直接唆使周阳是否影响责任承担，对方辩友给我举了一个喜羊羊的例子，但是我要告诉你，如果王鹏是为了丁大伟的利益，而邀约了他人的情况，这个时候丁大伟就该承担责任。因为丁大伟邀约王鹏盗窃是看中了王鹏能够代替他，实施盗窃的能力，而不是王鹏的身份，那么丁大伟他能认识到王鹏是有意识的人，王鹏有伙伴意识。王鹏邀约周阳作为他的盗窃方式，这一点根本没有违背丁大伟的预测可能性，我们刚才第二个焦点就在于王鹏邀约周阳，他有没有超出丁大伟的授意范围。刚才对方辩友给我举了一个杀人的例子，但是我告诉您这个杀人的例子，已经超出了盗窃罪的构成要件的范围，已经不能包括，不能类比，而本案中王鹏如实相告周阳，他是服务于丁大伟的唆使行为，而周阳参与以后增强了王鹏的信心，也服务于他的任务行为。而这样的结果是服务于丁大伟他求才若渴，许以利益唆使的一个主观目的，既然符合他的主观目的，又怎么可能超出一个犯意的故意呢，其实今天的案件表面上控辩双方咱们在对这个数额问题进行争议，实质上我们是对罪刑法定的一个根本性的理解，今天我们论证的前提是丁大伟应当对王鹏的个人行为负责作为一个论证前提，你知不知道在100多年前，当间接正犯理论没有产生的时候，我们论证的前提都是一个问题，这说明了：一个再好的法律，也不可能解决所有的问题。当过去的理论不能解决今天的问题，让今天山穷水尽疑无路的时候，我们只能坚持理性才能柳暗花明又一村，因为呆板的公正其实是最大的不公正，谢谢。

（四）进行价值升华

价值升华是指阐明一场案例论辩跳出辩题争议之外的探讨价值。因此，在一场案例论辩进行总结陈词的最后部分，通常都有价值升华，以此凸显本场论辩的意义。常见的价值升华点有：

1. 强调罪刑法定原则或刑法谦抑性

这是最常用的价值升华。例如，在职务犯罪类型的辩题中，我们常听见控方说：

"我方坚持认为其行为构成某某罪。罪刑法定原则是我们今天恪守的基本原则，但罪刑法定绝不是僵化的，要求我们透过现象洞察本质，还事实以真相，令犯罪者无所遁形。"

再来看一场具体的案例论辩：

论辩题：加油站见义勇为案
——2023上海律师辩论大赛
虹口一队 vs 徐汇二队

某日8时许，加油站员工汤某（身穿加油站工作服）精神病突然发作，在加油站内追赶加油站经理洪某（身穿便服，手上拿一挎包）。此时，余某开着一辆小轿车载着母亲到加油站准备加油，见汤某追赶洪某从加油站的收银处门口经过，余某认为洪某抢劫，于是开车上前拦截，而洪某也刚好跑到余某车头位置，洪某用手按住车头，退几步转身想跑。余某继续开车加速往前，车头将洪某撞倒。见洪某倒地，余某便踩刹车，但因为担心急刹车会伤到母亲（未绑安全带）而没有紧急制动，轿车将洪某拖行约13米，撞上加油站旁边的树木和花坛后停下。洪某经送医抢救无效死亡。经鉴定，洪某系因钝性外力作用致创伤性失血性休克、胸腹部多脏器损伤死亡，经检验，小轿车制动前速度为35.9千米/时，制动性能良好。

正方：余某的行为构成故意伤害罪。
反方：余某的行为不构成故意伤害罪。

[反方三辩总结陈词]

一起乌龙事件，一脚刹车瞬间，造成了本案的洪某不幸离世。但是司机余某并不是一个罪大恶极之人，他始终认为自己在制止犯罪，并在第一时间踩了刹车。对方辩友却要将这一见义勇为的善意，冠以故意伤害的罪名。对方辩友如此一意孤行，是因为他们视角上犯了两大错误：

第一，结果论对方辩友将死亡结果作为关注的核心和思考的起点，从洪某死亡这一刻向前追溯——是谁造成的？什么行为引起的？这就毫不避免地将整体的防卫行为进行了拆解式的割裂，将死亡结果归责于死亡前一刻的一个动作，而这种谁死伤、谁有理的审判理念，已经被"两高一部"《关于依法适用正当防卫制度的指导意见》所摒弃。

第二，对方辩友喜欢从事后的方法来推导前端，从事后计算的空间与距离、时间与速度，去推理合适的踩刹车的速度、行进的速度。而这样的一个速度是事后推理的，对于当时的情境和当事人来说是无法计算的。他会去设想为什么不去拦腰阻截、为什么不紧急刹车，而这种事后的冷静同样被我们的指导意见所制止。

对于这样一起案件，我方认为应该采取从意图到行为再到结果的这样一个顺向路径，完整地考虑行为人出于什么样的目的，采取了什么样的行为，引起了什么样的后果，应当从认识和意志两大因素去分析每我们这个案件行为人的主观心态。

第一，就认识因素而言，余某认为，洪某是抢劫犯，自己是防卫人。空手追拎包，制服追便服，如果单一要素出现是一种巧合的话，那么这些巧合叠加在一起构成一个连续动态的场景，相信任何一个在场的人，都会认为这是一起抢劫的犯罪现场。而所要做的选择，是事不关己高高挂起，还是路见不平开车相助？本案的余某选择了开车相助，可见从洪某出现在余某视线里的第一秒开始，余某就认为洪某是一个抢劫犯。

第二，就意志因素而言，洪某是有意防卫、无意犯罪。余某拦截洪某是为了制止抢劫，见洪某倒地，他第一时间踩了刹车。请注意，前一脚踩的是油门，在防卫犯罪；后一脚踩的是刹车，在防止损害——整个过程并没有故意伤害的目的和动机。虽然念及母亲，没有紧急制动，但是法律不能强人所难，在电光火石间的瞬间反应实属人之常情，我们不能过多苛责于当事人。只是最后的滑行距离和汽车的惯性，突破了于某所能控制的范围。本案的发生充满了很多的偶然性：精神病的发作、被误认的抢劫，还有机动车的惯性，这些当时的偶然性已经让本案中的无辜的洪某失去了生命，而对方辩友却想用事后的必然性去将我们的余某推向黑暗的深渊。

法律不仅要惩恶，更要去扬善，我们不应用刑法的威严和冷酷去苛责善良的用意，而是要用刑法的审慎和谦抑去扶持人性的光辉。唯有如此，我们才能真正地做到情理法相适应，罪责刑相一致。

也许对方即便还想用声情并茂的代入感给我们的余某带上一层故意伤害的枷锁，但试想一下，如果这就是故意伤害，那么下一个一往无前的余某就会踌躇；如果这就是故意伤害的话，那么下一个义无反顾的余某就会犹豫不决，如果这就是故意伤害的话，那么下一个热心相助的余某就会变得冷漠无助。试问还有谁愿意成为下一个见义勇为的人？谢谢。

[正方三辩总结陈词]

13米是1.5个教室的长度，也是生和死的距离。洪某无辜枉死，这是一个悲剧,但如果今天一个只有洪某受伤的世界达成了,这是另一个悲剧。

对方今天所有的说法都是在跳格子,他们在不同的点上,挑选不同的学说,给出不同的理由。他们只考虑单点上的一个说法更有利,而丝毫不考虑基本的一贯性。他们左右左右左,想要跳过这条便捷的河。但我想问对方,如果你是洪某,听了这些说法,你想得通吗?如果想不通,是想不通的人错了吗?

对方说设身处地,好,我们来设身处地,现在你的车拦住了洪某,此时你明确地看到洪某没有持械,全程只有一个动作——跑,这说明他没有伤人的意图、没有伤人的威胁。即便真的是抢劫,这也是抢夺,而不是抢劫,侵犯的是财产权,而不是人身权。

防卫必须有限度,如果细心一点,你还能看到洪某的表情,不是劫匪的逃窜,而是自保的闪躲。但所有这些你全都忽略了,明明危险的信号在降级,而你的手段却在升级。当洪某退几步转身想跑,你前面是拦,这时却是去撞;你前面的时速不到 5 公里,这时却直接轰到 35.9 公里;洪某跑过来,你弯过去截;洪某往后退,你却直线去撞。撞人会受伤,谁会不知道?知道还撞,这不叫放任叫什么?

当人已经被撞倒,40 码的制动距离是 3.1 米,即便以车上乘客不往前冲倒为标准进行缓制动,5 米左右也刹住了。但 13 米都没有刹住,一直撞到树木和花坛才停下来,说明你的刹车极其轻微。你说你刹了,可是,问题是车开了 13 米,这个速度你看得到,前面的障碍物你看得到,前面挂着一个人你看得到,就算一开始你没有意识到,随着车越开越近、把人撞上去的危险越来越大,你还不知道要多踩一脚吗?这不叫漠视叫什么?

你说你是为了母亲的安全,可是,第一,如果你不猛加速会有这个风险吗?危险是你招致的,你怎么能为了自致的风险,致别人安危为不顾。第二,一个在车里,一个在车底;一个可能受伤,一个必然受伤;一个手撑一下可以没事,一个再多一秒就出大事,孰轻孰重?第三,撞到人的本能反应是什么?如果我们撞到人肯定是一脚刹车就下去了,我甚至来不及想安全带的事儿,可是你眼睁睁地看着这个人被顶在车头、撞到树木和花坛上,这不叫过限叫什么?

当然对方会说,人的认识是有缺陷的,是的,这就是为什么执法权和司法权必须交由受过严格专业训练的人来行使,因为人的判断常常会出错，人的行为常常会过当，这就是为什么法律对于私力救济必须给出严格的限定。而人类得出这个结论，你知道我们付出了多少血的代价吗？真理和谬误只有一线之隔，见义勇为必须义大于勇，不能勇大于义。当勇盖过了义，一线之隔，性质就已天差地别，这一线，隔开了克制与放任，也隔开了生和死，隔开了救助与漠视，也隔开了义和罪。谢谢各位。

2. 强调刑法用语的解释原则及方法

任何案例论辩实际上都涉及法律用语的解释和认知，因此这也是常用的价值升华方法。例如控方从解释犯罪表现多样性的角度，常说：

"我想，今天控辩双方的争议其实来源于刑法解释的原则与方法。作为一名司法工作者，我们应当通过活生生的事实不断填充法律的含义，只有这样的法律才具有生命力，只有这样的刑法解释才符合罪刑法定的真正含义。"

而辩方常从刑法谦抑性的角度进行用语解释，从而进行价值升华：

"虽然法律条文没有告诉我们……但是作为一名司法工作者，当我们将凝练的法律条文运用于具体的生活实践时，应当遵循罪刑法定的基本原则，结合基本的生活经验，怀着谦卑谨慎的态度，不能做任意的扩大解释。正是基于这种态度，辩方认为……的行为不构成……罪。"

3. 情感共鸣，通过特定立场的煽情的方式进行价值层面的探讨

如首届全国律师电视论辩大赛决赛福建律师队 vs 山西律师队争论的陈伟的行为是否构成强奸罪的总结陈词中，控方最后站在被害人的立场上进行价值升华：

"当一个公民的人格尊严受到践踏时，尤其当这种践踏上升到触犯刑法，构成犯罪的程度时，不论以什么理由将他排除于法律救济之外，都不是一个正义的法律所应该做的。综上所述，我们认为，本案被告人违背妇女意志，以强制手段实施性行为，已经构成强奸罪。"

再来看一个具体的案例论辩：

> **论辩题：茶店伤人案**
> ——2018首届华东律师辩论赛
> 上海二队 vs 江苏一队
>
> 李刚，男，在某市场经销茶叶。因为争揽顾客，李刚多次与同市场经销茶叶的王强发生争执。2016年6月某日，李刚、王强又发生争吵，被他人劝开。王强觉得李刚欺人太甚，找到朋友林森准备去教训教训李刚。二人前往李刚经营茶叶的店铺，林森站在门口，王强走到店铺内的李刚跟前，拿起地上的凳子照李刚的头部打去。李刚急忙躲闪并向外跑去，同时掏出随身携带的尖刀朝站在门口的林森捅了一刀。经法医鉴定，林森系重伤。
>
> 正方：李刚的行为构成故意伤害罪。
> 反方：李刚的行为不构成犯罪。

[正方三辩总结陈词]

主持人，尊敬的各位评委老师，各位观众，大家上午好。我们经过几轮的唇枪舌剑，真理越辩越明。本案当中，李刚持刀将人捅成重伤，已经符合故意伤害的行为要件，我们双方的争议焦点在于有没有正当防卫阻却犯罪。

对方辩友的错误在于，他们脱离案件既定的事实，假设假设再假设，他们凭空加戏，自编自导自演了一场根本不存在的正当防卫，所谓的违法阻却只不过是空中楼阁。

首先，根据案件给出的事实，李刚对于林森两人一起到来并没有认识，更谈不上林森是不法侵害来源的身份识别，没有防卫意识，他这种捅人的行为就是一种人挡捅人、佛挡捅佛的犯罪故意。

其次，林森虽然到达了现场，但是只是想教训一下。那么我们从王强跟林森都没有携带凶器，现场抄凳子的行为来看，两人是没有行凶的合意的，而从林森的行为来看，在现场、在门口站住，消极地站桩，他也没有进入店铺进行行凶的实行行为。

那么，我们再来看一下今天的案发场景是一个开门迎客、出路宽敞的茶铺,并不是一个幽深窄窄的隧道,而林森所在的位置并不是李刚逃脱的必经之路。反观李刚,随身携带一把足以使人重伤的刀具,表明他随时有捅伤不特定人的概括故意。而跑向林森时,既没有言语上的让林森闪开,也没有挥刀驱逐的行为,而是一下子上去一刀捅成重伤,这就是故意伤害的犯罪行为。

我们今天站在这里,我们不是控方,也不是辩方,我们是站在裁判者的立场,根据案件事实给出的条件,来认定李刚的行为定性。不论是在赛场上还是在法庭上,事实是一切的基础,而证据正是认定事实的灵魂。我们脱离辩题去虚构条件,就好像在案件裁判当中,脱离案件证据去假定案件事实一样是十分危险的。我们今天站在这里,胜与负已经不重要了,重要的是我们作为一名法律人,必须坚守由证据事实构筑的事实底线。

各位评委各位老师,这就是故意伤害,我们发自内心地呐喊,让证据说话。

[反方三辩总结陈词]

2006年1月山东蓬莱,被告人马某用板凳击中被害人阮某的头部,阮某死亡;2010年12月安徽灵璧,被告人张某用板凳砸中被害人彭某头部,彭某死亡;2016年8月江苏宿迁,被告人陈某用板凳砸中被害人高某头部,高某死亡……在司法判例网上稍加检索,用板凳砸中头部导致死亡的案例数不胜数。

如果时间允许,我还可以从医学的角度给大家分析一下,用板凳击打头部的不同部位会分别造成什么后果,但我想,没有这个必要了。一言不发,挥凳就砸,直击头部,稍有常识的人都知道,这意味着什么。当然对方会说行凶的是王强,与林森无关。可我想问,什么是共同犯罪?共同犯罪不是多人实施多个行为,而是所有行为人在同一犯意下实施同一行为。任何共同犯罪人都是不法侵害人,都是防卫的对象。对方还会说,王强的伤害超过了共谋的范畴,可是本案中是概括故意,概括的是任何的人身伤害。

什么叫共同教训?如果是去理论一下,为什么两个人不一起进门?一人行凶,一人堵门,分工明确,行动默契,说明事先一定有约定,而且约定的一定是暴力。况且从进门到击打,从击打到逃跑,在整个过程当中即便超过了犯意,你仍然堵门,就已经形成新的合谋。

我知道在座的大部分没有死里逃生的经历,可我恳请各位,恳请各位设身处地的想一想，设想一下那种一言不发就开打、一打就往死里打的场景，想象一下那种前有堵截、后有行凶的恐惧。面对那样的情境和气氛，你不害怕吗？即便我们不谈无限防卫，你要行凶，我只是夺门而逃，连夺路而逃都不行吗？在夺路而逃的过程当中，我防身的武器没得选，只有随身的一把小刀，我不得不防卫，但一旦防卫又难以控制防卫的后果，我有的选吗？我只是要逃，你却要我坐3到10年的牢，于心何忍？

是的，行凶让人恐惧，可如果面对行凶却不能反抗、如果反抗就构成犯罪，更让人恐惧。法律不应该让人陷入恐惧，而应当帮助我们抵抗恐惧、让我们享有免予恐惧的自由！谢谢各位。

4. 超越辩题，从社会警醒的角度进行价值升华

例如第七届全国检察机关十佳公诉人暨优秀公诉人业务竞赛，贺石借卡微信提现案（构成盗窃罪还是侵占罪），第二组辩论的辩方在总结陈词的最后强调：

"今天在这场辩论中，我方想传达的一个观点就是：司法裁判不仅仅是对个案的一个是非曲直的法律评价，而是对社会的规范指引和政策宣示。我方想通过对案例的辩论来引导人们正确用卡合法理财。"

和这类似的，首届全国检察机关优秀公诉人电视论辩大赛北京公诉队vs重庆公诉队探讨的赵辉抢劫案，争议核心是其使用他人遗忘在ATM机上的信用卡的前提行为究竟是信用卡诈骗还是盗窃，北京公诉队最后的价值升华是：

"在严惩罪犯的同时，愿持卡一族，能放慢自己的匆匆行色。愿科技的发展使我们的用卡更安全、更高效。"

这种方式的价值升华跳出论辩本身，从较高的层面来探讨辩题论辩的意义，因此最容易引起评委和听众的共鸣，但这种价值升华往往不易做到。同时，在挖掘这个层面的价值升华时往往有不同的角度，需要认真研究哪种角度最契合辩题，又最有意义。

论辩题：张洁生产、销售有毒、有害食品案
——首届全国公诉人与律师电视论辩大赛决赛第一场
上海公诉队 vs 浙江律师队

张洁，女，2007年大学毕业后到嘉华食品公司工作，任总经理秘书，日久天长和总经理郭伟产生感情，并确定为恋人关系。

2008年底，公司面临巨大的生存压力，郭伟苦苦谋求新的发展方向。经过一段时间的调查，他发现窈窕身材无论在什么时候都是女性不变的追求，生产"减肥饼干"的想法油然而生。如何生产减肥饼干，郭伟查阅了很多资料。最终，他发现芬氟拉明可以通过作用于神经中枢，抑制食欲，达到减肥目的，遂决定在饼干生产过程中加入芬氟拉明，并通过关系买来大批的芬氟拉明，交由工人在饼干中添加。

2009年1月，"减肥饼干"投入市场，但初期销路并不顺畅，主要原因在于人们对该饼干品牌并不熟悉。于是，郭伟又产生了冒充某知名饼干品牌的念头，并和张洁共同商议了操作办法。随后，张洁负责带领部分工人生产某知名品牌饼干的注册商标，并贴在本公司生产的减肥饼干的外包装上，还在外包装上注明减肥饼干是该知名品牌推出的新产品。一时间，减肥饼干销路大开，公司销量大增。

由于知道长期或过量服用芬氟拉明可能会引发心脏瓣膜疾病，且芬氟拉明属于国家禁止在食品中添加的化学药物，郭伟并没有告诉张洁在饼干中添加的是什么。张洁为减肥也开始吃这种饼干，并感觉确实有效，但吃了一个月后，偶尔感觉有些心慌、难受，张洁也没有在意。2009年2月的一天，张洁偶然问到郭伟添加的原料究竟是什么时，郭伟告知其是一种减肥药物，张洁说："那太好了，我一定要再多吃一点。"郭伟连忙问："什么？你也吃这种饼干了？"张洁疑惑地回答道："是啊，怎么了？"郭伟十分紧张并很严厉地说："不行，你以后不要再吃了！"张洁问："为什么呀？"郭伟支支吾吾说："你别管，反正你别吃就行了！"张洁心里有些疑惑，但也没有再追问。此后张洁就不再食用这种饼干，也没有再心慌难受过。

2009年4月的一天，市工商局来公司例行调查，郭伟急忙让张洁把芬氟拉明原料装起来带回家，并告知千万不要让工商局的人看见。郭伟的这种做法更让张洁心存疑虑。回到家中，便向在足球队做队医的哥哥张勇询问，张勇告诉张洁这种材料叫"芬氟拉明",是一种精神管制药品,属于体育比赛中禁止服用的一种兴奋剂。张洁连忙问道:"那能不能加到食品里面呢?"张勇说:"这我不大清楚,要不我找人给你问问?"张洁说:"行啊,那你帮我问问。"

后来张勇因工作忙把此事给忘了,张洁也没有再追问。

回公司上班后,张洁几次想就此事好好问郭伟,但每当看到郭伟辛勤努力的拼搏工作,在兴致勃勃地畅想二人美好的未来,她都张不开嘴。而且,看到市场上减肥饼干的销量这么好,也没听说有人出毛病,张洁也就不再继续多想,仍然带领工人生产、粘贴仿造的注册商标。

2009年5月,食用减肥饼干的孙某突然死亡,经过鉴定,确定孙某的死亡是由于心脏衰竭而致。其除了自身心脏病以外,连续长时间大量食用"减肥饼干",在很大程度上增加了心脏的负担,也是导致死亡的重要原因。事发后,郭伟在外逃的过程中发生车祸死亡,张洁被警方抓获,方得知芬氟拉明是国家禁止在食品中添加的化学药物。经查证,该公司"减肥饼干"的生产、销售额为23万元。

控方:张洁构成生产、销售有毒、有害食品罪。

辩方:张洁构成假冒注册商标罪。

[控方三辩总结陈词]

谢谢主持人,今天的讨论无非两个问题,张洁做了什么,张洁知道什么。先看知道什么,一个人偶尔心慌难受可以无所谓,另一个人得知自己吃的减肥饼干当中添加了药物,可以像对方辩友一样,也觉得无所谓。当你的男朋友严厉地禁止你吃这种饼干的时候,你不会觉得这个饼干是有问题的吗?当你不吃这种饼干的时候,你以前的心慌难受也没有了。

你不会在心慌难受和药物之间建立起一种因果关联吗,张洁这个时候还有什么理由不知道,这样的减肥饼干是有毒有害的呢,诸位其实如果今天张洁和郭伟不是恋爱关系的话,张洁早就不干了。她作为食品从业人员,她为什么要无视公众安全,违背义务去甘冒风险呢,她为什么要赚着一个卖面粉的钱,去操卖白粉的心呢,很简单,恋爱中的女人嘛,我们都理解,为了自己未来的小幸福,她总会去找一些理由安慰自己,骗自己。可是刑法的逻辑和恋爱的逻辑,毕竟不应该是一样的吧,总不能因为我们说张洁，她是在骗自己，然后我们大家也认为她不知道了，我们大家也就不对她做刑法评价了吧。

再来看一看张洁做了什么，很简单还是那句话，如果今天张洁和郭伟不是恋爱关系的话，那张洁何必顶着一个秘书的头衔，却去干那些老板娘的事情呢，今天嘉华公司不是在进行单位犯罪，那张洁真是一个标准的贤内助，案例明确地告诉我们了，因为张洁的全情投入，所以饼干公司才会销量大增，可惜，这不是军功章里面的另一半，却是参与单位犯罪的程度，一个直接责任人员，有冤枉张洁吗，爱情不是罔顾认知的理由，更不是超越法律的事实，毕竟我们都知道，己所不欲勿施于人。

这场论辩控方根据张洁和主犯郭伟的恋爱关系，论证了张洁在恋爱中的盲目性，强调了论辩的核心问题即张洁的主观认知，并从恋爱和守法的关系这个角度进行价值升华。但事实上，这道辩题从控方的立场还可以有另外角度的价值定位，可以强调张洁作为食品从业者的高度注意义务，强调社会对食品安全这一敏感问题的高度关注，食品安全不仅需要企业自律更需依法重拳出击。这个价值升华点，控方其实在开篇立论中点到"民以食为天，食以安为先"。

总结陈词中的价值升华还需要注意两个问题：

一是一场案例论辩总结陈词阶段的价值升华究竟占多少比重合适？

例如，上述张洁生产销售有毒有害食品罪，辩方三辩的总结陈词：

谢谢，我想会有很多男朋友制止他们的女朋友服用减肥食物，因为会有很多人像我一样，认为美不是来自外表，而是来自内心，就像有很多的父亲会制止儿子抽烟，会有很多的妻子制止老公饮酒一样，以此来推定这样的一种明知和因果关系，不仅是荒谬的，也是违反人性的温情的。本案是一起单位犯罪，张洁不是一个直接责任人员，无论主观还是客观上，她都不具备控方所指责的犯罪的构成要件，那么如果说主观上强求她明知，客观上又武断地认定这样一种行为，最后又冷漠地对她定以重罪，我想这违反了刑法罪责相当的原则，也无从体现刑法的谦抑和公平。

对张洁定以假冒注册商标罪，已经足以惩罚她的行为，也足以起到社会预防的效果，主持人各位评委，对方辩友，几小时以后，本次论辩大赛就会落下帷幕，而这间曾经喧嚣的演播大厅也会短暂地归于沉静，那么我们曾经精彩的陈词，也许会随着时间流逝，而被人们所淡忘，但是我想不会随时间流逝被忘记的，是刑罚那些古老而凝重的基本原则，同样不会随时间流逝被忘记的，是我们法律人心中秉持的理性光芒。我们今天所做的不是为了一个案例，一起犯罪一个被告人，而是为了每一起犯罪都能得到客观、公正的判断，为了每一个被告人都能够感受到刑法的人文主义关怀。更是为了使法律的每一缕阳光，都能照在我们所有人身上，令人温暖而感动，谢谢。

这样一篇情感色彩充沛的总结陈词，配合辩手的优秀表现，现场效果良好，但现场细听及事后细看文字会觉得实质内容欠缺。若在前期明显占优势的情况下，这种欠缺实质内容以情感和价值论述为主的总结陈词不失为一种对策，但若在前期并不占优势或甚至处下风的情况下，这种模式的总结陈词，很可能略显煽情而理性不足，且浪费了利用总结陈词进一步巩固己方立场和理由，有力驳斥对方观点的机会。因此，我个人较为坚持，价值探讨和升华只是案例论辩的辅助方法，案例论辩的核心永远是对法理的探究，总结陈词的核心是对争议点的进一步深入阐述。

二是价值升华需要紧密结合探讨的案例，不能为了升华而升华。

论辩题：周大东抢劫/故意伤害案

乐菲是周大东开设的四海旅游公司的员工，某日，公司安排乐菲带队，组织一批中老年客户去某地参观一个工艺品厂。其中的一个客户唐红表达了对某大型工艺品的购买意愿后，由四海旅游公司出面代为唐红垫付5000元购买，工艺品暂时由四海旅游公司保管。但是在之后的参观中，因为乐菲与唐红发生了口角，唐红表示不再信任四海公司，立刻退出该活动，工艺品不要了，也不会再为它付款。

周大东得知后大为恼火，于次日下班前把乐菲叫到办公室，威胁说："像你这种员工就是得惩罚！让我的公司损失了客户还赔了钱，你不拿出5000元钱来，不能算完！"乐菲不服，与周大东争论，周大东暴怒之下，叫来保安对乐菲拳打脚踢。乐菲无奈求饶，用手机当场向周大东转账5000元。经鉴定，乐菲被打成轻伤一级。

控方：周大东的行为构成抢劫罪。

辩方：周大东的行为构成故意伤害罪。

这道论辩题是此罪与彼罪的争议，控辩双方根据自己立场结合抢劫和故意伤害罪的构成要件分别进行论述，争议核心在于周大东向乐菲索要5000元是否事出有因，这个因是否合理，并以此认定是否具有非法占有目的。对此，有位控方辩手进行了以下价值升华：

"周大东以暴力方式，非法占有自己员工5000元的行为，符合抢劫罪的犯罪构成，周大东就是现代版的周扒皮。刑法该宽则宽，当严则严，必须做到罪责刑相适应，只有以抢劫罪对周大东量刑才能达到量刑均衡。我们在执法办案中，宽严皆有尺度，对罪犯的怜悯，就是对法律的无视，就是对公平正义的亵渎，人民群众不会同意，我们控方更不会同意。"

本来只是此罪和彼罪的区分问题，我们确实可以从两罪的区分中去寻找准确定罪的意义，但这段价值升华显然是完全站在己方立场，为了升华而升华，且用的都是套话大话，难以引起共鸣，实际效果有限。

（五）精准掌握用时

开篇立论基本是事先准备的内容，因此较容易做到精准掌握用时。而总结陈词有不少是要根据现场进行调整的内容，并不容易做到用时的精准，因此，越短时间准备的案例论辩，总结陈词若能精准掌握用时往往也是增添光彩的一个重要细节。例如第四届全国十佳公诉人选拔赛决赛论辩第一场，控方北京选手姜淑珍总结陈词阶段充分反驳对方观点，阐述己方观点后严掐最后一秒钟说完。发言结束时刚好计时铃声响起，选手落座，掌声随即响起，现场效果良好。对时间的掌控一方面要依靠日常养成的用时概念，大致清晰自己说多少话用时多少；另一方面可以通过最后的价值升华进行有效调节。例如预设30秒进行价值升华，但说完前部分发现时间提示不足30秒时则按照不足的时间进行相对简化的价值升华。

228

第四章 短时间案例论辩的准备方法

前述所有关于案例论辩的策略和技能都是实践的总结，但事实上没有人能够熟练运用每一种技能。电视论辩赛都是团队赛，团队赛都有相对充分的事先准备时间，因此各种技能的运用相对丰富和成熟。而有的论辩，因准备时间紧张（例如，全国十佳公诉人选拔赛决赛环节论辩准备用时为40分钟到2小时，初赛环节论辩准备用时20分钟），选手在场上的表现基本完全依靠日常的积累。

一、短时间案例论辩的经典实例

下面，让我们一起来观摩第四届全国十佳公诉人选拔赛决赛的论辩环节的6场论辩。之所以选择这些论辩，是因为第四届全国十佳公诉人选拔赛决赛的论辩有公开的影像资料供大家参照，还因为选取的这6场论辩的12名选手不仅代表非常高的公诉水准（全国十佳公诉人选拔赛有笔试、答辩、论文、论辩等多个环节，最终进入决赛环节的选手是综合成绩排名前20），其中的9人在第四届全国十佳公诉人选拔赛中获最佳或优秀辩手的称号，且担任之后举办的全国公诉人电视论辩或全国公诉人与律师电视论辩大赛的选手或教练，他们的论辩水平也相对较高。把相同辩题的不同场次的较高质量的论辩放在一起（每三场是同一辩题），能够形成良好的对照，有利于我们进一步去感受上述论辩策略和技能中哪些是短时间准备中最常用也最好用的，从而一起探讨短时间内如何有效准备一场案例论辩。

论辩题：被告人马天龙运输毒品案

基本案情：王小虎（男，15周岁）应魏强的要求，要将2公斤海洛因从武汉运往广州。于是，王小虎请马天龙（男，19岁）与自己一起坐火车从武汉前往广州，并将运输毒品的真相告诉马天龙，马天龙答应了王小虎的请求。2010年7月5日晚，马天龙、王小虎一起坐火车从武汉到广州，次日早晨下车后，二人被警察抓获。事后查明，马天龙一路上只是单纯陪同王小虎,其间没有接触过毒品,毒品一直由王小虎带在身上。

控方：马天龙的行为构成运输毒品罪。

辩方：马天龙的行为不构成犯罪。

【第一场：余红 vs 姜淑珍】

[控方开篇立论]

主持人,评委,对方辩友,大家好！在我们审查案件的过程中,当我们的目光不断要往返于案件事实和法律规范之间时,却经常会发现罪与非罪、此罪与彼罪的困惑。我方认为,正确判断的标准是罪刑法定原则。具体到本案,也就是马天龙的行为是否符合《刑法》第347条运输毒品罪的犯罪构成要件。我方认为,马天龙的行为构成运输毒品罪。在本案当中,有三个焦点性的问题值得关注：第一,马天龙主观上是否具有运输毒品的故意；第二,马天龙是否与王小虎共同实施了运输毒品的行为；第三,马天龙的行为是否侵犯了刑法所保护的法益。

首先,马天龙在主观上具有运输毒品的主观故意。所谓运输毒品罪的主观故意,是指行为人明知毒品而非法运输。马天龙接受王小虎的邀请,将毒品从武汉运至广州,马天龙在王小虎明明白白、清清楚楚地告诉他要共同运输毒品的时候,主动答应了他的要求,表明其主观上具有运输毒品的故意。

其次,马天龙是否与王小虎共同实施了运输毒品的行为。我方注意到,王小虎年满15周岁,虽然刑法规定,不满16周岁的人实施运输毒品不负刑事责任,但王小虎在事实上是具有行为能力和辨认能力的自然人。其十分清楚自己行为的性质,其与马天龙共同实施了运输毒品的行为。

最后,马天龙的行为是否侵犯了刑法所保护的法益。我们知道,毒品犯罪是严重的刑事犯罪,马天龙与王小虎的行为违反了我国刑法关于毒品的管理制度的规定,共同运输了2公斤的海洛因的行为,侵犯了我国刑法所保护的法益。

综上所述,我方认为,从马天龙在主观上具有运输毒品的故意,客观上实施了运输毒品的行为,应当构成运输毒品罪。

一次小的冲动,很可能以身试法。作为法律人,我们不仅要关注本案的法律问题，更要关注本案折射出的社会问题。让我们共同珍惜自由，善待生命。谢谢！

［辩方开篇立论］

主持人，各位评委上午好！辩方认为马天龙的行为不构成犯罪。尊重事实，尊重法律，是今天控辩双方都愿意严守的一条准则。我们沿着这条准则考察法律，考察事实，发现本案马天龙的行为既不符合《刑法》第347条的规定，也不符合第25条的规定。因此，他的行为不构成犯罪。具体理由如下：

第一，马天龙没有实施运输毒品的犯罪行为。我们知道，故意犯罪，它的行为要达到严格的类型化，而马天龙在本案中从未接触毒品，他也不过是陪王小虎坐了一趟火车。因此，他的行为当然不符合运输毒品罪的实行行为。

第二，马天龙的行为与王小虎之间不可能构成共同犯罪。《刑法》第25条规定，共同犯罪是指二人以上共同故意去犯罪。而本案，其一，王小虎年仅15岁，因此，他本身没有责任能力，不符合一个犯罪人的要求。马天龙当然也就不可能和这样一个不能故意犯罪的人去共同故意犯罪。其二，马天龙与王小虎之间没有所谓的犯意联络，因为王小虎本身只是一个违法的人，马天龙跟他之间所谓的联络顶多是联络一下共同去违法。其三，我们看到，马天龙由于在本案没有实行行为，因此，如果说，他去共同犯罪，至多构成共犯，而不能是正犯。但共犯具有从属性，当一个王小虎正犯都不存在的时候，又何来一个共犯呢。所谓皮之不存，毛将焉附。

第三，我们看到，本案，马天龙也不能评价为一个间接正犯。我方并不否认，在不存在实行行为的情况下，一个人可能以间接正犯的形式去单独构成犯罪。但遗憾的是，间接正犯必须要求一个人对犯罪事实起到一个支配性的作用。但我们看到本案，马天龙从犯意起意，到实施，到完成，他都不具备一个支配的地位。关键与核心的人物是王小虎而非马天龙，因此马天龙的行为自己无法成立一个间接正犯。

第四，我们看到控方刚才谈到了一个法益侵害的问题，但是我们必须明确地意识到，法益的侵害重点是靠立法去规制、去解决。当我们在刑事司法中去评价一个具体行为是否构成犯罪，构成何种犯罪的时候，必须严格依照一个规范的评价，严格依照罪刑法定的原则。

综上，我方认为，从马天龙不具备实行行为，不符合间接正犯，与王小虎也无法成立共同犯罪这三方面来看，马天龙的行为都无法认定为构成犯罪。谢谢大家。

[自由论辩]

控方：马天龙的行为是否构成运输毒品罪，首先要求马天龙具有运输毒品罪的主观故意。请问辩方，马天龙是否知道王小虎要运输毒品呢？

辩方：他是否知道王小虎运输毒品当然不能决定他的行为是否就构成了运输毒品罪，任何一个人不能因为别人的行为而获罪。那么，运输毒品它是一个故意犯罪，故意犯罪要求它的实行行为必须严格地定型化。您对运输毒品犯罪的行为定型化是如何理解的呢？

控方：让我们先来回答辩方第一个问题，在共同犯罪当中，只有实行行为吗？我们知道，根据共同犯罪的分工，可以包括实行犯、教唆犯，还有帮助犯。让我们再来回答刚才辩方并没有回答的我方的问题，马天龙明知王小虎要去运输毒品，请问他为何还要答应他的请求呢？

辩方：他为何答应王小虎的请求也不能决定他就一定构成犯罪。因为我方已经论述，王小虎只是一次违法行为，那么马天龙即便去陪同他，也不过是陪同了一次违法行为而已。我们知道运输毒品犯罪的实行行为必须是定型化的，那么刚才控方谈到共同犯罪有教唆犯，有帮助犯。那么请问教唆犯或者帮助犯这种共犯和正犯您又是如何区分的呢？

控方：我们知道，帮助犯除了物质上的帮助，还包括心理上的帮助。请问马天龙陪着王小虎共同实施运输犯罪，这不就是心理上的帮助吗？我倒想请问对方辩友，马天龙明知王小虎要去，还与他共同去，还没有主观上的意思联络吗？

辩方：意思联络我方立论时已经说清楚了，王小虎是一次违法活动，那么马天龙陪他也顶多是联络一下共同进行违法活动。刚才控方也已经承认，本案马天龙如果要评价是一个共同犯罪，至多不过是评价为一个共犯。那么请问您，正犯和共犯，何是独立性，何是从属性，您又是如何理解的呢？

控方：帮助犯就是具有从属性啊，请问对方辩友，马天龙明知王小虎要运输，两人共同运输，不正是具有共同的犯罪故意，共同的犯罪行为吗？

第四章 短时间案例论辩的准备方法

辩方：有无共同的犯罪故意和犯罪行为，我想我方已经阐述多次。那么，控方刚才也已经承认，帮助犯具有从属性，既然它是具有从属性的，既然正犯都不存在的前提下，您又何来一个共同犯罪呢？

控方：我方注意到辩方说正犯不存在，我方在立论中就强调，王小虎也有运输毒品的行为，对方显然是忽视了客观违法与主观有责的关系啊。王小虎的行为是否在客观上违反了运输毒品的管理制度呢？

辩方：违反了管理制度，正好符合了我方的观点，那不过就是一次违法活动，违法不等于犯罪。是否犯罪我们还必须严格遵守罪刑法定原则。从《刑法》第347条看，马天龙有无实行行为，再从第25条看，马天龙是否构成共同犯罪。那么既然控方您也已经承认，马天龙他只不过是一个帮助行为。这种帮助行为具有从属性，在王小虎这个正犯他自己都不构成犯罪的前提下，那么又何来一个共犯，您又是如何认定他是犯罪呢？

控方：对方认为王小虎不构成正犯的主要理由是因为王小虎年满15周岁，请问对方辩友，王小虎是不是具有事实上的认识能力和辨认能力呢？《刑法》第25条规定共同犯罪，两人以上共同犯罪，有没有说必须要求，必须都达到刑事责任年龄呢？

辩方：当然要符合这样的要求了。因为《刑法》第25条规定得相当明确，二人以上共同故意犯罪，也就是说，两个人都得去犯罪，才能符合共同故意犯罪。我们把这句话拿给任何一个民众去听，如果说二人共同故意犯罪可以有一个人不犯罪这样的结论，请问哪一个国民能不大吃一惊。也就是说，这明显是超出了文字的射程含义嘛，这还能符合罪刑法定吗？

控方：这超出了国民预测的可能性吗？这超出了文字的本身含义吗？让我来告诉对方辩友，如果按照您的逻辑，两人以上共同犯罪，这个人必须要具有刑事责任能力。我们知道在刑法中必须做体系解释，那么按照您的逻辑，故意杀人，那么杀未成年人和精神病人不构成犯罪？

辩方：控方自己用了一个任意的限缩解释，可是我方从来没有这样的观点，控方显然在对我方进行一个曲解。那么我们再来看一下，关于是否共同犯罪我想双方已经阐述得非常清楚了，那么在王小虎不构成犯罪的前提下，马天龙一个没有实行行为的人他是否能够单独构成犯罪。如果在这种前提下，马天龙如果想单独构成犯罪，唯一的前提条件就是他自己构成

233

一个间接正犯，那么您对于间接正犯，他应该处于一个什么地位，您又是如何理解的呢？

控方：我方从来都没有论述过间接正犯，如果辩方认为间接正犯，那是您应当阐述的内容，我们倒是还想跟对方辩友谈谈含义的事。我想知道，在《刑法》第384条规定挪用公款罪，第273条是挪用特定款物罪，两款当中都有挪用，请问对方辩友，含义是否一致呢？

辩方：控方已经离本案越走越远了。关于体系解释、关于挪用公款、关于挪用特定款物，与本案事实没有关系。我方已经论证了，基于本案不存在正犯，所以马天龙不成为共犯，据此马天龙没有实行行为，如果你要认定他犯罪，必须认定他构成间接正犯。所以您要是想认定马天龙犯罪，就必须解释一下，间接正犯，他在一个犯罪中，应该处于什么样的地位呢？既然控方不解释，就让辩方来回答。如果一个人没有实行行为，又想构成间接正犯的话，必须对一个犯罪事实起到一个支配的作用。所谓支配的作用，就是他，或者是核心人物，或者对犯罪事实的起意、推进起到一个关键性的作用。而本案马天龙显然不具备这样的地位。我们看到从起意，到实施，再到完成，都是以王小虎为主，所以马天龙是无法成立间接正犯的。因此，请问控方，您要执意认为马天龙构成一个犯罪，那么您的法律根据，他的实行行为又都在哪里呢？

控方：在一辩的陈词当中，我方已经说得很清楚了，马天龙具有主观上的运输毒品的故意，客观上与王小虎共同实施了运输毒品的行为当然构成运输毒品罪。我方想要强调的是，究竟是我方越走越远，还是辩方不肯面对现实？让我来解释一下我刚才所提出的问题。第273条的挪用与第384条的挪用，虽然同为挪用，但是含义上却不相同。所以我方有理由相信，两人以上共同犯罪，这个"人"字可以在刑法当中做不同理解啊。

辩方：这个"人"无论您是如何理解，我们还是要看共同故意犯罪。落脚点还是在共同犯罪上，共同犯罪是两个人都犯罪才能认定所谓的共同犯罪。而本案控方不过一直在强调说，马天龙和王小虎之间……

（辩方时间到）

控方：我方认为，马天龙的行为已经和王小虎构成了共同的运输毒品，而王小虎虽然没有达到16周岁的刑事起点，那么这只是主观有责的问题,并不违反他的客观违法,他应当与马天龙共同承担,共同构成运输毒品的行为。鉴于我方已经充分表达观点,所以我方自愿放弃以下时间。谢谢!

[控方总结陈词]

谢谢主持人。犯罪都有着一张普罗修斯的面孔,变幻无常,常常呈现出不同的面貌,所以作为司法人员,绝不能仅仅简单地临摹和填空,而应当认真权衡,认真理解与适用法律。很显然,今天的辩方在法律的殿堂中找错了位置。请允许我指出辩方在认识上的不妥当之处。

第一,辩方混淆了客观违法与主观有责的概念。我们知道,对于犯罪,我们应当坚持的是客观违法的标准。王小虎的行为在客观上已经符合运输毒品的行为,虽然因为未达到刑事责任年龄而不构成处罚,只是主观有责性的阻却事由,并不妨碍唆指马天龙共同实施运输毒品的行为。

第二,辩方未能正确理解共同犯罪当中共同行为的概念。共同行为是指在共同犯罪的过程当中行为人相互配合,对于结果都有故意上或者心理上的原因力,马天龙虽然没有直接接触毒品,但与王小虎共同运输为王小虎提供了心理上的支持,同样符合共同犯罪当中的共同行为。

第三,辩方忽视了马天龙的行为已经侵犯了毒品所保护的法益,具有严重的社会危害性。毒品之害,胜于猛虎。王小虎与马天龙共同运输2公斤的海洛因,具有严重的社会危害性。

今天我们讨论本案的宗旨不仅仅在于如何处罚行为人,更想借此申辩法理,明辨是非,实现法的公正。如果马天龙的行为不处罚,影响的不仅仅是其本人的切身利益,更将影响民众对于法治的信仰与信心。只要读法律,就会有论辩;只要有法律上的误区,就要有正义的声音。让我们怀抱法律,追求正义,还你我生活中一片洁净的土壤,还当今社会一片洁净的蓝天。谢谢!

[辩方总结陈词]

谢谢主持人。各位评委,经过刚才的激烈交锋,本案的争议焦点确实已经十分清晰。但遗憾的是,控方在几个争议焦点上都有一个认识上的混淆,因此才会得出一个马天龙构成运输毒品罪的不恰当的结论。具体而言,第一,关于本案马天龙与王小虎之间是否有一个共同的犯罪故意,我们看到基于王小虎自己本身只是一个违法行为,因此,马天龙也就无法与他形成一个共同故意。

第二，马天龙与王小虎之间有没有一个共同的犯罪行为。同样，基于王小虎他本人只是违法行为，在这一前提下，马天龙也就无法与他去进行共同犯罪。同时我们还必须清楚地看到，马天龙没有实行任何自己去碰触毒品或者携带运输这个毒品的实行行为，因此，马天龙也就不存在一个共同的犯罪行为。

第三，关于控方在强调王小虎只是有客观违法，认为辩方混淆了客观违法和主观有责，但实际上我们看到，第25条清楚地规定，二人共同故意去犯罪才可以构成共同犯罪，而不是二人共同去客观违法就能成立共同犯罪。

综上，正是基于控方认识上的矛盾所以才会得出一个错误的结论，下面，辩方进一步总结本方的观点。

第一，认定马天龙的行为不构成犯罪，符合"无行为则无犯罪"的这一原则。我们看到，本案马天龙并没有实施第347条规定的运输毒品罪的故意犯罪这一定型化的实行行为，因此他没有相关运输毒品罪的外部行为。而他的行为更不能评价为一个间接正犯，所以认定他的行为不构成犯罪符合"无行为则无犯罪"的原则。

第二，认定马天龙的行为不构成犯罪符合"一个人不因为他人的行为而被评价为犯罪"的原则。我们看到，本案王小虎虽然他实施的是一个严重违法行为，但是基于马天龙他的行为只是陪同他进行了一趟乘坐火车，因此，马天龙不能因为王小虎的行为直接归责到他的身上。

第三，我们看到，认定马天龙的行为不构成犯罪符合罪刑法定的原则。其一，因为马天龙没有任何运输毒品的实行行为，所以他不能单独成立一个运输毒品犯罪；其二，马天龙与王小虎之间也无法成立运输毒品的共同犯罪，一方面是王小虎年仅15岁，王小虎自己不能成立一个运输毒品的犯罪，那么马天龙在自己没有实行行为的前提下只能是一个共犯，而共犯具有从属性，正犯不存在，共犯当然不能成立。

主持人，各位评委。我们看到，本案马天龙他的行为不够道德，不够良好，但是基于严格的罪刑法定，我们必须对他的行为进行规范性的评价，在刑事司法中，一个实质正义必须让位于形式正义。综上，我们只能认定没有实施犯罪行为的马天龙无罪，方能严守罪刑法定，方能真正实现刑事司法的司法法治和正义。谢谢大家！

第四章　短时间案例论辩的准备方法

【第二场：陈茜茜 vs 陈王莉】

[控方开篇立论]

谢谢。主持人、评委，本案是一起未成年人和成年人共同运输毒品的案件，本案中马天龙已年满 18 周岁，具有完全的辨认控制自己的行为的能力，他在明知道王小虎是要去运输毒品的情况下，仍然答应了王小虎的请求，自始至终陪同王小虎运输毒品的行为已经具有严重的社会危害性。触犯了《刑法》第 347 条的规定构成了运输毒品罪。本案的特殊性也就是今天我们要讨论的关键在于两个问题。第一个问题，马天龙自始至终没有接触过毒品，算不算运输？第二个问题，在王小虎有可能不被追究刑事责任的情况下，会不会阻却对马天龙刑事责任的追究？

控方认为，第一，《刑法》第 25 条规定的共同犯罪，强调的是两个人以上共同故意，共同行为，行为和结果之间具有直接的因果关系。本案中间，马天龙在知道王小虎是要去运输毒品的情况下，仍然答应了请求。什么请求？我陪你一起去运毒品。怎么运？一起去坐火车。这个请求的答应无疑对一个未成年人王小虎来说是一个精神支柱，他知道他不是在孤立的犯罪。两个人显然是有犯意的联络。

第二，两人是有共同的行为，运输毒品强调的动作就是运输，它不需要过多的实际行为，两个人一起，共同上车，共同下车，形影不离，这个行为就是运输毒品中的共同实行行为，都是直接的正犯，也就是说，马天龙身上有没有毒品并不重要，重要的是，两个人在一起运输。因此，本案中虽然马天龙没有直接接触毒品，仍然构成运输毒品罪。

第三，本案中王小虎会不会不构成犯罪呢？控方认为并不必然。案子告诉我们王小虎是应魏强的要求，魏强是要运输 2 公斤的毒品，很有可能是在贩卖毒品，王小虎也很有可能明知是要贩卖毒品而答应运输，如果是这样，那么他就是构成了贩卖毒品罪。他基于贩卖毒品而运输，和马天龙之间就运输毒品存在一个共同故意和行为，根据共犯犯罪共同说，两人构成运输毒品的共同犯罪也没有问题。如果王小虎不构成贩卖毒品罪，那么他是运输毒品不追究刑事责任，但是共同犯罪理论告诉我们，两个犯罪人并不需要四个构成要件都要一致，也就是说，王小虎即便不追究运输毒品的刑事责任……

（控方时间到）

[辩方开篇立论]

谢谢主持人，各位评委！聆听了控方的开篇陈词以后，我方不禁对控方的正义热诚感到十分钦佩，但是，遗憾的是，控方辩友在两个方面犯了错误。第一点，我想指出控方辩友的是，我国刑法规定的共同犯罪的理论是《刑法》第20条。第二点，对方辩友在两个很有可能的基础上强加了我们马天龙一个运输了毒品的行为，那么这是在一个强加给马天龙运输毒品的基础上得到的貌似合理的结论，那么，答案却往往是南辕北辙。那么就由我来为大家分析一下马天龙的行为是否构成犯罪。

我们看到马天龙在本案中没有实施任何的犯罪行为。他没有接触过毒品，也没有运输过毒品，当然，他连魏强是谁可能也不知道。那么，马天龙他要构成犯罪就必须依赖于王小虎的行为，两个人之间只有在成立共同犯罪的前提下，马天龙的行为才能构成犯罪。那么本案中王小虎的行为是否构成了犯罪，两个人之间是否是共同犯罪呢？根据我国《刑法》第20条的规定共同犯罪是指两个人以上共同故意犯罪，由此可见，要成立共同犯罪，两个人之间必须要有共同的故意，必须有共同的犯罪行为，本案中两个人显然不符合该条的规定，不能成立共同犯罪。

首先，案件事实清楚地告诉我们王小虎他只有15周岁，根据我国《刑法》第17条的规定，15周岁，就是已满14周岁未满16周岁的人，必须要实施故意杀人或者故意伤害致人重伤、强奸、抢劫、贩卖毒品、放火、爆炸、投毒的行为才能负刑事责任，而本案中王小虎实施的是运输毒品的行为。因此，王小虎的主体就不符合运输毒品罪的主体的构成要件，因而不能构成运输毒品罪。

其次，王小虎和马天龙之间没有教唆与被教唆的关系。本案中王小虎要求马天龙同他一起去运输毒品，这只是我们生活意义上的教唆，绝不是刑法意义上的教唆，因为要构成刑法上的教唆根据第29条的规定，教唆者他必须是要有刑事责任年龄的人，他要为被教唆者的行为承担刑事责任。由此可见，马天龙在这个所谓的共同犯罪中他并没有实施犯罪的行为，同时，他也不是被教唆或者被利用者。马天龙的行为应当无罪。我方的意见发表完毕，谢谢。

[自由论辩]

控方：首先纠正辩方一个错误，共同犯罪的刑法条款是第25条而不是第20条。我们知道确定一个行为性质第一个是事实，第二个是法律。

我们先来看本案的事实。请问对方辩友，王小虎告诉马天龙的内容是什么？

辩方：王小虎告诉马天龙当然是运输毒品了，但是这就能推断马天龙他的主观有运输毒品的故意，就能够推断两个人之间成立共同犯罪吗？

控方：好，马天龙知道王小虎是要运输毒品，那么案子又告诉我们马天龙答应了王小虎的请求，请问对方辩友马天龙答应了什么请求？

辩方：对方辩友问得好。马天龙答应的当然是运输毒品的请求。但是我想请问对方辩友您认为王小虎和马天龙之间存在共同犯罪吗，是什么形式的共同犯罪呢？

控方：好，马天龙答应了王小虎的请求，对方辩友已经说了答应的是去运输毒品，这就是告诉我们，在犯罪预谋的阶段，马天龙作为一个成年人，他已经知道对方是要运输毒品，他也知道运输毒品有严重的法益侵犯性，他仍然答应实施，这就是一个预备。再请问对方辩友，马天龙有没有陪着王小虎运送毒品？

辩方：对方辩友的问题接二连三，却对我方提出的问题顾左右而言他，那么我再次请问对方辩友，您认为两人的行为构成犯罪，依据何在呢？

控方：两个人的行为构成犯罪。第一，有共同故意，这是我们刚才在交流的时候确定的。第二，就是我们现在要讨论的共同行为，请问对方辩友，您认为马天龙有没有陪王小虎一起运输毒品？

辩方：难道对方辩友要成立共同犯罪不以王小虎构成犯罪为前提呀？请对方辩友注意王小虎他是多大，他才15周岁呀，难道对方辩友认为15周岁的人犯了运输毒品罪他构成犯罪吗？

控方：我方的观点是本案中王小虎也好、马天龙也好，都是一个直接正犯，所谓的直接正犯，他们都直接地实施了刑法所规定的触犯法律的这样一个行为，所以不存在马天龙只是一个被教唆的或者他只是一个帮助犯，他既然是正犯，他实施了行为，他就应该承担刑事责任，至于王小虎是不是承担刑事责任并不影响对马天龙刑事责任的影响。请问对方辩友，在运输毒品中间，不接触毒品的人是不是就代表不在运输毒品呢？

239

辩方：不接触毒品的人当然不代表运输毒品。刚才我听到对方辩友说，两个人都是一个直接的正犯。那么我想请问对方辩友，王小虎你认为他是直接正犯，你的依据何在呢？难道15周岁的人要为运输毒品罪来承担刑事责任吗？

控方：我们说在共同犯罪理论中，并不是说四个构成要件两个人都要全部具备的情况下才成立共同犯罪。本案中，除了主体，如果王小虎只构成运输毒品行为的话，那么有可能在主体方面不适格。但是，他们在客体客观方面和主观方面上事实上都是一致的。根据共同犯罪这样的理论，他们当然成立共同犯罪了。对方辩友还是回避了一个刚才认为不接触毒品就不是运输毒品，那我倒要请问对方辩友，如果两个人都拿了一把刀去杀人，动刀的人定罪，不动刀的您认为定罪吗？

辩方：请对方辩友注意我的发言。我们刚才说了，在运输毒品的过程中，即使没有接触毒品，也可能构成运输毒品罪，但是本案的关键是马天龙他既没有运输毒品，而且两个人之间也不能构成共同犯罪。刚才控方告诉我，如果一个人的主体不适格，他也可能构成共同犯罪。那么按照对方辩友的逻辑，一个不构成犯罪的人和一个构成犯罪的人他们之间能成立共同犯罪吗？

控方：共同犯罪的最新理论告诉我们如果两个人只是在客体和客观方面能够一致的话，它就有可能成立共同犯罪，并不受主体的影响。对方辩友说没有接触毒品可能构成运输毒品罪，这正好是回答了我方的问题，我方就是认为马天龙和王小虎有共同的故意，也有共同的行为，所以构成了共同的运输毒品罪。对方辩友认为王小虎不构成犯罪，其实，我倒要请问对方辩友案例有没有告诉我们王小虎并不知道魏强有可能是贩卖毒品罪呢？

辩方：但对方辩友能不能告诉我们王小虎他应该知道魏强是贩卖毒品罪吗？

控方：王小虎既然不能确定他一定不知道，那么就是说他有可能知道，也就是说王小虎他有可能成立贩卖毒品罪，因为对于一个已满15周岁的人来说，根据刑法的规定他是要对贩卖毒品行为承担责任的。那么再请问对方辩友如果一个人是有通过运输贩卖毒品的这样一个故意，让一个人和他一起运输毒品,有没有可能成立共同犯罪?

辩方:那么感谢对方辩友刚才的几个有可能,那就说明在控方的心目中,您对王小虎是不是知道魏强贩卖毒品也不能做肯定的答案,那为什么你要要求案件中的王小虎他就肯定应当知道是运输毒品呢?另外,我还想请问对方辩友一个问题,您认为共同犯罪中一个人不构成犯罪,另一个人构成犯罪的前提下也能成立共同犯罪,您刚才只是告诉了我们这样一个事实,却没有告诉我们您的理论依据何在呢?

控方:理论依据就是现在共同犯罪的最新研究成果呀。我方的观点是他有可能构成贩卖毒品罪,既然可能构成贩卖毒品罪,他就有可能和马天龙在运输毒品这一方面根据共犯犯罪共同说构成了运输毒品罪。如果王小虎不构成贩卖毒品罪只是运输毒品的话,那他就不承担运输毒品责任,马天龙就现在共同犯罪理论仍然要承担运输毒品责任。对方辩友,您刚才提问对方辩友一个问题,如果两个人共同受贿,但是钱只放在一个人身上,只有一个人拿起钱,请问另外一个身上没有拿起钱的人他定不定受贿罪?

辩方:我们从来没有否定共同犯罪的理论,但是对方辩友告诉我们办案是要依据理论的成果来办案,我方感到非常困惑。我方认为,办案一定要依据法律的规定,那么我国刑法对共同犯罪的理论是共同犯罪必须要两个人都构成犯罪,然而您刚才所举的例子,都是两个人共同都构成犯罪的前提下所举的例子。您能告诉我们一人构成犯罪、一人不构成犯罪的前提下,就像本案的这种情况,它如何能成立共同犯罪呢?

控方:难道……

(控方时间到)

辩方:谢谢主持人。那么刚才通过自由的论辩,我们不难发现控方在以下几个方面犯了错误。第一点,控方对共同犯罪的理论发生了错误,我国刑法规定的共同犯罪必须是两个人以上共同实施犯罪,那么,前提就是两个人的行为必须都构成犯罪为前提,然而控方建立在一人的行为不构成犯罪,另一个人构成犯罪的前提下得出的结论,那么,结论也必然是南辕北辙的。第二点,对方辩友认为,马天龙在本案中虽然没有实施接触毒品的行为,但是他的行为同样构成了运输毒品罪,我方从来没有否定过这种观点,就是在共同犯罪中可能有实行行为,可能有帮助行为,也可能有教

241

唆行为，两个人的行为不一定要完全一致，但是，实际上两个人的行为共同配合，同样能够成立共同犯罪。但是，遗憾的是，本案中两个人的行为根本就不符合共同犯罪的前提下，是根本不可能构成共同犯罪的。第三点，由于刚才自由论辩没有涉及，我还想强调一下，那么就是本案中没有利用与被利用的关系……

（辩方时间到）

［控方总结陈词］

主持人、各位，刑法规范的案件事实是法律人思维的两个界限，刑法对于共同犯罪的规定只有第25条只是16个字，但是，它绝不是对方辩友所说的仅凭这16个字可以解决司法实践中的很多问题。它好比一个揉紧的纸团，法律人要做的，就是将这个纸团尽可能地展开，看规范和事实之间能不能对应。今天刑事控辩双方争议的焦点归根结底还是怎么来看共同犯罪、怎么来判断事实这两个问题上。

怎么来看共同犯罪？共同犯罪强调的是共同故意，共同行为，行为和结果之间有因果关系。本案中，马天龙和王小虎有共同运输毒品的故意，有共同通过坐火车来实施运输毒品的行为，行为和造成的法益侵害性之间是有因果关系的，因此构成共同犯罪。

怎么来看本案中王小虎究竟应不应该追究刑事责任？王小虎有可能要追究，控方已经论证了王小虎如果是贩卖毒品，它就应该追究，在追究的情况下，根据共犯犯罪共同说他就应该和马天龙在运输毒品的范围之内构成共同犯罪，不影响马天龙追究他运输毒品罪的刑事责任。王小虎有可能不构成刑事犯罪，他如果不为运输毒品罪追究刑事责任，也不影响马天龙，因为共同犯罪之间它是有着共同的故意、行为，也侵犯了客体。他们的行为已经是共同犯罪，王小虎不承担刑事责任，不影响马天龙，就像司法实践中大量的案件中成年人和未成年人在一起犯罪，有可能未成年人不追究责任，这是一个道理。

再看本案中，马天龙事实上没有拿毒品，这重要吗？不重要。因为马天龙和王小虎是形影不离的。他们俩都是相互地有一个精神上、心理上的支配，都知道彼此不是在孤立地犯罪，你中有我，我中有你，这是他们的一个行为，所以毒品在谁的身上，毒品有没有拿出来看过，不重要。因为运输毒品罪，只要你运输了，你就是实行行为，你们俩都是直接正犯。因此控方认为，基于本案的事实和法律，马天龙都应该追究运输毒品罪的刑事责任。

主持人、各位，我们对法律理解的过程实际上就是法律人通过条文，寻找正义的过程。我们通过实施解读的过程，实际上也是去伪存真、探求事实真相的过程。既然本案中根据刑法对共同犯罪和运输毒品罪的规定，马天龙应该追究刑事责任。控方有责任、有职责对马天龙提起公诉，控方总结完毕。谢谢。

[辩方总结陈词]

谢谢主持人、各位评委。在仔细聆听了控方的发言以及自由论辩自由阶段大家思想的交锋之后，我方发现，控方的观点在以下几个方面犯了错误。第一，控方凭借一连串的有可能来推断本案的基本事实。本案的事实是什么？就让我们回到案件的事实中。案件事实是王小虎告诉马天龙要他帮忙运输毒品。那么，我方也从不否认，在这个过程中，马天龙没有接触过毒品，他没有实施任何的犯罪行为。如果王小虎他是一个具有完全刑事责任能力的人，那么我方肯定共同犯罪的成立，也不否定马天龙应当在本案中承担刑事责任。但是遗憾的是，本案根本就不可能构成共同犯罪，因此，也就不存在马天龙要为王小虎的行为承担刑事责任的问题。因为只是共同犯罪的理论，共同犯罪必须是两个以上共同故意犯罪。然而本案中王小虎只是15周岁的人，他根本就不存在承担刑事责任的能力。因此，王小虎和马天龙的行为，不能成立共同犯罪。那么这也就是马天龙不承担刑事责任的一个理由。

第二，马天龙和王小虎之间也不存在教唆和被教唆的关系。我们知道教唆犯他要成立刑事责任必须要以他自己能够承担刑事责任为前提，他才能为被教唆犯的行为承担刑事责任。然而本案中，王小虎他本身就不满15周岁，他本身就不是一个具有刑事责任能力的人。因此在本案中，他当然不能成立教唆犯，而马天龙也不是被教唆的人。

第三，王小虎和马天龙之间也不存在利用与被利用的关系。我们都知道根据间接正犯的理论，间接正犯要成立犯罪，他是以别人作为自己的工具来实现自己的犯罪意图。而本案中王小虎虽然有利用马天龙来实行自己犯罪的意图，但是，由于王小虎是一个15周岁的人，因而王小虎也就不存在刑法上的间接正犯的关系，那么马天龙他同样也不存在想要利用王小虎来完成自己的行为，因为案件事实清楚地告诉我们是王小虎邀约马天龙共同去实施犯罪。由此可见，根据共同犯罪的理论，两个人之间不成立共同犯罪，因此，马天龙也就不可能要依附于王小虎的行为来成立犯罪。而单独的来看，马天龙的行为，他也没有实施任何运输毒品的行为，因而，也就不可能单独成立犯罪。当罪刑法定原则在罪和非罪为我们画上了一条不可逾越的鸿沟的时候，我们知道绝不能凭感情来跨越这咫尺天涯。坚持罪刑法定的原则在罪和非罪之间寻找到一个正确的答案，我方的观点是马天龙的行为，无罪。谢谢。

【第三场：贺贝贝 vs 宁宇】

[控方开篇立论]

谢谢主持人。各位评委，大家好！当生活的纷繁复杂蒙上人类智慧双眼的时候，作为一名司法工作者就担负起了拨云见日的历史责任。具体到本案的辩题当中，要对铤而走险、运输毒品的马天龙追究其刑事责任。

依据我国刑法相关规定，控方认为马天龙的行为构成运输毒品罪，理由如下：第一，马天龙他实施了运输毒品的客观行为。根据王小虎的要求，马天龙明知要将2公斤海洛因从武汉运输到广州，而与王小虎一起实施了运输的行为，那么这个行为就符合了运输毒品罪的客观构成要件。

第二，我们来看马天龙的主观方面。那么马天龙呢，王小虎已经告诉他运输的是多达2公斤的海洛因，而予以同意，并与其一起运输。反映了其主观上明知运输毒品的故意，并且是直接故意。

第三，我们再来看一下马天龙的行为所侵犯的客体要件。我们都知道，毒品是国家强制管理的东西，那么马天龙运输毒品的行为已经侵犯了国家的毒品管理制度。

第四，马天龙作为19岁的成年人，其本人是该罪适格的主体。

综上，控方认为，马天龙的行为构成运输毒品罪。谢谢！

[辩方开篇立论]

谢谢主持人，各位评委，大家好！开宗明义，辩方认为行为人马天龙的行为不构成犯罪。认真聆听了控方精彩的开篇陈词之后，辩方认为本案有以下几个疑点：马天龙是否是运输毒品的共同正犯？马天龙是否有帮助王小虎实施运输毒品的帮助行为和意思？如果认定本案马天龙构成共犯的话，其处罚的原则跟依据究竟是什么？根据以上的疑点，辩方认为，马天龙的行为不构成犯罪，并提出以下理由与对方共同探讨。

第四章　短时间案例论辩的准备方法

第一，马天龙在本案中是否与王小虎是共同正犯？答案是否定的。马天龙与王小虎在武汉一直到广州的路上，均没有为王小虎携带过毒品，也没有看管毒品。在没有运输毒品的实行行为的情况下，显然马天龙的行为不构成共同正犯。第二，马天龙是否有帮助王小虎的帮助行为和意思呢？虽然马天龙在去广州之前知道王小虎要将毒品运送到广州的目的，但是，王小虎却没有要求马天龙对其共同运输毒品提供任何的帮助，而且，马天龙在此次陪同行为中，也没有任何帮助的行为，甚至连毒品都没有见到。那么由此可以看到，这怎么能评价为马天龙是帮助了王小虎的帮助行为呢？第三，在帮助犯的处罚理论当中有共犯独立说，有共犯从属性说，而根据我国通说，是共犯从属性说。根据本案中王小虎未满15周岁，因而无法对其进行处罚，在本案当中不应当追究马天龙的刑事责任。

综上，辩方认为马天龙的行为不构成犯罪，言辞不周详之处，请对方在自由论辩中不吝赐教，谢谢！

[自由论辩]

控方：好的，谢谢主持人，刚才控方认真听取了辩方的意见，他认为本案是一个共同犯罪。在此控方请问辩方，依据您刚才的立论观点，你说马天龙根本就没有看到毒品，请问案件中哪一条、哪一句告诉你他没有看到毒品呢？

辩方：首先纠正控方的一个观点，辩方没有认为他们是共同犯罪。辩方的第一个理由是他们不构成共同正犯。请问对方，在本案中警察抓获马天龙与王小虎，毒品一直在王小虎身上，这不就是事实吗？

控方：确实，毒品在王小虎身上，请问对方，王小虎身上这个毒品在运输至广州之前，他是不是已经告诉过马天龙他们此行的目的是运输毒品呢？

辩方：案例没有给出的条件在此争辩毫无意义。那还是想请问对方，究竟您如何看待马天龙的行为究竟是实行正犯还是帮助犯呢？

控方：马天龙的行为在本案当中就是一个单独的运输毒品的行为。刚才控方认真听取了辩方的辩论逻辑，他认为本案由于王小虎不构成承担刑事责任的基础，因此就不应当追究马天龙的刑事责任，这显然是辩方在法律理论认识方面的一个错误。控方已经说得很清楚，作为马天龙，主观上明知运输毒品，客观上也运输了毒品，实际上也查获了毒品，那么他的行为完全符合该罪的构成要件。

辩方：我想请教控方，究竟您如何评价他是单独的实行运输毒品的行为？

控方：关于他们单独实行运输毒品的行为，我方已经说得很清楚了。在这里控方还是想请问辩方，马天龙在运输毒品之前是否已经知道运输的是毒品？

辩方：从这个案例可以看出，马天龙在陪同王小虎之前，知道王小虎身上携带毒品的真相。在本案当中，是否陪同行为就能够认定为本案的运输行为呢？请控方给一个正确的回答。

控方：那么辩方认为，陪同行为不是实行行为。控方想请问辩方，陪同行为究竟是什么行为呢？您认为应当如何定性呢？

辩方：陪同行为既没有帮助你运输，也没有给你提供任何的帮助的条件，我怎么能够说是一个帮助行为呢？

控方：好的，非常感谢辩方，他已经承认我方观点，显然这不是一个帮助行为，就是一个单独的行为。因为陪同不包括帮助，陪同就是这个行为自己的行为。

辩方：我方补充过了，他自己的行为是他自己的行为，陪同行为不是一个犯罪行为，请问控方，您如何评价一个行为究竟是犯罪行为还是合法行为？您究竟是以行为价值为标准，还是以结果价值为标准？

控方：任何一个价值标准，判断的最重要的前提就是主客观相一致，主客观相统一。我们都知道在运输毒品以前，明知是毒品以后，客观上运输了毒品，实际上本案又查获了毒品，那么既有客观行为，又有主观上的明知，已经反映了行为人运输毒品主客观构成要件的一致性，辩方难道连这一点都不能看清楚吗？

辩方：控方言之凿凿，但还没有给我方一个客观的评价标准。那您方没有评价标准，是否可以说，您方在论证您方的逻辑的情况下也论证了我方的观点，是否是您搬起石头砸自己的脚呢？

控方：我想，我方怎么会论证了对方的观点呢？显然是辩方没有听清我方的观点，我方再一次阐述一下。我方说得很清楚，主观上有明知，客观上有运输行为，实际上发生了危害后果，那么他就应当评价为运输毒品罪的构成要件。辩方多次强调陪同行为是一个帮助行为，但是他并没有给出一个如此信服的答案，为什么陪同就是帮助呢？难道我陪你一起去逛街，就是帮助你逛街吗？你又不是残疾人，你是一个健康的人呐。陪同并不等于帮助啊。

辩方：陪同并不等于帮助，好。谢谢控方，陪同是否就等于我实质上去购买东西呢？按照您方刚才所说的，我实质陪同你并不等于我实质去购买东西。

控方：陪同是否等同于实质做了这个事，必须要看陪同以前他对于要陪同的目的是否明知。可是案例中给我们的条件如此清晰，他非常明确地知道去运输的是高达2公斤的海洛因，在这种情况下他做出的陪同前往广州的行为，难道还不是运输毒品的实行行为吗？

辩方：显然对方还在混淆主客观的问题，主观上，他虽然认识到了陪同行为之前，知道王小虎有运输2公斤的毒品这么一个故意，但是王小虎对马天龙的陪同行为并没有要求在犯罪这一项上必须采取任何的帮助或者无形的帮助。因此，马天龙的行为不能认定为刑法意义上的违法行为。

控方：我想辩方还是在依据主观方面来推断行为人的主观心态，我们都知道，主观心态的认定应当以其客观行为作为一个衡量标准。案件中的事实很清楚，马天龙在去广州之前明知是运输毒品，客观上他确与王小虎同行，同行的行为目的就是要达到把毒品安全运送至广州的目的。客观上也查获了毒品。在这个过程当中，控方认为，马天龙的主观故意和客观行为，已经完全地、有机地结合在一起，证实运输毒品罪的4个构成要件的特征。

辩方：控方始终在论证马天龙的行为符合4个构成要件的特征，但辩方始终认为，马天龙的行为并不符合共同正犯的特点。那么再请教对方，究竟您是以什么观点论证马天龙是单独的构成运输毒品的行为呢？

控方：我想这个观点从开篇立论到现在控方已经说了无数次，说得非常清楚。在这里控方必须指出辩方的错误是什么，您不能以王小虎未达到法定追究刑事责任的年龄为由，而否定马天龙刑事责任的承担。如果您继

247

续这个前提，而否定本案的认定将会得出一个非常错误的结论。所以控方认为，认定马天龙行为的标准只有一个，那就是主客观相统一、主客观相一致的标准。

辩方：其实控方说来说去还是没有说到根本上，根本究竟是什么？究竟马天龙有没有实行帮助王小虎的行为？帮助行为究竟是在哪里？控方还是没有明确答复。

控方：我想辩方对本案中所说的陪同、帮助，无限制地依据他人不合理的臆断的一个解释。那么我们都知道，陪同这个词的内涵，并不一定包括了帮助。根据辩方的理由，帮助就是陪同，陪同就是帮助，我想依据一般的……

（控方时间到）

辩方：控方始终在说一个观点，也就是陪同行为就是实行行为，陪同行为就是运输毒品行为。那么陪同行为究竟是不是运输毒品过程中，或者说，是不是犯罪行为，控方始终在论辩中没有给我们明确的标准逻辑答案。主观上，马天龙虽然意识到王小虎在从武汉去广州的路上运输毒品的真相，但是在本案当中王小虎并没有向马天龙要求任何的帮助。也就是说，马天龙没有为王小虎提供看守毒品、出资这样一系列帮助行为。因此，辩方坚决认为马天龙的行为不构成运输毒品的单独行为，也不构成……

（辩方时间到）

[控方总结陈词]

好的，谢谢主持人，各位评委。法律需要的是理性的思维而不是感性的判断。认定一个行为是否构成犯罪，我们需要的是深入分析犯罪事实，而不是为行为表象所迷惑。今天的辩方非常遗憾，被马天龙的表面现象所迷惑，从而得出一系列的错误结论。综观本场论辩，辩方在以下几个方面存在一些问题。

第一，他对本案的事实认定存在问题。他对王小虎与马天龙共同运输毒品的行为，其中"陪同"做了无限制扩大的解释，他认为这是一个帮助行为。

第二，他认为马天龙在本案当中没有任何实行行为，这是他对法律所规定实行行为的曲解。他认为，对运输毒品罪当中的实行行为必须是看管、出资等这样一些行为，然而案例给出我们的是，马天龙没有接触到毒品，但并不能得出马天龙没有看到毒品这样一个唯一的结论。

第三，辩方基于对以上事实的错误认定，结合其对法律共同犯罪的错误认识，从而得出了一系列的错误结论。最关键的核心问题在于，他将不负刑事责任的王小虎这个前提等同于不能追究马天龙的刑事责任的前提，那么今天的辩方基于以上的错误认识，得出了结论，当然是错误的，这不足为奇。通过今天整场的论辩，控方再次阐述马天龙的行为为什么构成运输毒品罪。马天龙在本案当中，在运输毒品之前主观上有明知2公斤的海洛因，在客观上有运输毒品的实行行为。毒品被查获，发生了危害社会的结果，他的行为客观上也侵害了运输毒品罪的客体要件。因此，控方认为马天龙的行为完全构成运输毒品罪。

我们都知道，法律，它的正义体现在定罪的准确和精准，在我们已经认定了罪刑法定原则是我们必须恪守的准则的情况下，我们就应该义无反顾地坚持这一法治的底线。谢谢！

[辩方总结陈词]

谢谢主持人。常言道：听君一席话，胜读十年书。刚才认真聆听了控方的总结陈词让我受益匪浅。然而本场辩论的焦点已经非常明晰，也就是马天龙的行为是否与王小虎构成了共同犯罪，马天龙的行为是否对王小虎的贩毒行为具有帮助性质？辩方在坚持立论观点的情况下提出如下两点理由与控方在此探讨：

犯罪是违法且有责的行为，违法——从客观方面追究，有责——从主观方面追究。根据本案的实际情况，马天龙从武汉到广州一直没有接触过这个毒品，而王小虎在整个运输过程当中也没有让马天龙实施任何看管行为，那么客观上如何追究马天龙的共同犯罪的责任呢？从客观违法性无法追究责任的同时，主观上是否真的有帮助意识？我们看看本案事实，在本案当中马天龙仅仅是陪同王小虎从武汉到广州，这个陪同行为是否真的能定义为法律上应当追究的帮助行为？我觉得这是值得商榷的。在本案当中，马天龙没有主观地去帮助王小虎任何看管的行为也好，看管的意识也好，出资为其购买车票也好，这些都没有，仅仅是陪同王小虎这样一个未成年人从武汉到广州，就被控方控告为运输毒品的帮助行为，这显然有违刑法的谦抑性质。

综上所述，辩方认为，马天龙的行为不构成犯罪。

诚然，精彩的论辩是短暂的，但它带来了智慧的碰撞，产生出真理的火花。让我们共同用真理的火光指引我们正确的执法道路。谢谢！

这道论辩题基本上属于一道纯刑法理论探讨类型的辩题，涉及的主要问题是对共同犯罪理论的理解，即共同犯罪是解决违法形态的问题，还是解决责任归属的问题等。这样的一道辩题，对辩手十分具有挑战性，一方面要求辩手有较为深厚的刑法理论功底；另一方面还要求辩手能够利用非常有限的案例题材料，将艰深的理论尽量阐述得简洁明了。上述三场论辩，针对同样的核心问题，有不同的切入角度、不同的阐述方法、不同的论辩风格。我们暂且抛开纯粹的刑法理论争议，仅从论辩的基础技能角度来分析这三场论辩。

（1）三场论辩用到多种事实挖掘方式。

在事实的挖掘层面，这道辩题给定的材料很简单，因此在三场论辩中，我们几乎都没有看到非常形象生动的事实描述。但是事实挖掘的另外两种方法上述三场论辩均有用到。

一种是根据己方立场对事实的高度概括。这在第二场论辩控方的开篇立论中用到，这也是开篇立论常用的模式。

另一种是事实描述的精细化。第三场论辩在自由论辩的一开始，控方针对辩方在立论中提到的马天龙根本没有看到毒品，进行了逼问：

"请问案件中哪一条、哪一句告诉你他没有看到毒品呢？"

辩方没有直接回应，控方继续追问事实：

"请问对方，王小虎身上的这个毒品在运输至广州之前，他是不是已经告诉过马天龙他们此行的目的是运输毒品呢？"

辩方："案例没有给出的条件在此争辩毫无意义"。

辩方的回应显然是一种回避，其实案例题明确地告诉大家这一细节，可见辩方对案例的基础事实把握不够细致，可惜控方在良好的发问后没有针对辩方的这一点明显疏漏发起进一步的攻击。

虽然这是字数不多的一道案例题，但在实际论辩中，在短时间的准备中，即便是全国十佳公诉人，仍然可能忽略对一些事实细节的把握。这就提醒我们，对案例给定事实的认真研读和消化是必需的，唯有如此才能做到事实的全面精细化把握，才能确保不在论辩场上对基础事实的判断发生偏差，才有可能挖掘所有有用的事实细节作为己方立论的根据及攻击对方的手段。

（2）三场论辩都涉及概念的挖掘，且概念的挖掘都成为论辩的核心争议。

第一场的辩方从立论到自由论辩到总结陈词，贯穿始终的核心逻辑在于始终强调共同犯罪是"共同故意去犯罪"，前提必须是"犯罪"，排除违法行为，以此认定未达到刑事责任年龄的人是不可能单独构成犯罪的，并在此基础上探讨若正犯不成立犯罪，共犯的犯罪便无从谈起。

这里实际涉及对共同犯罪条款中"犯罪"这一用语的理解，是从行为的实质违法性层面理解，还是必须包括归责的内容，从而涉及这道辩题的最核心的理论问题，即共同犯罪理论是仅解决违法形态的问题，还是包括解决归责的问题。对辩方这一下定义的方法，控方也较为敏锐地进行了反驳，在自由论辩和总结陈词中明确指出：

"客观违法和主观有责是不同的，王小虎的行为客观违法，未达到刑事责任年龄不够处罚只是主观有责的阻却事由，并不妨碍唆指马天龙共同实施运输毒品的行为。"

但若控方能更进一步直接指出上述辩方的底线逻辑和核心概念，再进行反驳并阐述法理，效果很可能更明显。

第二场论辩，在自由论辩中控辩双方针对"运输"的概念短兵相接，争论"不接触毒品的人是不是就代表不在运输毒品"这一问题。第三场论辩，涉及案例题中"陪同"的概念挖掘，控辩双方对陪同是否属于帮助，陪同是否等同于实质去做的问题，展开了激烈的争论。第一场涉及的"犯罪"的概念是这道论辩题的核心概念，第二场和第三场涉及的"运输"及"陪同"的概念虽然并非辩题的核心概念，但因和案例事实紧密相关，同样对案例题的理论阐述影响重大，因此在自由论辩中也成了争议的焦点。

（3）假设类比的运用也是三场论辩的共通之处。

第一场论辩，控方为说明刑法条文中同样的文字表述往往有不同的含义，举了挪用公款罪和挪用特定款物罪的例子。辩方回应体系解释问题和本案事实没有关系。

第二场论辩，控方为说明不接触毒品一样可以是运输毒品，举了两人拿刀杀人一人未动刀仍构罪的例子。辩方未回应。控方还举了两人共同受贿钱装在一人身上，身上未装钱的仍构成受贿罪的例子。辩方指出该例子是两人都构成犯罪，和本案并不相同。

第三场论辩，控方为说明陪同不等于帮助，举了陪同逛街不等于帮忙逛街的例子。辩方改装这个例子，回应陪同不等于实质去做，就如陪同逛街不等于实质去购买东西。这样一道纯理论的论辩题，作为评委或听众，听双方阐述艰深的理论难免有时感觉疲惫，在这个过程中有一些生活化的假设类比出现，往往能让法理阐述深入浅出。

三场论辩的控方都积极使用假设类比的这一方法，辩方不同方式的回应也很好地印证了之前我们探讨的应对假设类比的三种基本方法：改装假设类比、指出与本案的不同、认为和案件无关不可类比。

（4）三场论辩都强调"有答必有问"。

这三场论辩还有一个突出的共同特点，在自由论辩中，控辩双方的每一轮发言基本都是以问句结尾，都在努力坚守己方设定的战场，并强调自由论辩中的攻势，试图掌控自由论辩的整体情势。这颇好地说明了提问在一场论辩中的重要性。

论辩题：李小武抢劫案

基本案情：被害人王志强受雇为他人牧羊。某日，被告人李小武开一辆卡车至王志强牧羊的地方（位于荒山野地，四周无人烟）对王志强说："你家主人把羊（共计29只）已经全部卖给我了，让我全部用车拉走。"王志强不信，让李小武叫主人来当面说明。李小武又说："那我们把羊装上车，带你一同去找你主人问个清楚。"王志强未反对。于是，李小武将羊全部装上车，让王志强站在后车厢上。李小武发动卡车急速向前驶去。汽车向前行驶500米后，王志强发现不是去主人家的路，于是大声喊叫让李小武停车，但李小武长时间置之不理，继续开车前行。情急之下，王志强探出身子伸手欲拍驾驶室车门时，遇有卡车颠簸，掉到车外地上（李小武不知），身受重伤。

控方：李小武的行为构成抢劫罪。

辩方：李小武的行为构成诈骗罪。

第四章 短时间案例论辩的准备方法

【第一场：武广轶 vs 刘洋】
［控方开篇立论］

谢谢主持人，各位评委，各位同仁，大家好！关于本案，究竟是一个抢劫罪，还是一个貌似诈骗但实质上就是一个抢劫罪的判断，控方认为，判断的关键在于刑法的思维。我们判断是主观判断先于客观判断，还是客观判断先于主观判断。假如说，如果从主观到客观的话，那么不能否认，在本案当中，被告人主观上有诈骗的故意，也实施了一个虚构事实、隐瞒真相的行为；从结果来看，也导致了被害人的损失。那么，能不能就说它是一个诈骗罪呢？控方认为不能，正确的思维应当是客观判断先于主观判断。

第一，从客观上来说，被告人在取得了这些羊群之后，他正式占有了这些羊群，并不是说把羊群赶上车厢之后他就占有了，而是在把羊群赶上车厢以后利用机械的力量，急速地开车行驶，以这样的暴力方式排除了被害人的反抗，从而达到了占有羊群这样的一个客观行为。

第二，从他实施的主观故意来看，虽然他一开始有诈骗的故意，但是在这个过程当中，他的犯意已经发生了转变，从最开始的诈骗不成转成了实施抢劫的故意。

第三，从行为与后果的因果关系来看，被害人损失羊群这样一个结果导致的原因，其支配作用的行为并非是他的一个欺骗行为，而是他利用汽车的疾驶使被害人无法反抗这样一个暴力行为。使这个暴力行为对财产的损害起到关键性的、支配性的支配作用。

第四，从适用的法条来看，控方认为适用抢劫罪，而且应当适用第263条的抢劫罪，他产生的放任故意转变之后直接使用暴力排除被害人的反抗，达到了非法占有的目的。这种行为属于刑法理论上的突变抢劫，就比如说他在盗窃的过程当中，遇到了被害人直接对他实施了暴力产生的突变抢劫，而不应该适用第269条的转化型抢劫，因为转化型抢劫，他的目的必须是窝藏赃物、抗拒抓捕，或者说毁灭罪证。而本案当中，被告人显然不具有这样的目的。他的目的很清楚，就是排除反抗，直接占有。

综上分析，我们认为，遵循客观判断先于主观判断这样一个理性的刑法思维，对本案的定性应当是抢劫罪而非诈骗罪。谢谢！

［辩方开篇立论］

主持人，各位评委老师，在座的同仁，大家好！综合全案，辩方认为被告人的行为不构成抢劫罪而只构成诈骗罪。作为一个法律人,我们必须身怀正义,用睿智的目光和清醒的头脑去准确地认定案件事实,正确地适用法律。我们判断案件事实必须坚持主客观相一致的原则。辩方认为控方认定抢劫罪不正确,而构成诈骗罪。主要理由有如下几点。

第一,被告人不具有采用暴力、胁迫或其他强制手段而非法占有他人财物的目的。对于大家来说,我们都很清楚地知道,抢劫罪和诈骗罪都具有非法占有他人财物的目的。但是区分二者的区别是,主要看是否是用暴力的方法来非法占有他人财物。我们看看本案的辩题,当时被告人是在一个荒无人烟的地方,对本案的被害人说,请把羊群交给我,是由于你的主人把羊卖给我,而后在被害人不信的情况下他又说,不信你和我一起到你的主人那,把你的羊装到我的车上。这些行为都是一些骗取的行为,而被告人在荒无人烟的地方并没有采取暴力,或者说是携带相关的作案工具对被害人的人身进行强制的方法来取得被害人的财物,而被害人交出财物也是信以为真,他和他的羊群一直到了被告人的车上两者都是在被告人的控制之下,所以当时被告人并没有采取暴力手段而非法占有他人财物。

第二,被告人并没有实施暴力手段,或者是其他的强制性的手段。我们来看看本案的被告人,取得财物的时候他采用的是欺骗性手段,让被害人信以为真,认为二者需要搭着羊群去见他的主人,所以他和他的羊群一直到了被告人的车上。这时,被告人已经非法控制了财物,诈骗已经取得既遂。既然本案的控方没有认为是构成《刑法》第269条的转化型抢劫,那么对于已经既遂的行为,我们只能以诈骗罪来衡量其犯罪构成而不能够定抢劫罪。

综上,本案的控方没有指出,本案对于被害人人身权利的侵犯,即造成重伤的结果,但这一结果绝不是暴力的行为,而是被告人过失行为造成的。所以没有侵犯被害人的人身权利,三者,一个是客观方面,一个是主观方面,还有一个是客体方面均不构成抢劫罪而应以诈骗罪定罪量刑。辩方意见发表完毕。

[自由论辩]

控方:请辩方回答,在本案当中,被告人取得财物的时间究竟是哪一个点?

辩方:刚才在辩方意见的时候已经清楚地说到被告人取得财物的时间

是将被害人及羊群弄到他车上的时间。请控方回答，你认为没有取得财物，那么被害人失没失去对财物的控制呢？

控方：很显然当然没有失去对财物的控制，如果失去对财物的控制的话，被害人怎么还能要求这个被告人随他一起去见他的主人问个清楚呢。那么再想请问辩方，在本案当中，导致被害人财产受损的行为，究竟是一个欺骗行为还是一个暴力行为？

辩方：刚才控方一直强调主客观的转化，那么，辩方认为主客观的转化要根据案件的证据，在于被告人没有采取暴力手段使被害人脱离对财物控制的情况下，我们不能主观推测，认为被告人采取了暴力手段。当时被告人开车急速前往的过程中，并没有使用任何暴力或者强制手段。当时被害人如果他不是处于不能反抗、不敢反抗的状态，如果处于不敢反抗或不能反抗的状态，他又何必拍车门，要当时的被告人停车呢？如果这样的话，对被告人处于一种抗拒和恐惧的一种心理不敢反抗，何必拍车呢，自己跳车就了事了。

控方：那么请辩方回答，使用暴力是不是一定要凭借双手实施的行为才叫暴力呢？

辩方：使用暴力当然不是双手，而是通过机械或者像你所说的，一种转化性的通过机械来达到控制人身的结果。但控制他人人身是让被害人不反抗，不足以反抗。我们看到本案的被害人，虽然在一个空间内，但他还是有反抗和能够反抗的能力的。要不然为什么他不采取更激烈的方式而只是想让被告人停车这种方式呢？如果他真的那么恐惧被告人，他不能反抗、不敢反抗，他何必直接这样说、这样做呢？直接跳车就是了。

控方：谢谢辩方同意控方的观点。借助机械的力量实施的行为也是一个暴力行为，刑法也有言，假他人之手的行为者视为本人行为。那么本案当中，借机械之力量实施本案之行为者，也是一种暴力行为。关于他的暴力是不是足以应当排除被害人的反抗，那么很显然，辩方混淆了一个刑法上实然与应然的关系。从应然的角度来说，抢劫罪要求足以抑制被害人的反抗。但是从实然的角度来说，他要求必须排除被害人的反抗吗？不要求呀，否则的话，实践当中，很多案件根本就没有实质排除被害人的反抗，但已经足以达到了这样的程度，难道还不能评价为一个暴力行为吗？

255

辩方：我们看一看是不是足以达到这种暴力程度。本案的被害人之所以遭受重伤，难道是因为本案的被告人采取暴力或机械暴力手段吗？是因为他当时拍被告人的窗户，而且使自己失去控制，然后掉落车外才造成的重伤。这些都不是一种机械行为造成的，而是本案被害人一个有选择的行为。对于此，本案的被告人是不能定罪的，因为本案的被害人如果因为跳车受到重伤，那就采取暴力手段，将本案的被害人挟持之后或者打成重伤之后就罢了。所以说，不能认为只要采取一些机械手段就能认为构成暴力犯罪，要使机械手段使被害人不能反抗或者不敢反抗的程度才能认定抢劫罪。对于这点，本案认为，控方是间接地歪曲了法律意思。

控方：看来辩方关注抢劫罪暴力问题与控方是不一样的。控方认为，是不是暴力，是不是抢劫罪中的暴力，并不是说被害人受了重伤才认为是暴力，就算本案当中被害人没有受重伤，也不能否认他实际上实施了一个暴力的行为，是一种抢劫罪的暴力。那么，关于本案当中，控方一再想请辩方回答，本案当中，被害人因为虚构事实、隐瞒真相，陷入错误认识了吗？进而，基于这种错误认识而作出处分了吗？

辩方：辩方一再强调，本案被告人控制财物的时机并不是在车上急速驾驶的时候，而是将本案的羊群都骗上自己的车上的时候已经控制了财物，所以不是采用暴力手段控制财物。而本案的控方没有提出是采取转化型抢劫的手段控制财物，所以对于"控制"这个时间段来说，控方的理解是错误的。

控方：辩方还是没有回答被害人究竟有没有因为虚构事实而陷入错误认识进而处分了财产而导致财产的损失。在本案当中，看似是一个诈骗，那是什么诈骗呢？是一个三角诈骗，被害人只是一个占有的辅助者，那么被告人想诈骗他，通过诈骗占有辅助者而真正侵犯到物品所有权的所有人。但是在本案当中，这个占有辅助者受到欺骗了吗？没有，他根本就没有处分权，所以他要求一并上车向他的主人询问清楚，那么这一点辩方为什么就没有看到呢？如果没有基于错误事实而处分财产这样一个因果关系，怎么能构成诈骗罪呢？

辩方：辩方要强调的是，被害人对财物已经失去了控制权，虽然被害人跟他的财物一直在车上，当时被害人是基于一个错误的认识，相信被告人虚构事实的一个情况而上到车上，当时已经成既遂状态。被告人跟我们被害人撒谎说，主人将羊卖给他，所以让对方在事实占有和辅助占有产生了一种错误的认识，就足以将自己辅助占有的羊交给被告人。所以他虽然有半信半疑的情况，但是他将羊已经装于被告人的车上，实际上被告人已经控制了财物。

控方：那么如果说他已经陷入了错误认识，请问辩方如何理解案例中的这句话，"王志强不信，让李小武叫人当面来说明"。如果说他已经陷入错误的认识的话，他怎么还能不信呢？

辩方：控方只罗列本案的一个案件事实，当时辩方也一定要强调的是，还有一句话是说，李小武继续说，"那我们把羊装上车，带你一同去找你主人问个清楚"。这就是基于这一错误……

（辩方时间到）

控方：对呀，被告人说咱们把羊装上车，一起去见主人，难道说在这一个点上，他就已经绝对地、完全地达到非法占有的目的了吗？很显然，他还没有，它只是一个幌子，把被害人骗上车以后采用机械的力量实施一个暴力，从而达到了排除被害人反抗的这样一个程度，进而实施了非法占有的目的。那么在自由论辩当中，控方发现，辩方首先混淆了几个点，对应哪个点究竟达到了被告人占有财物的这样一个点，他的判断是提前，在羊群赶上车以后，被告人并没有实现对羊群的控制和支配，这并不是说已经诈骗既遂。他对因果关系的错误判断也是出现的失误，如果说他是因为被骗而自愿作出财物的处分的话，那么案例当中就显然不会也说"被害人不信，要去见主人"这样的话。基于辩方刚才所犯的错误，包括控方的观点已经自由阐述完毕，控方剩余的时间自愿放弃。

（控方时间到）

[控方总结陈词]

好的。关于本案我方要阐述的是辩方在辩论当中对案件的理解有几个不妥之处，第一点，就是刑法思维。我认为是值得商榷的，如果说从主观判断再到客观判断的话，那么很可能导致中国古代社会出现的"治恶而逐一法者诛，治善而逐一法者免"这样一种依据主观来定罪的局面。这显然不是一个理性的刑法思维。

第二点，如果说辩方在整个案件认识当中，没有认清楚既要有主观的故意又要有主观的行为，关键是故意与行为之间还要有因果关系。那么在本案当中，很明显，如果说是一个诈骗罪的话，尽管说他实施了一个虚构事实、隐瞒真相的行为，客观上被害人的财产受到了损失。但是，行为与结果之间其因果关系，起支配作用的是什么呢？并不是诈骗的行为起到支配作用，他也不是因为错误的认识而进行的财产的处分，很显然，在这个过程当中，起支配作用的、起决定作用的是被告人的暴力行为。这个暴力行为他不是借助双手而实现的，他是借助于机械的力量。这个行为表现得非常清楚，他开车疾驰，请问在开车疾驰这样的状态下，有多少人能够反抗呢？刑法抢劫罪要求足以抑制被害人的反抗，这是一个应当的要求，它并不必然还要求从适当的角度来说必须绝对地、完全地压制了被害人的反抗。这也是辩方对暴力、反抗、足以抑制反抗这几点认识的不妥之处。

那么在刚才阐述的基础上，控方认为，对本案的正确处理，离不开对要件事实的把握。本案当中的要件事实是什么，关键的是究竟是哪一个行为导致了财产的损失，究竟在哪一个点上行为人占有了这个财物？那么很显然，在把羊群赶上车的时候被告人并没有实现非法占有的目的，这个时候并不能评价为说诈骗罪已经既遂。而在这个时候恰恰是他犯意的转变，转变为一个抢劫的犯意，一个突变的抢劫。在继而他实施的暴力行为当中，并非因为抗拒抓捕，窝藏赃物等的原因，他就是一个第263条直接型的抢劫。

那么综上所述，控方认为，基于正确的刑法思维，遵循客观判断先于主观判断。我们认为，应当以抢劫罪定罪处罚。美国大法官奥康纳曾经说过，公正的法律并不必然带来法律的公正，这需要借助于执法人员的司法良心和司法技能。那么很明显，刑法思维就是一个很重要的执法技能。遵循这样的思维，控方坚持构成抢劫罪。谢谢！

[辩方总结陈词]

主持人，在座的评委，各位同仁，大家好。综观全案，辩方认为被告人的行为构成诈骗罪，而不构成抢劫罪是基于以下三个事实。第一点，我们分析抢劫罪和诈骗罪要看非法占有的时间和故意产生在暴力行为之前还是暴力行为之后。刚才辩方已经强调，这个非法占有的行为或者是控制财物产生于被告人骗取他人财物之后，这是让被害人信以为真，将羊群交到他的车上之后，诈骗已经成既遂状态，所以并不存在使用暴力方法骗取他人财物的行为。那么对于这一点，控方错误地认为，诈骗的时间和抢劫的时间应该是滞后的而不是前延的。那么辩方认为抢劫和诈骗之所以区分是因为以他当时实施行为的时间来区分,不能受主观判断,当时是诈骗的故意还是抢劫的故意。对于他这个行为,当时非法取得财物的时候,只是实施了诈骗的行为,没有实施抢劫的行为。

第二点,辩方认为,被告人并没有实施其他暴力或者其他强制方法。在这一点上,辩方已经在自由发言的时候多次强调了,当时虽然是有强制的作用,但是并没有达到不能反抗和不敢抗拒的状态,而他拍车门这一状态并不是说他不敢反抗或者说他没有其他的方式来选择。而本案的被害人之所以猛拍车门就是想要被告人停车,证明他不是不敢反抗和不能反抗的状态。而本案的控方错误地认为,拍车门跳车就是说明被害人已经失去了对被告人反抗的能力或者不敢反抗,那显然这一见解也是错误的。

第三点,我们认为就是主客观必须相一致。对于本案,不能说看到结果,被害人受到重伤这一犯罪结果的产生我们就认定被告人实施了一个重罪,坚持主客观相一致的原则也是我国司法中的一个基本原则。而被告人的主观故意也只是在一个荒无人烟的地方,通过欺骗的手段让羊群的占有人,也就是辅助占有人将羊群装到他的车上。在这个时候,他只有通过一种诈骗手段来非法占有财物。所以根据主客观相一致的原则也不能认定被告人犯有抢劫罪。

法是公正的艺术,同时也是一柄"双刃剑",用之不当则会侵犯被告人的权益和司法的公正性。根据罪责相适应的原则,我们应当重罪重罚,轻罪轻罚。对本案应当适用诈骗罪对被告人定罪量刑。谢谢!

【第二场:高婕 vs 王勇】

[控方开篇立论]

谢谢主持人,各位来宾,各位评委,尊敬的辩方,大家好!在面对这个案子的时候,我感到非常的痛心。本案的被告人李小武作为一名成年人应当利用自己的一技之长谋取一份职业。但是令人遗憾的是,他却走上犯罪的道路。当他通过不法的抢劫的手段来获得不义之财,结果只能是以身试法。在此,控方认为,李小武的行为构成抢劫罪。认定本案李小武的行为到底构成何种犯罪,控方认为,应当对他的行为进行深入客观的评价。那么关键的一点就是,他获取不义之财的根本手段到底是什么?那么根据我国《刑法》第263条的规定,以暴力、威胁,或者其他手段来抢劫财物的应当认定为抢劫罪。那么本案当中李小武的行为恰恰是采取了抢劫罪中的这种其他手段、其他方法来实施抢劫的，在刑法的理论当中，其他方法必须要求行为人是以排除被害人的反抗为目的，针对被害人的人身实施并且造成被害人不能反抗、不敢反抗这样一种状态。那么这种手段的胁迫性就与抢劫罪当中的暴力以及胁迫性是画上等号的。

那么我们再来看一看本案当中李小武的客观行为。在荒无人烟、四周无人之地，李小武先是骗王志强将羊装上车，但关键的一点是，王志强并没有任何错误认识，他将羊装上车是想去向主人求证。那么此后李小武让王志强上到了卡车的后车厢并且急速行驶，继而对于王志强的停车要求置之不理。一系列的行为充分证明了李小武在主观上是想以这种高速驾车的方式使王小武处于这样一种不能反抗、不敢反抗的境地，那么完全符合抢劫罪当中的其他手段行为，并最终造成了王志强重伤的结果。

综上，李小武的行为构成抢劫罪，谢谢！

[辩方开篇立论]

谢谢主持人，各位评委，大家好！司法机关对法律的适用离不开正确的解读，尤其要区分案件中的核心事实和边缘事实。在本案中一共存在两个事实，一个是与案件定罪量刑有关的核心事实，另一个是与本案无关的边缘事实。我们首先来看本案中的核心事实，本案中的核心事实是一起诈骗未遂案件。本案中，被告人李小武采用欺骗的手段使财物的保管人王志强陷入错误认识，但是王志强并没有上当，只是将羊搬到了李小武的车上。在这种情况下，李小武的行为已经着手实施了犯罪，隐瞒真相，虚构事实。但是在这种情况下，被害人没有错误认识而处分财物。所以李小武的诈骗行为是一个未遂行为。

第二个事实是本案的意外事件，也就是本案的第二个事实，也就是李小武急速驾车离开现场，在这种情况下，王志强探出身体拍车门的行为如何评价？在本案的事实中，我们要注意到两个细节。第一个细节是王志强忽然探出身体，拍打车门。第二个细节是在恰好此时遇到颠簸，无巧不成书，在这电光火石的一瞬间，两者碰到了一起，由王志强探出身体时遇到了卡车的颠簸从而导致了王志强坠车重伤的事件。由本案中理出的事实也可以看出，李小武对王志强坠车重伤这一结果在主观上是不明知的，无责任则无罪过，无罪过则无犯罪。因此对王志强坠车重伤这一事实不应该做刑法意义上的评价。本案中，前一段的行为王志强欺骗李小武，即使取得

第四章 短时间案例论辩的准备方法

财产类犯罪，获取了财物，犯罪也是未遂。比如说我们抢劫过程中使用暴力、胁迫手段，试图使被害人交出财物。而被害人基于怜悯的心理给了我钱，那么在这种情况下，抢劫行为属于未遂行为。因此本案中就诈骗未遂行为应当作为犯罪行为予以追究。

[自由论辩]

控方：认定一个人的行为构成诈骗罪，不论是既遂还是未遂，关键的一点是被害人先有的错误认识。那么请问辩方，本案中的王志强陷入了什么样的错误认识呢？

辩方：辩方从来没说王志强陷入了错误认识，只是说李小武实施了欺骗手段，而王志强没有陷入错误认识。

控方：那我就奇怪了，诈骗罪当中，被害人没有陷入错误认识，那么他主动交付财物的行为基于的又是什么呢？

辩方：本案中王志强并没有主动交付，而是王志强随着李小武一起到了车上。在这种情况下，财物还在王志强的占有下，不能视为给了李小武。另外我想提醒控方注意的是，控方认为，本案的暴力是使用其他手段抢劫的，而刑法中抢劫罪的暴力、胁迫或者其他手段需要一个根本前提是这所有的手段要保证被害人不能反抗、不敢反抗或者是不知反抗。而高速行驶的车辆能否导致被害人不能反抗、不敢反抗或者是不知反抗呢？

控方：当然可以导致了，本案的结果也反映了这样一个情形，那就是被害人将身体探出之后跌出车外并造成了重伤的结果。难道说这种人身的威胁性还不足以强烈到一种抢劫罪的人身威胁吗？

辩方：控方不要混淆行为和后果。本案中重伤的后果，我们是要问暴力行为的实行行为在哪里？高速驾车只是导致了王志强始终在车上。无论车开得多快，王志强始终牢牢地看着自己的 29 只羊，而不能说因此而不能反抗、不敢反抗、不知反抗啊。

控方：辩方一再地认为，王志强没有陷入错误的认识，那么怎么成立诈骗罪我就不知道辩方的观点从何而来了？在本案当中，我们非常明确地看到王志强上车之后并且自己处于了一个高速行驶的车辆之上，而且他强烈地要求停车，而本案的被告人李小武根本置之不理，那么本案李小武的主观故意是什么呢？非常明确呀，就是想让王志强处在一种不敢反抗、不

261

能反抗的境地呀。

辩方：我们需要问的是，李小武高速驾车的行为能否导致王志强离开自己的29只羊，或者是导致王志强昏迷而主动送出29只羊？通过李小武的行为只是导致王志强牢牢地待在汽车的后车厢上，而不能认为离开他的财物，这种行为怎么能认为是抢劫的其他手段呢？

控方：看来辩方一直认为羊和人是不能分离的，可分离了就是抢劫，分离了就是诈骗了？

辩方：显然不是这样的观点。我们要考虑，本案中暴力的行为或者其他手段存在哪里。按照控方这种逻辑，只要是高速行驶的汽车就有可能被抢劫，那我们坐出租车可要小心了，因为出租车一旦高速行驶，我们最后给出租车司机钱，我们就是被抢劫了。

控方：看来辩方完全模糊地认识了本案的事实。刚才在控方的开篇陈词中已经阐述得非常清楚了，其他方法要求得具备三个客观条件，行为人处于一种想使他陷入一种受胁迫的境地的主观目的，并且是针对人身实施的，而且结果呢，它的行为与被害人陷入的这种被胁迫境地是有因果关系的。本案当中，李小武的行为恰恰是完全符合这三种客观条件，那么就完全符合抢劫罪中的其他方法。

辩方：我们要讨论这个问题是高速行驶能否让被害人不知、不能、不敢反抗。现控方没有一个答案，让我们来看第二个问题。本案中的死亡后果怎么产生的，行为人是否应对此认识你所认识的情况呢？

控方：重伤后果也是由于李小武高速驾车导致被害人摔伤造成的，在本案当中，我们应当客观地联系起来考察李小武的行为。不能人为地割裂，认为前面的行为与被害人重伤的结果根本没有任何关系。但是要知道是李小武让王志强上了卡车的后车厢，并且是李小武在高速地行驶汽车，是李小武对王志强停车的要求置之不理呀。请辩方明确这些客观事实。

辩方：我方从来不否认客观事实的存在。但是客观事实不能用来定罪处罚，我们要考量本案中主观责任。本案中李小武是否认识到他的行为足以导致他人死亡的后果呢？显然是否定答案，因为他探出身体的一瞬间正好遇到卡车的颠簸，而李小武对此已不知情，主观上没有责任，怎么能追究刑事责任呢？

第四章 短时间案例论辩的准备方法

控方：看来，辩方对于抢劫罪当中的实施这种手段和最终造成的死亡或重伤的这种结果之间的关系产生了谬误认识。我们不妨认定，李小武可能没有想致王志强死亡或者重伤的这样一种主观目的，但是他的客观行为是一种抢劫行为，使被害人陷入一种不知反抗、不敢反抗的境地。那么最终造成的严重后果完全就是他的行为直接造成的呀。

辩方：我希望对方明确的是，本案中李小武不能达到一种明知的程度，如何能认定其主观上对此承担刑事责任呢？

控方：李小武作为一个成年人当然明知在高速行驶的一个货车的后车厢站着一个人，并且在强烈地要求他停车站住的状态下，难道不具有严重的危险性吗？我想请辩方以一般人的思维来考察这个问题。

辩方：有危险性并不否认，但危险性体现在正好王志强探出身体的时候车遇到颠簸，这一点，李小武能够认识到吗？

控方：在本案刚才的讨论中，似乎发现，辩方一直在认为李小武的行为不构成抢劫罪。但是对于李小武的行为构成诈骗罪却没有任何理论基础和事实依据。

辩方：本案中构成诈骗罪是因为李小武实施了欺骗手段，这已经是着手实施了犯罪并使被害人法益处在比较紧迫的状态下，其行为显然已经属于诈骗罪了。

控方：辩方是因为他是诈骗行为所以他是诈骗罪，根本没有向我们表明他的诈骗手段是什么，他的诈骗行为到底是什么呢？

辩方：那我们回到本案的事实中，本案中李小武实施了两次欺骗行为，第一次欺骗行为欺骗他的主人要把他的羊卖给他，第二次让他把羊搬上了车。这两次行为难道不是欺骗行为吗？

控方：有了欺骗行为，那么王志强又是怎么做的呢？

辩方：我方刚才在开篇立论中已经讲过，本案中李小武有欺骗行为，但是王志强没有陷入错误认识。因此本案中的诈骗罪处于未遂状态，只是后来出了意外事件而导致李小武的诈骗始终处于未遂状态。

控方：对于辩方的观点，控方不能认同。诈骗罪要求的是行为人实施了虚构事实、隐瞒真相的手段，并使被害人陷入了错误认识，并主动出示

263

财物。但本案当中，无论是辩方刚才所讲的任何一点，都不符合诈骗罪的要件，那么又何来诈骗罪。谢谢！

（控方时间到）

辩方：辩方对诈骗罪的五步模式一点也不质疑，但是本案中诈骗是处在未遂状态，不能说诈骗既遂才能追究刑事责任，在诈骗罪处在未遂状态下，行为人对此也应当承担刑事责任。本案中，控方认为高速行驶的车辆属于一种胁迫手段，显然误解了刑法中抢劫罪暴力、胁迫或其他手段和被害人不知反抗、不能反抗的因果关系。只有使被害人不敢反抗、不能反抗的手段才能认定为抢劫罪中的手段。因此，控方的抢劫罪的论述是不能成立的。鉴于控方已经没有时间，我方观点阐明清楚，自愿放弃剩余的时间。

［控方总结陈词］

本着对法治的深深渴求，本着对正义的不变梦想，我和辩方站在论辩台前。今天我们争议的其实不仅仅是案件本身，更重要的是要阐述法律公正的内涵。但是遗憾的是，辩方的观点完全背离了案件事实，以至于得出了不正确的结论。

在此，控方想强调的是，第一，辩方在概念上有模糊的认识。对于抢劫罪当中可能构成的其他方法没有足够的认识，认为李小武的行为不符合抢劫罪当中的其他方法所具备的胁迫性以及使被害人不能反抗、不敢反抗。

第二，辩方事实认识不清。本案当中，对于王志强是一个被害人的客观行为和主观想法没有认识清楚，认为王志强没有陷入错误认识。因为王志强在和自己的羊在一起的时候，也没有进行财物处分，根本也没有陷入错误认识，处于抢劫罪未遂，那么根本也没有厘清抢劫罪未遂它的客观依据以及事实依据到底是怎样的。

第三，适用法律的错误。对于刚才的事实认识错误以及概念不清这两点适用了错误的法律，认为李小武的行为构成了诈骗罪，违背了罪刑法定的原则。在此，控方请大家和我一起释法释理，法断是非。首先，王志强是否陷入了任何的错误认识。当然没有，本案当中王志强作为被害人基于保管主人财物这样一个想法根本就没有陷入任何的错误认识，那么也就不符合辩方认定的是否具有诈骗罪的可能性。即使是有未遂，那么也是被害人先有错误认识。但是本案当中王志强却没有任何错误认识,他一直在保护自己的财物,并明知李小武在实施一种抢劫犯罪。其次,王志强上车之后有反抗能力吗?当然没有,在高速行驶的货车的后车厢,可想而知是多么的危险啊。而且王志强多次要求停车,但是李小武却根本置之不理,完全置于一种不敢反抗、不能反抗的境地。

主持人,各位评委。作为一名法律人,我们不可避免地要面对形形色色的犯罪。案情的隐蔽、手段的复杂可能会暂时蒙蔽我们的双眼。但是它绝不会成为我们司法前行路上的绊脚石,因为我们深知执法就应当准确判断。罚当其罪、公正的审判,才是对正义的伸张。谢谢!

[辩方总结陈词]

谢谢主持人,首先请允许我指出控方在总结陈词时的几个错误。第一,我方从来没认为是抢劫罪的未遂,而是诈骗罪的未遂。第二,刚才控方认为本案中只有陷入错误认识,诈骗犯罪才可能着手实施犯罪,这是对着手实施犯罪的"着手"的界限模糊认识。在诈骗罪着手实施犯罪中,只要行为人实施了欺骗手段或者隐瞒真相的手段,使被害人法益处于紧迫的状态,这就可以认定行为人着手实施了犯罪,而并非像控方认为的那样,只有陷入错误认识才是着手实施犯罪的起点。这是控方的第二个错误认识。第三,本案中控方认为暴力手段或者其他手段是高速行驶的车辆,但是我们需要注意的是,王志强始终是在车的后车厢和自己的财物在一起,财物和财物的保管者始终在一起。汽车高速行驶也不能导致王志强和自己的羊分离,也不能导致王志强不能反抗、不敢反抗和不知反抗。高速行驶是为下一阶段犯意转化或者利益获取做准备,但这一点,本案事实没有表述,我们不做评价。因此控方以上三点犯了错误。

而辩方认为构成诈骗罪主要有两个原因。第一,李小武的行为具有严重的社会危害性,具有诈骗的构成要件。诈骗罪是使用欺骗、隐瞒真相或者虚构事实的方式使他人陷入错误认识,本案行为人已经采用了上述手段,尽管被害人没有陷入错误认识,但其已经着手实施了犯罪。第二,由于本案的诈骗对象数额巨大,是29只羊,同时导致了被害人重伤的后果,应当属于情节严重。但未遂犯在情节严重的情况下,根据最高人民法院的相关司法解释规定,应当予以追究刑事责任,而以诈骗罪来定罪处罚。第三,我们需要强调的是,在刑事案件中,犯罪的核心事实和边缘事实,我们要关注的是核心事实,而不应该关注案件的边缘事实。当一个案件的核心事实只要符合犯罪案件的构成要件,我们就应当以犯罪的构成要件符合这个罪名来定罪处罚,而不应该关注与定罪量刑无关的边缘事实。在本案中,行为人李小武着手实施诈骗是本案的核心事实,尽管诈骗罪没有既遂,但李小武实施犯罪符合刑法诈骗罪相关的构成要件,那么应当是核心事实。而后面一个事实属于意外事件,不应当作为刑法上的评价,因此,属于边缘事实。在边缘事实和核心事实都存在的情况下,我们司法工作者应该关注核心事实,而不应该关注边缘事实。

韦伯说过,怀抱与追求的目的,是每个法律人的天职。在我们司法遇到这种新型犯罪时,必须牢牢把握核心事实和边缘事实如何区分的界限。否则我们就会永远陷入抢劫还是诈骗这样哈姆雷特般的事实中去。

【第三场:叶衍艳 vs 田莹】

[控方开篇立论]

谢谢主持人,大家好!开宗明义,控方认为,被告人的行为已经触犯了我国《刑法》第263条的规定,构成抢劫罪。具体理由如下:

首先,在主观上我们看到被告人占领的是被害人守护和放牧的29只羊,他无权占有,主观上故意非法占有他人财物可谓是司马昭之心——路人皆知。

其次,我们来看一下客观行为,本案的客观行为可以分为三个阶段。在第一个阶段中,被告人是谎称你家主人把羊卖给我,让我把羊拉走。这是一种骗,但问题是被害人不傻,他没有被骗,这个时候财物并没有转移。在第二个阶段中,被告人不甘心,他继续说:你不信的话,就跟我一块上车拉上羊去见你家主人啊!这个时候被害人上了车,这是一种谎言,也是一种骗,但问题是这个时候的骗也没有骗成。因为,在这个时候,被害人也上了车,羊还在被害人的边上,被害人仍然具有对羊的控制权,被害人更没有自愿地交出羊给被告人。在第三个阶段中,我们看到被害人和羊上了车,被告人立刻开了车飞驰而去。经过了一会儿,被害人发现不对,这个时候,他要求停车,而被告人置之不理,被害人最终被摔下了车。在这个阶段中,我们看到驾驶车辆高速飞驰,这是一种限制和剥夺他人人身自由的方式和手段,也正是因为这样一个方式和手段,足以抑制被害人反抗,实际上也抑制了被害人的反抗,这样一个手段行为足以被评价为与抢劫罪中与暴力胁迫相并列的其他手段行为,而正因为这样一个手段行为，最终排除了被害人的反抗，也排除了被害人对财物的占有，最终导致了被告人实际占有了这29只羊。因此，在客观上，我们看到这是一种抢劫的行为。

最后，在危害结果看，我们看到，他一方面侵犯了被害人的羊的所有权，另一方面他也导致了被害人重伤的行为，这里需要注意的是，虽然被告人并不知情被害人掉了下去，但是，不知情不代表没有责任，在客观上飞驰驾车这个行为和危害结果之间有因果关系，在主观上他应当预见到而没有预见到自己的危险行为足以导致他人伤害的后果是有过错的。因此，无论是主观的过错还是客观的因果关系都应该对重伤负责。综上，我们看到被告人的行为主观上非法占有之目的，客观上以非法手段强行获取被害人的财物，其行为侵害了被害人的财产权和身体健康权，应该以抢劫罪对其定罪处罚。谢谢！

[辩方开篇立论]

主持人，各位评委，我国《刑法》第五章明确规定了侵犯财产犯罪，在这一章当中，同是出于非法占有的目的，但是因为手段和方式的不同，导致了罪名的截然不同，而抢劫罪和诈骗罪就是这样两种司空见惯的侵犯财产犯罪。本案当中，李小武取得羊群的行为性质应该如何认定，在这个问题上，控方错误的认定有因果关系就一定要负刑事责任，认定对后果负责就一定对李小武的行为构成抢劫罪。而辩方不能同意上述意见，辩方认为，李小武的行为构成诈骗罪。

第一，李小武虚构了事实，正如控方分析的那样，第一阶段李小武虚构了"你家主人把羊群都卖给我了，让我开车拉走"这样一个事实。但是，尽职尽责的王志强并没有相信，此后，李小武又实施了第二个阶段的欺骗行为，那就是拉王志强一同向主人问清楚，此时他在虚构事实，我们还要注意的是第一阶段的骗与第二阶段的骗有着密切的联系，不能孤立地去分析、看待。

第二，王志强对李小武的欺骗行为产生了错误认识，正是因为王志强对李小武拉其去与主人问清事实这样的一个谎言信以为真，才将其管理的羊群让李小武装上了车，也就是说，在李小武欺骗行为的作用下，王志强产生了错误认识，并在这错误认识的欺骗下，错误地处分了财产，将其保管的羊群交给了李小武。

第三，由于王志强的错误认识，并且自愿交出了财物，导致被害人的财产受损失，也从而得出了李小武已实际占有财物的这样一个结论。综上，我们看出李小武占有财物，没有实施暴力行为，而是以一种平和的欺骗的手段获取的，其行为符合诈骗罪的犯罪构成。谢谢。

[自由论辩]

控方：谢谢。我想首先请问辩方一事，刚才您提到装上了车就是一种交付就是一种诈骗罪的处分，那么您是如何来理解诈骗其中的交付和处分的概念和内涵呢？

辩方：交付和处分，当然，财物脱离了经手人的管理，交付给其他人占有，那这就是交付。我想请控方回答的是，抢劫犯罪是对财物的所有人或保管人实施暴力或者暴力胁迫的行为，那么在本案当中，被告人李小武对王志强的暴力或者是暴力威胁体现在什么地方呢？

控方：首先澄清一下，我国《刑法》第263条关于抢劫罪的手段行为包括暴力胁迫和其他手段，在控方的开篇立论中已经非常清晰地分析了，高速驾车限制人身自由足以抑制被害人反抗，这就可以被评价为是抢劫罪的其他手段行为。那么刚才辩方已经提到了占有财物的状态就是一种交付，就是一种处分，对此控方也认同。但是，在本案中，您认为一上车的时候这个占有权是否转移了呢？如果转移的话，被害人当时在边上又是什么样的地位和身份呢？

辩方：考量一个犯罪行为绝不能孤立片面地看待，应该和当时的具体时间环境和空间环境结合起来。本案当中王志强放羊的地方是荒山野地，四周没有人烟，在将羊群装入李小武的卡车之中后，就已经完全失去了对羊群的事实占有，在李小武已经取得羊群的实际占有之后，又实施强制行为，对财产犯罪还有意义吗？这种强制与取得财产之间又有因果关系吗？我想请问控方，抢劫罪是实施暴力或暴力胁迫的行为占有财物，那么李小武所谓的开车疾速行驶的行为和占有羊群之间谁在前谁在后呢？

控方：当然是使用了开车疾速行驶导致了被害人之后掉下车，排除被害人妨碍之后才占有的财物啊。刚才对方说因为是荒郊野外所以我和羊上了车就等于是把羊给交付出去了，那么我想举个简单的例子，作为一个女同志如果在荒郊野外我打了一辆车，上了车之后请问我身上的钱包和我戴的项链是否就一块交付给了出租车司机呢？

第四章 短时间案例论辩的准备方法

辩方：这个例子和本案当中认定的事实没有任何关系，抢劫犯是一种直接故意犯罪，当事行为人以非法占有为目的，实施暴力胁迫或者其他行为，强行取得被害人财物的行为。本案当中李小武占有的羊群，在之后才实施了开车疾速前行的这种行为，那这个行为和取得羊群之间哪有什么内在的联系呢？

控方：关键的分歧就在于究竟是在哪个时间点上才占有的财物，辩方一直认为只要是上了车就是一种占有，但是她也同意说占有就是一种占有权和控制权的转移，可是我们知道上了车之后被害人仍然在羊的边上，这个时候被害人没有转移占有权，而且在诈骗罪中占有转移要求是自愿交付。请问被害人如果是自愿交付的话，他为什么还要阻止车的继续前行呢？

辩方：在控方的基本立论当中就提出王志强是重伤，应当由李小武承担责任，那么，王志强的重伤后果是如何形成的呢？是李小武对他实施的哪些暴力行为才导致这样结果的出现呢？

控方：首先还是要强调一下重点吧，抢劫罪中不单单有暴力行为，还有其他的手段，跟暴力胁迫一致契合，被害人的这个行为显然是由他高速驾车这个行为导致的呀，如果没有他高速驾车不予理睬的话，被害人又如何会掉下车呢？

辩方：对这个问题的认识我可能和控方的意见很不一致，因为在案件的事实当中很明确地指出是王志强自己将身子探出并伸手去拍驾驶室的车门，恰巧卡车遇到了颠簸，这样的颠簸是李小武不能预见也没有预见的行为，这怎么能认定为是李小武的行为呢，这难道不是一种客观归罪吗？

控方：好，刚才对方提到不单单有高速驾车的行为，还有另外两个因素，其中一个是被害人探出身子，另一个是车遇到了颠簸，那么这就涉及了在因果关系判断中介入的因素应该如何判断。那么我想请问辩方，在因果关系的发生过程中，介入因素是否阻碍因果关系的产生呢，如果阻碍的话，它的判断标准又应该是什么呢？

辩方：因果关系是否中断，那要看这个因和果之间，我们在这个案子当中取得财物的行为手段是一种平和的骗取的行为，而非暴力行为，那么在这个行为和结果之间，有这样的一个因果关系，不等于说一定要承担这

269

样的一个刑事责任,对王志强受重伤的结果要承担刑事责任不等于说他一定要承担抢劫罪的刑事责任。

控方:归因和归责确实不等同,这一点我方辩方也是一样的观点,但是首先我们要判断本案的"归因"是否能够成立,对此,辩方刚才认为不存在因果关系,可是我们说因果关系中存在介入因素并不一定排除因果关系的成立。在本案中车辆发生颠簸,这是车辆正常行驶过程中很有可能发生的一种情况,在本案中被害人伸出手要去拍打车窗,这个行为我们应该认识到,由于是被告人他强制限制被害人的自由,作为一个正常人,在当时他很有可能要求被告人停车,被害人的这一行为,也并非是非常意外的介入因素。因此,这两大介入因素都不影响因果关系的成立。归因之后,我们再来看看归责,也就是说,主观上他是否要认识到有可能预见到自己的行为产生这样的危害后果呢?请问,当你把这样一个人困在车的后车厢的时候,他是否有权进行求救,您是否应当认识到他的求救行为有可能掉下车,有可能发生危险呢?

辩方:如果按控方的理论,王志强还在羊群的身边,那这些财物的所有权就没有转移,如果按照这样一个逻辑思维推理下去,在王志强没有摔下车的时候,他还是财物的所有人,那么,在李小武疾速开车,车遇到颠簸造成了王志强掉下车摔成重伤的时候,到底是在摔成重伤之后他才构成抢劫了呢,还是说在这之前就构成了呢?如果说在这之后才构成,那么李小武对车出现颠簸,造成王志强重伤的后果是出于主观的故意还是过失呢?

控方:首先,抢劫行为的行为时和抢劫最后达成行为既遂这是两个不同的时间标准,我们说开始上车的时候高速行驶这是一种非法的手段,而对高速行驶的过程中导致了被害人最后掉下车排除被害人的反抗,实际占有了财物,这是对抢劫的既遂标准,这是两个时间概念请辩方厘清。其次,关于他是故意还是过失,我想控方应该说得很清楚,是一种过失,他不是故意导致被害人摔下车,但是,他应当预见而没有预见,这就是一种过失,是一种主观过错。

(控方时间到)

辩方:在本案当中,李小武取得羊群是基于欺骗,首先他虚构了主人将羊卖给他的事实,并说将用车将羊拉走,此后又虚构了事实,和王志强两人向主人核实这个事情,基于这样两个前后联系密不可分的欺骗行为,王志强……

(辩方时间到)

主持人:自由论辩结束,现在开始总结发言。首先请控方发言,时间是3分钟,请计时员开始计时。

[控方总结陈词]

谢谢主持人。我和辩方双方产生的争议点应该非常集中。第一点就是在本案中实际占有财物的时间点究竟是什么?这一问题又涉及对占有这一刑法概念的理解。那么第二点是,占有财物的手段行为究竟是什么?是诈骗罪中的自愿交付手段还是抢劫罪中的其他方法手段?第三点我们争议的是本案中被害人重伤的这么一个结果是否要由被告人来负责呢?那么针对这样三个问题,我们结合本案的事实来进行进一步的厘清和判断。

本案的事实我想控辩双方都非常一致。总共划分为三个阶段,在第一个阶段中,我们都承认虽然当时有骗,但是没有获取财物,这个阶段显然不是获取财物的关键阶段。那么区分就在于,本案获取财物的阶段究竟是什么?是被害人和羊群一上车就获取了财物呢,还是被害人最后摔下车之后被告人才获取财物?这就涉及对占有的概念。刚才辩方也说得很好,她说占有就是一种占有权的转移和控制权的转移。这里我们需要注意到,控制和占有的可能性绝对不代表控制和占有的现实性,我们判断应该是现实性而不是可能性。在本案中,被害人和羊上车的时候,我们认为被告人具有了占有财物的可能性,但是还没有转化为现实。因为这个时候被害人仍然在羊群边上,被害人没有丧失对财物的占有。更何况,被害人绝对没有主观上把羊群交付给对方的这么一个主观意思。生活用语和法律用语是有区分和鉴别的,我们看到,生活用语上它用骗,但是它绝对不是刑法用语上诈骗罪的"骗"。因此我们看到本案中关键行为手段是什么呢?是最后被害人和羊群上车之后,行为人驾车高速行驶导致被害人掉下车,而这个时候被告人才实际获取了财物。那么我们究竟应当如何认定这一行为的本质特征呢?在这个过程中,我们看到被害人没有交付,被害人更没有自愿,所以它不是诈骗。在这个阶段中,它是一个抢劫罪中的其他手段行为,其他手段标准判断如何进行呢?那就要看它是否和暴力手段,胁迫手段具有同质性。在这个阶段中,它排除了被害人的反抗足以抑制,并且排除了被害人的占有,这已足以评价为其他手段行为。因此,综上这样一个论述,足以厘清本案被告人的行为应当认定抢劫罪,而非诈骗罪。

我想,我们双方的争议实际涉及对一些刑法基本概念的理解,刑法用语从来没有告诉我们具体概念应当如何理解,但是作为司法人员,当我们将凝练的司法条文运用到生活实践当中的时候应该遵循罪刑法定的基本原则。谢谢!

[辩方总结陈词]

主持人,各位评委。作为侵犯财产最为常见的两种犯罪,抢劫与诈骗的区别显而易见。但是正因为两罪的普通常见才更容易使人受蒙蔽,控方在认定李小武的行为时就被表象所蒙蔽,从而作出了错误的判断。第一,拟制了暴力行为或者是暴力威胁行为。从本案的事实当中我们都找不到李小武在占有羊群之前实施了任何暴力威胁或是暴力手段。第二,颠倒了取得财物的逻辑顺序。本案中李小武实施欺骗手段将羊群装入车之后已经实际占有了羊群,占有了财产所有权,在此之后,即便是实施了暴力或者暴力相威胁的行为,也与取得财产失去了必然的因果关系。第三,错误认定了取得财产与行为之间因果关系,这一点在刚才的论述中也已经提到,这里重申一下,也就是说,行为一定要与结果之间有必然的因果关系,有这样的因果关系才能认定行为有这样的性质。在本案当中,财产既已取得,行为在取得之后,那么这两者之间因果关系根本就不存在。因必须在前,果在后,这才是一个正常的逻辑顺序。第四,对重伤的结果负责不能等同于负抢劫罪的责任。不可否认,李小武对王志强的重伤要承担刑事责任,但是这个责任是不是抢劫罪,不是我们今天要讨论的问题,但是它绝对不是抢劫罪的责任。

综上,我再次重申我方的观点,被告人李小武的行为构成诈骗罪。第一,有虚构事实这样一个行为;第二,虚构的事实使王志强产生了错误的认识;第三,在王志强错误认识的作用下,他处分了自己所保管的财物,也就是他的羊群,从而失去了对财物的占有,而被告人李小武也顺理成章地占有了上述财物。无论从行为的性质、后果、逻辑关系还是整个案件的发展过程,我们看李小武的行为都应该符合诈骗罪的构成要件。任何一个犯罪都离不开犯罪产生的时间、地点,不能孤立地片面地去分析。这才是罪刑法定的真正要义。我们相信,诈骗罪、抢劫罪、罪与非罪的认定直接关系到李小武的刑事责任。而错误的认定将会导致一次司法的不公。谢谢！

对三场论辩的综合分析：

（1）对案例事实的挖掘。

这道论辩题给定的事实情景较为生活化也较为丰富，因此在论辩中经常涉及案例事实的运用或争辩。例如第二场辩方强调的核心事实和边缘事实的区分，第三场控方在立论中直接描述的客观事实的三阶段，以及各场的控辩双方在自由论辩中对拍车门、卡车遇到颠簸以及案件当事人之间的对话等细节内容的争辩，既运用到事实描述的情境化手段，又运用到事实描述的精细化方法。

（2）对辩点的拆解和选择。

抢劫罪和诈骗罪在犯罪构成方面有许多不同之处，因此这道辩题可拆分的辩点也较多：

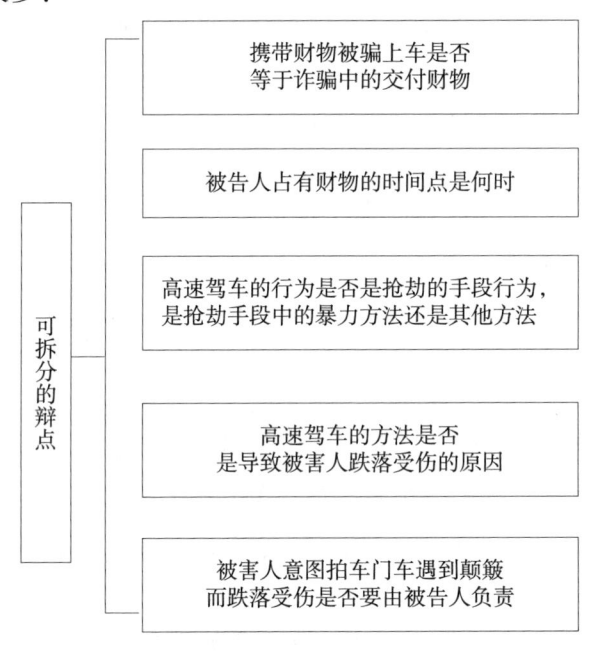

可拆分的辩点：
- 携带财物被骗上车是否等于诈骗中的交付财物
- 被告人占有财物的时间点是何时
- 高速驾车的行为是否是抢劫的手段行为，是抢劫手段中的暴力方法还是其他方法
- 高速驾车的方法是否是导致被害人跌落受伤的原因
- 被害人意图拍车门车遇到颠簸而跌落受伤是否要由被告人负责

根据之前我们说过的"两个半"战场的划分原则，这些辩点不太容易在论辩中全面展开，因此三场论辩对辩点的选择有所不同。第三场论辩虽然控方相对全面地展开了上述多个关键辩点，但在结辩中控方显然没能有效总结自由论辩谈及的辩点，因此我们看到结辩开场控方准备说三个核心问题，但最终用完时间只谈到了两个问题。

上述的这些辩点都涉及概念的挖掘问题,这三场论辩中控辩双方也都运用到了概念挖掘的方法,例如暴力的概念、抢劫罪中其他方法的概念、占有的概念、控制的概念、交付的概念、错误认识的概念、刑法因果关系中归因和归责的概念等。比较这三场论辩,第三场论辩控方挖掘的概念最多,也相对最清晰,整体表现上第三场的控方略胜一筹,这也较好地印证了前述说过的"哪一方的概念挖掘越多越透彻,往往就越占优势"。

这三场论辩都还用到了和概念挖掘紧密相关的判断标准的问题,例如第一场论辩,控方针对本案中抢劫罪暴力手段是否足以抑制被害人反抗提出了实然和应然的区分标准。第二场、第三场论辩,控方均提出了抢劫罪客观手段中的"其他方法"的判断标准。第三场论辩谈论车子遇到颠簸导致的被害人跌落,是否阻却行为人高速驾驶车辆和被害人受伤之间的因果关系,控方提出了因果关系中介入因素的判断标准。可见,判断标准实际上是概念挖掘的外化形式,往往可以在自由论辩中作为有效的攻击或防守手段。

(3) 论辩技术的具体运用与不足。

在其他方面,这三场论辩和第一道辩题的三场论辩有许多异曲同工之处,例如都用到了假设类比,使得说理深入浅出。当然,也有不足之处,第三场论辩控方举例:

控方:当然是使用了开车疾速行驶导致了被害人之后掉下车,排除被害人妨碍之后才占有的财物啊。刚才对方说因为是荒郊野外所以我和羊上了车就等于是把羊给交付出去了,那么我想举个简单的例子,作为一个女同志如果在荒郊野外我打了一辆车,上了车之后请问我身上的钱包和我戴的项链是否就一块交付给了出租车司机呢?

控方举这个例子想要说明上车后不等于将财物就交给了司机,用意是好的,逻辑也是顺畅的。但可惜的是,控方在这里的用语不够严谨,荒郊野外又何来出租车可打呢?所幸辩方并未对此缺憾进行回应。对这个例子若稍加完善,不说出租车,而说拦了一辆过往车辆,则效果更好。可见,假设类比的运用需要在细节处精准。

三场论辩控辩双方都能较好地坚守己方事先设定的战场,在自由论辩中绝大多数轮次都是以问句的方式结尾。例如,在开篇立论中不少人用到直指争议问题再行分析的立论模式,在总结陈词中都能做到有驳有立,并都重视最后的价值升华等。

二、短时间案例论辩的准备内容、基本模型和准备方式

1. 短时间案例论辩的准备内容

通过上述两道辩题 6 场论辩的观摩，可以看出在短时间准备的案例论辩中，结合案件事实描述，基础概念的挖掘以及提问与假设类比的运用是最常用也是最好用的方法。那么，短时间内究竟应当如何准备案例论辩呢？案例论辩的风格也好，准备方法也罢，并无定式，这里仅给大家提供一种准备的参考思路。拿到一道案例论辩题，一般需要准备以下五方面的基础内容：

（1）认真看题锁定事实。

通常建议第一遍迅速看题，有个大体的思路；第二遍仔细看题，勾画出案例题给定事实的重点及细节，并站在自己的立场上对案例事实进行高度概括，争取做到能够复述案例的基础事实及重点事实，以便在论辩场上不用看稿也能心中有数。

（2）确定基本逻辑。

看完题后根据自己的立场，结合犯罪构成要件，能够清晰地判断己方观点的基本依据是什么，包括法律规定层面的、法理探讨层面的及价值选择层面的，并努力做到对关键概念的挖掘，确定争辩的核心概念，包括基础概念和上位概念。

（3）拆分辩点划分战场。

根据己方的基本逻辑，确定整场论辩要探讨的基本辩点有哪些，并根据这些辩点划分战场，规划先讨论什么，后讨论什么。

（4）准备问答。

根据划分的战场，在每一个战场中设计 2—3 个问题。并设想对方可能提出的关键性问题，准备好回应思路。

（5）设计假设类比。

根据拆分的辩点及挖掘的概念，争取对最重要的问题站在己方立场上进行假设类比。需要说明的是，这第 5 点不必强求，并非所有的论辩都有必要用到假设类比，且恰当的假设类比并不容易设计。

2. 短时间案例论辩的基本模型

准备完上述五项基本内容，其实一场论辩的基本模型就固定了：

（1）开篇立论的基本内容是"事实阐述＋辩点拆分及阐述"。

事实阐述就是上述的第一项内容，既包括根据己方立场对案例事实的高度概括从而吸引评委和听众的注意力，也包括在法理阐述时结合案件的重点事实或细节事实，夹叙夹议。辩点拆分及阐述就是上述的第 2 项和第 3 项，即说明该案例题有哪些问题需要探讨、从哪些层面进行探讨、己方的基本依据及逻辑又是什么。

（2）总结陈词的基本内容是"争议焦点分析＋理论阐述及提升＋价值升华"。

争议焦点分析其实还是上述的第 3 项，即拆分出的辩点往往就是争议的焦点。理论阐述提升即上述的第 2 项，己方的逻辑和理由是什么、涉及的核心概念问题是什么、该如何界定。价值升华在上述第 2 项价值层面挖掘中也已完成，若准备时没有完成，结辩时简单强调罪刑法定原则或刑法谦抑性等基础性价值，一般也较为容易做到。

（3）自由论辩的基本内容是"战场划分＋提问＋理论阐述"。

即上述的第 2、3、4 项内容。自由论辩中如果还能增加上述第 5 项内容即假设类比，则设计更加成功。

3. 短时间案例论辩的准备方式

可见，在短时间内准备好上述的基本内容，其实就能确保一场案例论辩的顺利进行。这些基本内容并不需要都写出来，且时间也未必允许都写出来，例如全国十佳公诉人选拔赛初赛的论辩环节只有 20 分钟的准备时间，因此只要做到心中有数即可。这样，一方面能确保全场的脱稿，只根据自己的逻辑思路进行论辩，而不是拿着事先准备好的纸条等内容在阐述；另一方面能确保无论是开篇立论还是总结陈词都有较为丰富的内容，且不重复，而不用担心短时间内准备案例论辩规范陈词不知道说什么好、说不满用时、总结和立论重复。当然即便是长时间的准备，论辩现场仍然会出现和自己预设不一致的地方，或多或少总会出现些"意外"。但遇见意外无须紧张，有时候反驳对方可能不够敏锐精准，但确保己方的立场逻辑能够清晰地展现给评委和听众，是最先需要做到的。

概括而言，短时间案例论辩准备的核心在于拆题，即全面有效拆解案例题中的各个争议点，然后通过结合事实，或者转化成问题从而再进行小结等方式，把这些争议点以自己相对顺畅的表达方式予以展现。

第五章 团体案例论辩的特殊要求

一、团队论辩和个人论辩的区分

形式上，因为团队论辩的准备时间较长，又常以电视媒介的方式表现，因此相较于个人论辩，团队论辩事先准备的内容要多些，场上表演的成分要强些。实质上，团队论辩和个人论辩在论辩策略和论辩技能的运用上并无太多区分，最大的区分在于团队论辩讲求团队配合，强调团队合力的发挥。一名辩手在一对一的个人论辩中无论表现优劣，通常己方的思路是连贯的，底线逻辑是统一的。但在多人对峙的团队论辩中，要做到团队整体思路的连贯，每个人对每个细节问题底线逻辑的高度统一，并不是一件容易的事情。拿我自己参赛的例子来说，参加首届全国公诉人与律师电视论辩大赛时，我担任三辩。一辩徐航也是全国十佳公诉人，大专论辩赛优秀辩手，还是我熟识的亲师姐；当年我报考本科大学的原因之一就是因为在电视上看了她的论辩而神往；二辩鲁刚是位非常绅士的优秀公诉人，我们在这之前刚刚一起合作拿下了全国优秀公诉人电视论辩大赛的冠军。无论是专业和论辩能力，还是彼此间的信任关系，我们三人互相都属于最可依托的。但就算是这样的组合，在准备论辩中面对的最大困难仍然是团队配合。

因此，团队论辩中我们常说，"团队胜则结果胜"。我指导过全国多个地区参加团队论辩赛的队伍，发现有的团队赛队伍在选拔队员的时候，秉承这样一种观点，因为团队的配合和协调是至高无上的，因此必要的时候必须敢于放弃优秀却难以融入团队风格的队员。对此，我个人持保留意见，在我看来，强调团队的配合与协调固然重要，但这并不意味着要消磨队员个体的个性，而是要在发挥个体优势的过程中做好团队的分工配合。事实上，并不存在不可融合的团队。

二、团队论辩的配合技巧

（一）彼此熟知是团队论辩的基础

团队论辩要求每一个队员对己方所有的逻辑、谈及的基础内容以及场上的核心假设类比等，都非常熟悉并全面掌握。这种熟悉不仅限于了解，还要求尽可能做到当自己的队友谈及某个点时能够按照队友的预设思路迅速跟进。例如队友谈到某个假设类比，能迅速判断这个假设类比是基于己方什么样的逻辑、想要说明什么问题、对方可能性的反驳，以及己方对这种反驳根据事先的逻辑应当如何对接等。只有这样才可能在现场做到互相补强、发挥合力，否则各自根据自己的思路推进，虽然整体观点和逻辑是相同的，但因为每个人的发言不是连续的，难以发挥合力，有的时候甚至属于互相拆台。当然，这种彼此的熟知需要事先的良好准备，团队论辩也往往给了相对充分的准备时间，例如假设类比的运用是事先商量准备好的，彼此就容易跟进，如果是场上某个选手突然灵光一闪随口冒出的，其他队员自然不容易很好地跟进。

但同时需要注意，这种精心准备和互相熟知及在场上的互相配合并不代表团队论辩的一切都是设计，都只是表演，辩论场上必然会有许多临场发挥的内容，尤其是对对方的反驳不可能都预先设定，需要根据现场调整许多论辩细节甚至思路。彼此熟知的只是针对事先准备的基础内容、论辩的底线逻辑和设定的关键性问题，例如起关键论证作用的假设类比的运用等；要做到的只是在听对方发言时要关注己方队友的发言，明白队友发言的出发逻辑、针对的问题、想要论证的点，并在这种听和理解的基础上积极跟进队友，主动配合。

（二）节奏把控是团队论辩的重点

团队论辩中的节奏，主要是指团队中每个队员发言的顺序、频率、用时及风格等，展现团队的协调与合力。

1. 发言顺序的设计

团队论辩的比赛规则通常都会规定自由论辩中控辩双方选手的每一位队员至少需发言两或三次，这主要是为了避免有的团队选手实力悬殊，在场上个别队员积极发言，个别队员在自由论辩中几乎不发言，仅起到"花架子"的摆设作用。在保证最少发言次数的基础上，团队中选手的发言顺序还有一定的讲究,既要让人觉得这个团队的每个选手都是积极参与的,实力均衡;又要让人感到团队中选手的发言是有一定的节奏感和美感的。对此,通常有两种基本模式:

(1)绝对限定发言顺序。

常见的是团队中选手的发言较为严格地遵照"二辩、三辩、一辩"的顺序进行,即自由论辩中二辩首先发言,然后三辩,最后一辩,以此循环。"二辩、三辩、一辩"的顺序主要是因为一辩刚做完开篇立论亮过相,三辩还有最后总结陈词的发言机会,因此让二辩先发言。这种绝对限定的发言顺序好处是,团队发言的顺序不会发生混淆,团队中每个选手的感觉均衡,节奏感较强。

但整体上一成不变的节奏过于僵硬,风险也较为明显。例如,对接对方的某个问题,轮到发言的选手不能良好回应却不得不硬着头皮回应,而其他辩位的己方选手即便有巧妙的回应也不得不错失良好的回应时机。在团队赛中我们常发现这种情形:对某个问题,己方第一轮没有良好对接,隔空了几轮,己方的某个辩手虽然有了精彩对接但错失时机,效果并不够好。因此,这种绝对限定发言顺序的模式,一般要求团队中每个选手的实力相当,且彼此信任度高,相信队友与对方的对接是成功的。

(2)相对限定发言顺序。

通常是在自由论辩的开始阶段,使用"二辩、三辩、一辩"的顺序模式,营造出团队配合良好,节奏漂亮的感觉,两轮或三轮之后再打乱这个模式,相对自由地进行发言。这种模式同样要求团队中的任何一名选手不能仅仅参与开始的固定模式,在其后的自由论辩发言阶段也还要有所展现。否则,我们常看见某个团队中某个选手在开始两轮有发言,之后就稳坐在辩位上没有站起来过,前面辛苦营造的团队的节奏感必然受到其后这种不发言的呆板表现的影响。当然在其后的自由顺序阶段,并不要求团队中每个选手的发言次数是一致的,可以有的多发言,有的相对少发言。

采用第二种模式时,需注意以下两点:一是考虑到三辩最后要对自由论辩的现场进行总结,这需要一定的调整和准备时间,因此一般在自由论辩的最后一分钟,三辩要尽量少发言;如此一来,为了平衡,在前半阶段,三辩就可以相对积极些。二是需要制定一定的规则,即需要相对明确,在场上对某个疑难问题己方不知如何应对时,必须有个选手敢于第一时间站起来对接,避免现场出现无人敢发言的冷场局面。同时还需明确,

279

在场上对某个问题己方多名选手都想发言，出现抢站情形时，究竟谁让谁，避免现场多次出现一个团队内部频繁抢站彼此不协调配合的局面。

2. 发言时间的限制

无论是团队论辩还是个人论辩，自由论辩中控辩双方各方的累计用时都是固定的，4分钟或5分钟。以最常见的4分钟为例，一方团队三名队员共计用时4分钟，这就意味着如果每人每次平均用时30秒，则整场论辩，每人只有2.5次的发言机会。而前述我们已分析，至少需要前两轮打出固定的团队节奏，之后的自由顺序发言才能显出团队的配合，每人2.5次的发言机会显然无法完成这个任务。因此，要学习前述说过的简短发言，一次用时不要超过15秒或20秒；同时，前述也分析过，必要的时候可能会需要进行两三次小结性的发言，时间会略长，但原则上最长也不应超过30秒。一方面为了弥补这一两次长发言的用时，另一方面为了显示团队发言的节奏感，避免团队中每个选手的发言用时几乎都是一样的、缺乏变化的，团队中每个选手要刻意培养长短节奏相互配合的良好意识。即己方一轮长发言后有意识地尽量做一两次短发言；反之，在多次的短发言后有意识地做一两次长发言。这样做的好处是长短结合，有较好的团队节奏感；同时，常规的简洁的对接和穿插一两次的有力地小结也是自由论辩的实质性要求。

这里还需要注意团队中个人连续发言的次数问题。在团队论辩中，因为强调团队的配合和节奏，不宜某个队员多次连续站立发言，确有必要时一般连续发言的次数不超过3次，否则在某个特定的时间段内，评委和听众只能看见某个选手的强势表现，团队配合的感觉荡然无存。

3. 发言风格的协调

团队的节奏感不仅体现在发言顺序和发言用时上，团队中不同选手不同发言风格的融合协调也是一个重要方面。在一个团队中，选手的风格过分一致，例如都是沉稳的说理，或都是简洁的俏皮话，显然使团队的整体风格过于单一，在4分钟的自由论辩中容易让人视觉、听觉疲惫。因此，团队论辩，不同选手可以有一个大致的分工，例如一人主打说理，一人主说事实，一人负责假设类比等；或者一人负责短平快地和对方对接，一人负责双方纠扯不清时的逻辑阐述等。这种分工仅是相对的，不是绝对的，我们很难要求某个选手场上发言风格的绝对固定。但事实上若进行细致的挖掘，每个选手确实有自己相对个性的一面，团队风格的融合就是要尽力为选手的个性找到合适的发挥空间。特别需要注意的是，这种分工仅仅是风格的大致分配，并不是对发言内容的限定。有的团队，对选手的发言内容进行明确分工，例如限定第一个辩点谁负责，第二个辩点谁负责；或者限定针对某个问题谁负责，针对另一个问题谁负责。个人认为这种分工是不可取的，因为辩论现场有许多变化，内容的事先分工容易使队员不够关注分工范畴之外的内容，反而影响现场的发挥。

4. 团队节奏把控的范例

在首届全国公诉人与律师电视论辩大赛中，重庆公诉队和北京公诉队在团队的节奏把控方面较为突出。以重庆公诉队 vs 辽宁律师队的现场表现为例。在自由论辩中，控方重庆公诉队坚持"二辩、三辩、一辩"的发言顺序，团队中每个辩手的展现机会基本均等。而辩方辽宁律师队似乎没有太留心团队的节奏问题，辩方三辩一开始就连续站立多次，其后辩方一辩又连续站立超过了3次。抛开论辩的内容不谈，仅从团队节奏的美感来看，重庆公诉队明显要协调漂亮许多。当然，重庆公诉队的这种节奏感之所以能够有效坚持，很重要的一个原因在于其3位辩手的个人能力都较为突出、基本均衡，且个人风格鲜明，二辩理性沉稳，配合一辩和三辩的机敏诙谐，是非常协调且漂亮的一个团队。比照重庆公诉队，北京公诉队采用了第二种团队配合模式，即自由论辩的前两轮固定"二辩、三辩、一辩"的发言顺序，其后打乱顺序，发言次数虽有多少之分，但基本均衡，也让人感觉是个协调整齐的团队在论辩，不会过分地突出某个队员从而失去了团队的节奏感和美感。其实，除了这两支队伍，在各大团队论辩赛中最终取得好成绩的队伍，虽有不同的风格，但节奏把控都遵循协调和相对整齐的基本原则。

（三）内容体现整体性是团队论辩的核心

团队论辩体现的团队配合与协调，上述的节奏把控是形式上的外在体现，内容的整体性才是关键与核心。这种内容的整体性要求做到认真听对方发言的同时还要认真听己方队友的发言，能够根据队友的发言紧密跟进、积极配合，发挥组合拳的作用。内容的整体性在下面几个方面尤为容易凸显：

1. 提问设计思路的合力完成

这是指己方有一名队员提出一个问题时，其他队员要注重配合紧密跟进这个问题。如果对方立即回答了这个问题，接下来发言的队员要根据对方的回答进行反驳。如果对方没有立即回答这个问题,接下来发言的队员要能够继续追问,再之后的队员要能对这个问题进行有效的小结。即"提问—对方回答—问题小结"或"提问—对方回避—追问—问题小结",这是一个完整的问题设计思路。团队论辩中不能仅由发问者来完成这个设计,要靠其他队员的配合共同完成。这种合力发问的模式能够非常直观并强有力的体现团队配合。

我们一起看一下第二届全国检察机关优秀公诉人电视论辩大赛华北赛区决赛北京公诉队 vs 天津公诉队陈刚玩忽职守案自由论辩中的一个片段:

辩方三辩:对方告诉我们这些事实陈刚没有查,但是我从题目中看到的是"依法审查",依法审查这些事实当然要问,只不过李南既然蓄意要伪造犯罪事实,他一定会编造一套理由,而宋涛又无法举证。我倒是想请问对方了,在民事诉讼法的相关司法解释中,关于书证效力的确定依据哪条规定、如何规定?

控方一辩:判断书证的效力当然依据有关的规定,但是本案并不是审查书证效力的问题。辩方在强调宋涛表示没有人知道,但是宋涛是没有专业的法律知识的,这时候就需要陈刚去发挥自己的专业知识,履行自己的法定职能,去促使宋涛完成自己的举证责任,必要的时候还可以启动主动调查取证权。请问辩方,陈刚完成上述法定职责了吗?

辩方一辩:控方说本案不是审查书证的问题,那么我们就请问了,民事诉讼中法官不审查证据那他要干什么呢?还是请控方明确回答我方三辩的问题,根据我国民事诉讼法以及相关司法解释,书证的采信原则是怎样的?

控方二辩:在民事诉讼中,法官不但要审查证据,还要引导当事人完成取证啊。还是回到程序的问题,最高人民法院《关于在审理经济纠纷案件中涉及经济犯罪嫌疑若干问题的规定》中明确规定,人民法院发现有经济犯罪嫌疑的,应当将案件材料移送公安机关。这说明民事法官需要对隐藏的刑事案件抱有相当的警惕性。那么参照上述司法解释,辩方认为陈刚正确履行职责了吗?

辩方二辩:看来控方没有正面回答我方两次提出的问题,那我来解释。最高人民法院《关于民事诉讼证据的若干规定》中明确规定,当事人

第五章　团体案例论辩的特殊要求

一方提出书证，另一方当事人没有证据予以反驳的时候，法官应当采信书证的效力。这就是书证在审判中应有的原则。还想请问您另外一个问题，如果每个当事人对于每个抗辩理由都提出来，法官都要移转线索，那我们的法官民事诉讼如何进行呢？

控方三辩：我们并不是说必须要移转线索，而是看它有没有移转可能性。但是辩方刚才一直说了"谁主张、谁举证"的证据规则是重要的，但是我们看到民事诉讼法的前几章还规定了审判程序和审判组织的规定，那么哪条法律规定民事法官只能看证据规则而不用去看其他的程序规则呢？

我们看到，辩方三辩提出一个关键问题，类似知识点考问，控方一辩简单回应后转到了自己的问题上，辩方一辩站起来并不回应控方的问题，而是对己方提出的问题进行追问，控方二辩站起来采用转化的技巧仍然回到己方提出的问题上也继续追问。这个时候，双方表面是针锋相对，实际上都在坚持各自的战场和问题，都采用了"提问—追问"的方法，于是第三轮的发言就显得尤为关键。第三轮发言，辩方二辩不再追问，直接自我回答己方提出的问题，进行了一个有效的小结，再问了一个新的问题。控方三辩对新问题的回应表现良好，但略显遗憾的是，没有对己方的问题进行有效小结，在这几个轮次的交锋中实际上等于是最终被辩方带跑了。可见，团队协作进行的"提问—追问—问题小结"，对核心问题的阐述以及团队整体风格的树立都是一种非常有效的表现手法。这个模式中，追问主要是为了强化问的力度，重点在于小结。

我们对照另外一个例子，首届全国公诉人与律师电视论辩大赛浙江公诉队 vs 广东律师队李芳交通肇事案中，控辩双方在争执乘客能否成为交通肇事罪的犯罪主体时，控方问了这么一个问题：

"对方辩友，我可以告诉你，2006 年出版的《中华人民共和国法律年鉴》上有 7716 起交通事故是由乘客和行人引起，并被定罪处罚，你做何解释呢？"

这是一个精心准备的非常好的问题，但略显遗憾的是，控方问完之后没有小结跟着辩方又去谈论其他的问题，如果控方在紧接着的发言中能够有效小结，说明这个数据充分证明了己方观点"乘客能够成为交通肇事罪的主体"，然后再探讨别的问题，则在这个问题的争执上将给评委和听众留下更深的印象。

283

比照以上北京公诉队和天津公诉队的追问小结环节，还可以发现，北京公诉队在追问和小结之前都给对方刻意"戴了一个帽子"，强调"请控方明确回答我方三辩提出的问题""看来控方没有正面回答我方两次提出的问题"，这些用语显然更有助于团队协作感的强化。当然使用这些用语的时候需要注意，如果对方已经进行了正面的回应则不合适扣这个帽子，否则显得蛮不讲理，适得其反。

2. 转换与坚守战场的统一性

这主要是指，在战场的转换与坚守上，团队队员要达成高度的默契。在队友转战场时要统一跟进，队友坚守战场抵制对方的转化时要密切配合。避免出现在团队的交错发言中，队员之间针对不同的问题不断地切换战场，造成的局势混乱。

前述分析战场转化问题时引用过首届全国检察机关优秀公诉人电视论辩大赛北京公诉队 vs 重庆公诉队自由论辩的例子：双方都很好地体现了战场的统一性，在自由论辩的最后一个战场，重庆公诉队发挥合力力求尽早转战场，北京公诉队铁板一块共同死守前一个战场。

可见，在团队论辩中通常有一个基本分工，即指定一人负责战场的转换，当这名队员转战场时，其他队员要有效跟进。被指定负责转战场的这名队员一般而言是在场上能够较为冷静的类型，那种喜欢和对方短兵相接，觉得任何问题都可以反驳且都想反驳的队员往往"恋战"，不容易负责战场转化的任务。当然这种分工不是绝对的，当负责转化的队员没有及时转化战场时，其他队员也有义务进行转化，团队仍需跟进，否则将转战场的任务完全寄托在某个特定队员身上，万一场上出现情况变化，整个团队死守某个战场忘记转化，无法有效展开多个辩点充分论证辩题必将十分不利。

3. 剩余用时的精心设计

在自由论辩中，一方用时已经结束无法继续发言，另一方尚有发言时间时，我们给剩余时间这方的发言起了一个形象生动的称呼——"打死老虎"。在团队论辩中，一方面要尽量避免己方用时过多，留给对方过多时间"打死老虎"的场面出现。因为在这种情形下，容易显得先用时结束的一方没能良好把握时间，且在之前的自由论辩中的优势地位可能被对方通过这段时间拉平，甚至反而处于了劣势。例如首届全国公诉人与律师电视论辩大赛广东公诉队 vs 上海律师队，控方自由论辩用时先结束，留给辩方

100 多秒的时间,在这 100 多秒的时间内,辩方三位队员发言共 9 次,既有立又有驳,既有严肃说理又有轻松类比,完全变成了辩方的脱口秀,令人印象深刻,却令控方如坐针毡,异常被动。

另一方面,要争取己方能有机会"打死老虎",并精心设计,通过这一小段时间有效强化己方观点,并突出团队配合,给评委和听众留下深刻的印象,为自由论辩做个圆满的收尾。例如刚提及的广东公诉队 vs 上海律师队:辩方"打死老虎"时间较长,说理较好,弥补自由论辩的不足,强化自由论辩的优势,并由 3 名队员轮番发言,充分体现团队配合,最后还配了一个小诗,精彩收尾:

辩方三辩:我明白了,你方逻辑无外乎,人生最痛苦的是什么?你取了自己车坐了牢,人生最最痛苦的是什么?你取了车,还了 4 万块钱,还被警察抓呀。

辩方一辩:今天控方的逻辑,就是说凌晨 4 点悄悄拿走就是盗窃。那么,就想请问了,悄悄拿走就一定是盗窃吗,我经常悄悄拿我老公的私房钱这也算偷呀,新的婚姻法司法解释,已经让女人很难做了,如果这样算偷的话,那我们女人是不是悲催了。

辩方二辩:占有源于担保,但担保不合法,占有就不能对抗所有权人,就是今天控方犯下的最大错误。再来看看社会危险性,我就不明白了在这个案子当中,如果车是赃物的话,那么他应当返还给谁呢,是王宏呢,还是黄明呢?

辩方三辩:根据法律规定车辆应当返还给失主,那么请问车辆的主人到底是谁,是王宏呢,还是黄明呢?

辩方一辩:那么丧失占有,它是不是就是失主的。如果说我在超市寄存了一个包,结果包被偷了,警察是把这个包还给我呢,还是还给超市呢?当然是我了。

辩方二辩:再让我们来想一想,这个案件当中有什么损失,我就不明白黄明在这里面到底是损失钱呢,还是损失了车呢?

辩方三辩:根据盗窃罪的司法解释,第 5 款有 13 条列举了所有损失的计算依据,但没有一条计算是占有或者是担保利益。

辩方一辩：今天对方另外一个错误是他认为有了口头约定就必然有法律效益，是这样吗？那么我们说男女朋友婚前山盟海誓说我要跟你过一辈子，结果他却跟别人领了证，你能说这个有效力吗。

辩方二辩：今天控方的错误，就是把合法占有和非法占有相混同了起来，我们说所有权人取回了自己被他人不合法占有的车，当然不构成盗窃。下面我们将由一首小诗来总结我方的观点。

辩方一辩：你开或者不开，车总属于我自己。

辩方二辩：还或者不还，30万元还在那里。

当然绝大多数的自由论辩不会出现双方用时的如此巨大反差，但在较短的剩余时间时，也完全可以有漂亮的"打死老虎"。例如，第二届全国检察机关优秀公诉人电视论辩大赛四川公诉队vs上海公诉队刘芳诈骗还是侵占罪的自由论辩阶段，上海公诉队先用完时间，四川公诉队剩余时间并不多，只有十几秒，但四川公诉队充分利用这一点剩余时间，强化了己方核心观点和团队配合：

四川公诉队二辩：银行卡的户名是谁？是刘芳。

四川公诉队三辩：今天前来取款的这个人是谁？还是刘芳。

四川公诉队一辩：所以，银行根本没有受到欺骗不构成诈骗罪，是侵占罪。谢谢！

打死老虎时需要注意以下几点：

（1）注意用时。

在仅剩几秒的时间内通常就没有多说的必要，仓促结尾容易使发言效果大打折扣。

（2）注意团队配合。

在己方独占的这段时间内，是团队配合最容易体现的时机，要尽力把握，即原则上只要时间充足，要求"打死老虎"时团队成员都积极参与。这和之前我们说的团队论辩中三辩在自由论辩的最后一分钟一般少发言并不矛盾。在控辩对抗中的最后阶段三辩少发言是为了留有时间准备总结陈词，在"打死老虎"阶段中三辩的积极参与是为了体现团队配合。因此，三辩也应积极参与。

（3）注意内容的精彩。

剩余用时单方发言是一个宝贵的展现机会，因此一定要高度重视发言内容的精彩。一般而言，有两种基本思路：一种是对自由论辩中某个关键性问题进行进一步的深入阐述，强化己方观点。但需注意避免和结辩的重复。另一种是通过形象生动的排比用语增强评委和听众的认知。例如，第二届全国检察机关优秀公诉人电视论辩大赛华北赛区决赛天津公诉队 vs 北京公诉队陈刚玩忽职守案，自由论辩中辩方在剩余时间的"打死老虎"设计：

辩方三辩：陈刚无罪，法官依法履职，如何触犯刑法的戒律？

辩方二辩：陈刚无罪，判决尚未生效，标的即便过万，何以触犯生命法益？

辩方一辩：陈刚无罪，轻易放弃生命岂是常人能够预见的？

辩方二辩：所以陈刚不是一个好法官，但也绝不是一个渎职的罪犯。谢谢。

（4）注意良好的风度。

在"打死老虎"这个时间段内，因为对方已经用时结束，无法站起来进行对接，因此连续发言的己方要尽力保持良好的风度。例如，有的团队在这个时间段内，明知对方已经没有机会回答，仍以提问的方式持续进攻，问了对方一连串的问题，显得过于强势。首届全国公诉人与律师电视论辩大赛总决赛北京公诉队 vs 上海律师队张晓林受贿案的自由论辩中，辩方最后剩余用时41秒，用了一小部分时间"打死老虎"，其后十几秒主动放弃，体现了一种良好风度，也让人印象深刻。

辩方二辩：控方为了使张晓林今天成立受贿罪，给了我们一个完美的立论，但是在这完美的立论当中，却恰恰存在三个细小的瑕疵。

辩方一辩：把孙甜美的贪婪，说成是张晓林的故意。

辩方二辩：把孙甜美的收车，说成是张晓林的敛财。

辩方三辩：把张晓林的反对，说成是张晓林的同意。

辩方二辩：鉴于控方的时间已经完毕，我方自愿放弃剩下的时间，但是我想告诉大家的是，这件事情我们事先没有通谋，事后不会受益，今天是一场控辩双方的君子之辩，谢谢。

4. 团队论辩答问环节①的设计

团队论辩的一般赛制和个人论辩是一样的，都是"开篇立论—自由论辩—总结陈词"，但团队论辩有时加入特殊的环节，例如，首届全国检察机关优秀公诉人电视论辩大赛和第二届全国检察机关优秀公诉人论辩大赛分赛区的赛制都加入了答问环节。即在控辩双方的开篇立论后，在自由论辩阶段之前，设置一个环节，由控辩双方的三位辩手依次向对方提问，由对方回答问题，并限定提问和回答的用时。

答问环节的设置，因其时间相对充足，其优点是在时间有限的开篇立论之后在短兵相接的自由论辩之前，有利于控辩双方从己方的逻辑出发，相对系统地攻击对方的逻辑，同时也借回答的机会相对系统地阐述己方的逻辑，有助于法理问题的深入阐述，为自由论辩的短兵相接奠定了基础。其缺点在于内容上容易和其后的自由论辩有所重复，形式上时间较长、观赏性相对差些。这也是首届全国检察机关公诉人电视论辩大赛虽然设置了答问环节，但最终在公开发行的视频资料中剪辑了该环节的原因，第二届全国检察机关优秀公诉人论辩大赛各分赛区依旧吸纳了这一环节，但在最后的电视论辩大赛中也取消了这一环节。②

下面，我们通过第二届全国检察机关优秀公诉人论辩大赛华北分赛区的两场论辩赛来一起看答问环节的注意事项：

第一场：王文过失致人死亡案
——北京公诉队 vs 山西公诉队

某日凌晨，张山驾驶汽车不慎将骑车人李伟撞成重伤，后张山拦下王文驾驶的出租车送李伟去医院。途中，张山对王文谎称要去旁边的自动取款机取钱，然后下车逃逸。王文发现张山逃逸后，考虑到李伟伤势严重，

---

① 答问环节也常称为攻辩环节，以此区分自由论辩。
② 2023年上海市律师论辩大赛也设置了问答环节，但规则有所不同。该赛事中，控方陈词立论后即由辩方对控方发起质询；质询结束，辩方陈词立论后再由控方对辩方进行质询。且在质询阶段，提问人可以打断回答人的发言。这种质询模式的设计，最终让整个质询环节略为混乱（一方没说完话就立刻被对方打断，常有抢话场景出现），也让质询的实际意义有限（回答的一方实际上并没有充分回答的机会，问话的一方实质也不是为了问，只是借问限定对方回答一两句后迅速抢着自己论述，基本只顾自己观点的输出）。

第五章　团体案例论辩的特殊要求

> 且害怕被误认为是肇事者,遂开车将李伟放置在医院门口后离开。一小时后,李伟被他人发现送医院抢救,后李伟因流血过多抢救无效死亡。
> 控方:王文构成过失致人死亡罪。
> 辩方:王文不构成犯罪。

[开篇立论]

控方一辩:谢谢主持人,各位评委,以事实为依据,以法律为准绳,这是今天控辩双方都应该严格遵守的论辩原则。我国《刑法》第233条明确规定,因主观过失通过作为或不作为的方式导致他人死亡的,构成过失致人死亡罪。根据本案给定事实,控方认为王文的行为即构成犯罪,理由有三。第一,重伤乘客有危险,王文应救当救。我们说,本案的事实可以清晰地分为两个阶段。第一阶段,张山肇事撞伤李伟,王文自愿搭乘他人前往医院。此时王文与李伟、张山之间即成立民法上的承运关系。根据《合同法》第301条规定,承运人在运输途中应尽力救助有危情的乘客。第二阶段,张山谎称取钱下车逃逸,此时王文作为出租车空间内的唯一支配者成为唯一能够救助李伟的人,这时候他与乘客之间产生的救助义务关系就上升为刑法上的救助义务,也即对排他性支配空间内脆弱他人的保护义务。第二,履行义务不达标,王文能救不施救,有义务就要被合理履行。而本案当中王文合理履行义务的标准就是尽力,就是将他安全地交到救治者手中,他完全能够做到却没有做到。当然我们也理解他怕被误解的心态。可事实上在医院门口,他只需要匿名拨打一个120电话,就能保证李伟被及时发现。而他所做的是匆匆地离去。应当作为,能够作为却没有作为,这就是刑法上的不作为。第三,王文的不作为与李伟死亡之间存在直接因果关系。我们说案件事实告诉我们,李伟的死亡原因是失血过多抢救无效。张山作为肇事者,他当然要为李伟的死负责。但王文的不作为也在客观上延误了李伟一个小时的救治时间。如果在这一个小时之内,李伟被及时地止血,我们完全有理由相信他完全不可能因为失血过多构成死亡。主观上有过失,客观上不作为。而不作为与死亡结果之间又具有因果关系。因此控方要说的是,王文应当构成过失致人死亡罪。当然在这里,作为控方我们也并不想对王文进行过分的苛责,但是我们要说的是生命的法益永远是刑法保护的最高法益。当生命的法益面对刑法的考问，面对有义务救助者救助的时候，如果放弃了义务不履行，那么我们的法律别无选择。我方再次陈述观点，王文必须构成过失致人死亡罪，谢谢大家！

辩方一辩：谢谢主持人，各位评委，大家好！控方认为王文构成过失致人死亡罪，我方认为显然有违法理、道德、情理。控方把一个不应被刑法所评价的行为定罪入刑，违背了基本法律判断和社会情理判断。辩方认为，王文不构成犯罪。第一，王文对李伟没有特定的法律救助义务，不可能成立犯罪。成立犯罪有行为才有犯罪，无行为则无犯罪。王文的犯罪行为要求其必须负有特定的法律义务，而本案中，王文与李伟素不相识，没有任何的特定法律关系，出于道义，王文开车将李伟送到了特定的场所医院门口，而且是在张山肇事逃逸之后。基于此，我们可以得出，王文没有防止李伟死亡结果发生的特定义务，更没有救助义务。第二，李伟的死是张山肇事逃逸先期行为引起的危害后果，与王文无关。本案客观事实是，张山肇事逃逸导致了李伟死亡的危害后果，是张山不履行其应当履行的法律救助义务，而引起的李伟死亡后果。而王文从其主观上讲没有任何社会危害意识和主观意识。其主观心态仅仅是怕被误认为是肇事者。客观方面他开车将李伟送到了医院门口，王文的行为与李伟的死之间没有任何的因果关系。李伟的死是张山的行为引起的，与王文无关。第三，王文的行为是一种善行，而非罪行。王文在张山撞伤李伟后拦车没有拒载，在张山谎称肇事逃逸之后没有遗弃，在怕被误认为是肇事者，对方没有支付车款的前提下仍选择将李伟送到医院门口，王文的一系列行为不是恶意行为，而是善的行为，王文的善行显然不能被刑法评价为罪行。理性的法律规范人们的行动，正确的判断指引人们前进的方向。我们法律人应遵行刑法惩恶扬善，认定王文无罪，辩方意见发表完毕，谢谢！

主持人：谢谢辩方一辩。接下来要进入第二个环节，相互提问，提问时间不得超过20秒，回答问题时间不得超过40秒。首先有请控方二辩。

控方二辩：有请一辩，我们说张山肇事逃逸后，重伤的李伟在出租车这样完全封闭的空间内他只能完全依赖于王文的救助。合同法也明确规定了，承运人应当尽最大努力救助乘客。请问您，王文仅仅将李伟放置在医院门口，是否尽到了最大的救助义务呢？谢谢！

辩方一辩：谢谢控方，我们说他当然尽到了他最大的救助义务。王文作为一个出租车司机,其司机的义务就是将乘客送到目的地,而王文将其送到了目的地,也就是医院门口。另外,在这个领域内,作为王文他是否要具有救助义务,必须具有法律上的法定义务。而王文与张山素不相识,没有任何特定的法律关系,也不具有保证的地位,他当然没有法律上的救助义务。我们说在这种是否具有救助的基础是必须有法律义务,法律没有规定他有救助李伟的义务。没有法律义务救助,他何来法律义务?

控方三辩:有请三辩。一辩在开篇的时候告诉我们,张山须对李伟的死亡负责。没错,控方也不否认张山的责任。但是今天我们要探讨的是王文。请问是否按照辩方的逻辑,只要张山对结果负责,王文就必然不负责呢?谢谢!

辩方三辩:其实今天的道理很简单,千错万错都是张山惹的祸。我们不能只看流血不看伤。李伟是被张山撞伤的,而王文的行为是什么?是不拒载啊,不收钱、不遗弃的行为,他的行为是一种救助行为,是一种积极的救助行为,是一种善的行为,不能做法律的评价。根据我国刑法,不作为犯罪,有特定的救助义务为前提,但是他违反了哪项法律义务呢?因此王文没有违反任何法律规定所不作为的特定义务。因此,他没有法律上的救助义务。谢谢。

控方一辩:有请二辩。我们都知道医院的门口并不是医院,那里没有大夫也没有血浆。今天辩方告诉我们放到了医院门口就尽到了救助义务,但却事与愿违。请问这不是自身的过失又是什么呢?

辩方二辩:谢谢提问。扰乱我们视线的不是事实本身,而是对事实的理解和判断。今天我们注意到,在这个案件中,有罪过才会有得失。王文本身对李伟并不具有法律上的救助义务,当张山谎称取款下车逃逸后,他出于道义仍然将李伟送到了医院。这样的行为是助人为乐的行为,是善良的行为,而不是恶的行为。既然行为构成犯罪,没有恶性又何谈主观过失呢?我们认为王文主观上并不具有注意到危害结果发生的意识,这就是本案最根本的基点。

主持人:好。下面有请辩方二辩发问。

辩方二辩:请问对方一辩。法律彰显了道德,而道德秉承了法律。两者虽然关系紧密,但毕竟不能混为一谈。认定罪与非罪的标准必须是法律，那法律义务与道德义务的界限在哪里？

控方一辩：对于辩方的提问，我方有明确的回答，逾越了道德那就是法律，触及了道德的底线，就要用法律来规制。我们来看本案中王文的作为义务来源。首先他产生了一个合同法上的救助义务，就是《合同法》第301条所规定的承运人的尽力救助义务。其次当张山逃逸以后，在他独立的支配空间内他成了李伟可以唯一依赖的人，也是唯一可以救助的人。在这个时候，法律没有选择，只能选择王文去保护法律最为珍惜的生命。王文有义务，那么不作为，难道不构成我们所说的过失致人死亡罪吗？回答完毕！

辩方三辩：请对方二辩回答。李伟是张山致伤的，王文只是一名出租车司机，那么让王文把李伟送到医院治疗的法律依据是什么？

控方二辩：好，谢谢提问。首先我们来看今天讨论的案例。过失犯罪需要各负其责，我们来看王文是否有义务，是否履行了义务呢？王文作为出租车司机，在能够支配的空间内没有对李伟进行相关的救助，而是仅仅将李伟放到了医院门口，能为而不为，当为而不为，王文的作为义务没有履行。再看王文将李伟放置在医院门口一小时时间，这宝贵的一小时延误了对李伟的救治，造成李伟失血过多抢救无效死亡。这符合刑法上结果可能性的判断。王文应构成过失致人死亡罪。

辩方一辩：请控方三辩回答。刑法理论将行为分为两种：作为与不作为。不作为不仅违反了禁止规范，而且违反了利益规范。请问王文的行为到底违反了什么规范呢？谢谢！

控方三辩：谢谢辩方的提问。今天我们首先要重申王文首先是一个不作为犯罪，而不作为犯罪的义务来源是否明确必须来源于刑法的条文呢？我们都知道传统的3种义务来源，没有一种义务来源是来自刑法的条文本身。我们说先行行为也可以作为义务来源，这是我们司法实践中所通用的观点。但是先行行为产生的义务是否也来源于刑法呢？我们要说刑法中的不作为义务来源并不一定来源于刑法本身。本案中王文的义务首先来自合同法的义务，之后又上升到刑事义务。谢谢。

第二场：陈刚玩忽职守案
——天津公诉队 vs 北京公诉队

李南持内容为："今借李南现金壹万元。借款人宋涛，2010年5月1日。"的借款借据向某法院提起民事诉讼，要求法院判决宋涛归还借款和利息并承担诉讼费用。法官陈刚独任审理此案。在庭审中，陈刚依照法定程序进行了法庭审理，查明：借条签名为宋涛本人所签。但宋涛辩称：借条是李南拿着刀强迫他写的。对此，陈刚问宋涛是否报案。宋涛称没有报案，也没有其他人知道。陈刚当天作出判决要求宋涛归还借款1万元及利息，并承担全部诉讼费用。宋涛接到判决次日在法院门前自杀身亡。后经查证：借条是李南强迫宋涛所写。李南事后因本案被判刑。

控方：陈刚构成玩忽职守罪。

辩方：陈刚不构成犯罪。

主持人：谢谢各自的选手。开始第一个环节，第一个环节是双方一辩发表意见，时间为3分钟。首先有请控方一辩。

控方一辩：谢谢主持人。一份公正的民事判决书不仅牵系着当事人双方的利益，更承载着公民对神圣法律的信赖。作为法官，应秉承对法律的尊崇，凭借职业素养所要求的洞察力和判断力，明断是非，依法判决，这不仅是诉讼当事人，更是全社会对司法公正的期待。陈刚在审理李南与宋涛借款案中，在当事人双方意见完全相左的情况下，用草率阻却了公正，用懈怠代替了审慎，最终酿成错判，造成宋涛自杀身亡的严重后果，其构成玩忽职守罪。首先，陈刚不正确履行职责，严重不负责任，《法官法》第7条、第32条明确规定了法官的职责，就是查明案件事实，一丝不苟，严格依法判决，陈刚却违背了上述职责：其一，面对宋涛关于李南的行为涉嫌犯罪的抗辩理由本应进一步调查核实，陈刚却选择点到为止；其二，在当事人对事实存在很大争议的情况下，本应转入普通程序，陈刚却选择一意孤行；其三，在民事案件的审理中显现出刑事犯罪的疑点，存在向公安机关移送线索或主动调查取证的可能性，本应慎重处理，陈刚却选择草率判决。纵使在奉行当事人主义的今天，对客观真实的追求已然是司法的终极目的，法官的中立地位绝不意味着消极默示，事实引导才是职责所需，所以还未认真审理，就认定宋涛举证不能，为陈刚的错误判决埋下了隐患。其次，陈刚的渎职行为造成了严重的危害后果，宋涛在接到判决书的第二天，选择在法院门前自杀，显然是以死表达对不公正判决的抗争和对司法者的失望。而且，因判决导致当事人自杀身亡，很明显是将宋涛推向了绝望的深渊，而且还造成了严重的社会影响，因此严重地损害了司法公信力。最后，陈刚对于危害结果的发生具有疏忽大意的过失。实践中，当事人对法院判决作出过激反应的情况时有发生，陈刚作为法官应时刻保持高度的警惕，应当也能够预见到一旦背离职责出现偏差导致错判，会造成严重的后果。综上，控方认为陈刚的行为构成玩忽职守罪，谢谢。

主持人：感谢控方一辩的发言，我们下面有请辩方一辩发表意见。时间3分钟，计时开始。

辩方一辩：谢谢主持人，大家下午好！我们知道审判有风险，判决须谨慎。但是，一名法官究竟应当为自己的审判行为承担多大的风险呢？今天控方告诉我们，只要审判程序有瑕疵，抗辩理由不移转，败诉一方再自杀，法官就犯玩忽职守罪。我方对此不能认同。我们认为，陈刚可能不是一名优秀的法官，但他也绝不是一名罪犯，理由有四：第一，陈刚没有玩忽职守的客观表现，玩忽职守罪要求违反职责规定，严重不负责。我们来看本案，首先，陈刚确认欠条效力不移转线索，这是严重不负责吗？显然不是。民事诉讼中法官的职责是根据证据确认法律事实，欠款人亲笔所写的欠条是书证，当然，欠款人说这是被逼的，法官不能一概不相信。但是如果欠款人继续说，我被人用刀逼着写了欠条，我没有报警，我被人拿着欠条告到法院，也没有报警，并且这件事情不仅警察不知道，也没有其他人知道时，他的抗辩还有几分合理性？一边是白纸黑字的借据，另一边是不具合理性的抗辩，陈刚确认欠条的效力，站在今天，我们做事后诸葛，我们可以说他判断不准，我们也可以希望他今后洞察力再强一些，但是我们必须强调的是，在当时的立场上，陈刚的做法完全符合民事裁判证据规则的要求，是法官自由裁量权的合法行使，没有严重不负责。其次，对于控方所说的程序问题，我方也承认，或许普通程序更适合本案，但程序问题完全可以通过程序解决，不会产生严重后果，民事程序能够解决，刑法应当保持谦抑。第二，陈刚下判与宋涛死亡没有刑法上的因果关系，一份解决债权债务纠纷的判决，它即使错了，也只能导致财产损失。况且本案判决还没有生效，连财产损失都没有造成，又岂能让他人的生命处于危险之中？宋涛自杀我们遗憾，但如果让法官对他人自主选择的异常介入行为产生的悲剧结果承担刑事责任，于法无据，于理不公。第三，陈刚主观上没有过失，对一份未生效的判决，上诉维护权益，轻生万事皆空。宋涛选择后者，对于个体而言，或许如控方所说是情理之中，但对于全社会，对于审判的法官，我方必须强调当事人的自害行为是意料之外。意料之外无过失。第四，对于宋涛，我方同控方一样，哀其不幸，但对于陈刚，我方只能说这是要怒其水平不高，我们希望他更敏锐，但我们必须强调，在依法履职的情况下，水平低不是犯罪。谢谢！

主持人：谢谢辩方一辩。接下来要进入第二个环节，相互提问，提问时间不得超过20秒，回答问题时间不得超过40秒。首先有请控方二辩。

控方二辩：请问一辩，本案中陈刚作出的判决到底是一个正确的判决还是一个错误的判决呢？

辩方一辩：谢谢。判断是正确的判决还是错误的判决，我们要先区分错误的判决的标准。如果控方告诉我们，我们要站在生活的层面上，用最低的结果判断的方法设定的话，那么我方非常遗憾地告诉大家，本案的判决结果确实与客观事实不符。但是我们今天站在这里，必须要站在法律的角度，更高地要求错判的标准。也就是说，如果审判人员严重违反职责规定所作出的判决才是错误的判决的话，那么陈刚的审判行为没有严重违反法律规定，因此不能说这就是一份错误判决。谢谢。

控方三辩：请问辩方二辩，宋涛在接到判决的第二天，选择在法院门前自杀，那么他的行为与陈刚的错判是否有刑法上的因果关系？

辩方二辩：谢谢提问。首先，宋涛他接到了一份与事实不符的判决，最终自杀身亡。我们看，可以说判决是导致宋涛死亡的一个诱因，是一个条件关系。但条件关系上升到刑法高度的因果关系，除了具有引起与被引起的关系外，还应该符合刑法相当性。我们说，一个未生效的判决，可以上诉，也可以申请抗诉，但是宋涛选择自杀这种方式，超出了一般人认知的对判决的救济途径，是异常独立的介入因素，不符合刑法因果关系的相当性判断，因此不能说判决与宋涛死亡有刑法意义的因果关系。谢谢。

控方一辩：请对方三辩回答，在本案双方当事人对事实证据存在根本性分歧时，而李南的行为又涉嫌刑事犯罪，你是否会和陈刚一样采取相同的方法只问一句就草率判决呢？

辩方三辩：明确告诉对方，因为今天我与您一样知道李南犯了罪，所以我一定不会做出这样一份与事实不符的判决。但是我无法保证的是，在陈刚当时判决的条件下，当宋涛无法提出证据支持自己抗辩理由的时候，我一定会判决他胜诉。是的，一名优秀的法官也许会做得更好，但是我们说不是每一名法官都是宋鱼水，都是尚秀云，不是每一名法官都有如此高的社会责任感，而那些许许多多只是秉承着刑法基本原则和规定进行断案的法官，也许我们说，他们并不优秀，但是他们绝不是您所说的渎职的罪犯。回答完毕！

主持人：下面有请辩方二辩发问。

辩方二辩：有请一辩。我们说在司法实践中，当事人往往会提出各种各样的辩解，当辩解没有证据支持且不合常理的时候，我们是要求法官必须强制他移转线索进行调查呢，还是应当本着证据规则依法断案、从法律真实的角度来判断这个辩解是否成立呢？谢谢。

控方一辩：其实辩方提出的问题就是涉及了民事诉讼中"谁主张、谁举证"的问题，民事诉讼确实是实行"谁主张、谁举证"，这不代表法官就没有了任何职责要求，最高人民法院《关于民事诉讼证据的若干规定》第3条已经明确规定人民法院应当引导当事人完成举证，这说明本案的举证责任虽然是在宋涛，但是促使宋涛去完成举证责任的是在陈刚。所以控方认为陈刚应当严格按照上述法律的规定履行自己的法定职责，将本案的事实调查清楚，引导本案的当事人正确行使诉讼权利，同时也应该严格遵守民事诉讼中关于程序的规定，而陈刚并没有做到，回答完毕，谢谢。

辩方三辩：有请三辩。今天控方告诉我们判决与死亡之间具有因果关系，那么除了您要论证这二者之间存在引起与被引起的条件关系之外，还必须论证具有刑法因果关系所要求的相当性。那么请问，一份1万元的未生效的判决如何给一个人的生命带来现实的危险呢？谢谢。

控方三辩：我们说，在玩忽职守罪中，它的因果关系并不同于一般的故意犯罪或者通常的过失犯罪，而是一种基于社会管理的需要呈现出的一种较为松散的因果关系。在这种因果关系中，行为人通常不会对危害结果有物理上的作用力，但是通常会介入自然因素、第三人行为或被害人行为，但是这种中介并不阻断因果关系，因为行为人的义务正是通过严守职责来防止各种危害结果的发生。在本案中，陈刚违反了法定程序，就是违反了这种防止义务，制造了危险。虽然存在宋涛自杀行为的中介，但是这种中介并不阻断陈刚的背职行为与死亡危害结果之间的因果关系。谢谢。

辩方一辩：请问二辩，民事法官在作出判决前，是应当在心中确信自己所认定的事实呢，还是应当不断地提醒自己，我这么判有可能是错的，这种错不仅可能导致财产损失，还有可能导致败诉方自杀呢？

控方二辩：对方的这个问题无非是说陈刚对于当事人自杀到底有没有义务预见，有没有能力预见。但是我方首先来回答有没有义务预见的问题。如果陈刚正确履行职责，那么他没有义务预见任何后果。但是当陈刚的履职行为背离正常轨道的时候，他就必须预见到自己这种背离的行为有可能发生危害社会的后果，并且这种危害是一种不特定的、概括性的，并不必然具体到某一特定的形式。在本案中，当事人宋涛因陈刚的不公正判决因此自杀时，自己的个人权利遭受了重大损害，这个属于玩忽职守罪中法定的危害条件。因此法官陈刚对这种危害结果有能力也有义务预见到。回答完毕。谢谢。

结合上述两场论辩，我们来看答问环节需注意的基本内容：

（1）摆正心态。虽然有三次连续发问且较长时间的发问机会，虽然可以提前精心准备问题，但如前述所说，一场论辩并不存在无法回答的问题，也不存在真正的逻辑漏洞，因为站在各自的立场上，逻辑都是周全的，所有的问题都是可以回应的。上述两场论辩控辩双方的回答没有任何一次是明显疏漏、掉入所谓的提问陷阱里的，就很好地印证了这一点。所以提问的目标不在于问倒对方，而在于展示己方逻辑，强化开篇立论己方的立场和理由，并为其后的自由论辩奠定基础。

（2）把握用时。要充分利用赛制给的问和答的时间，不要超时，但尽量用满，这样提问时可以多一些铺垫，更加有力；回答时可以多一些层次或内容，更加饱满。这个基本点，上述两场论辩赛控辩双方基本都做到了。

（3）提问有两种基本模式：一种是围绕一个核心问题的三个层面展

开，设计三个不同的问题，重点在于分层次说明这个核心问题。这种设计模式的优点是有利于核心问题的深入阐述，缺点是对方回答问题往往不易跟随己方设计思路，想要通过提问系统展示己方的逻辑且不给对方过多的发挥空间，往往要求精心设计，难度较高。

另一种是围绕三个不同的辩点分别展开，设计三个问题，重点在于全面阐述争议的多个辩点和己方逻辑。这种设计模式的缺点是每个辩点对应一个问题不容易深入，只能点到为止。优点是相对简单，故也最常使用。第一场论辩控方围绕救助义务、因果关系、主观过失三个辩点进行发问，采用第一种模式。辩方围绕王文有无将李伟送医院治疗的法律依据这个核心点进行问题设计，采用第二种模式。第二场论辩，控辩双方都是围绕客观行为、因果关系、主观过错三个辩点进行发问，均采用第一种模式。

（4）更高层次的提问还需做到下一问能够根据上一问对方的回答进行调整，通过用语衔接等增强提问之间的紧密性。例如第二问开场：

"对方刚才回答我方问题时说到……那么我想请问……"

这种方式对辩手的能力要求很高，既要能根据现场回答敏锐调整己方发问，还要能保持己方发问的核心内容，避免打乱团队的设计，还要能在驳和问的同时确保用时的良好掌控。

（5）提问需清晰明了，才容易让评委和听众听明白。同时要注意有所限定，尽量具体化，以此限制对方回答的范围和发挥的空间。例如第一场论辩辩方的第一问：

"认定罪和非罪的标准必须是法律，那么法律义务和道德义务的界限在哪里？"

辩方的第一问是为了给其后的第二问和第三问做铺垫，紧密围绕王文没有把李伟送医院的法律义务，这个设计思路是良好的。但是第一问就问这个问题显然过于抽象，因此控方轻松回应，借机转到了己方的立场：

"逾越了道德那就是法律，触及了道德底线，就要用法律来规制。我们来看本案中……"

因此，此处第一问显然难以达到预设的效果，反而给对方一个良好的阐述机会。

（6）回答的基本原则：要听清对方的问题，不能答非所问；要敢于正面回应对方的问题。这看似简单的要求在真实的论辩中并不见得容易做到。例如第一场控方的第二问是：

"（是否）只要张山对结果负责，王文就必然不负责呢？"

这是针对因果关系的问题，但控方回答主要在说救助义务，显然是偏题了。同样地，辩方的第二问是：

"让王文把李伟送到医院治疗的法律依据是什么？"

控方回答了王文是否履行了义务，是否具有因果关系。这显然也是没有听清问题或没能直面回应。

（7）回答的基本思路：不仅是为了回答而回答，还要借回答之机强化己方的立场。这就往往需要明确界定概念，并能从底线逻辑的角度进行回答，以此在限定对方提问的前提下再进行有针对性的回答，而不是被对方的问题限定在有限的概念和范围内勉强作答。第二场论辩控方第一问：

"到底是一个正确的判决还是一个错误的判决？"

辩方回应首先要区分错误判决的标准，然后说明判决和事实不符，但并非错判。这是一种站在己方立场上的概念限定。控方第二问：

"（宋涛的自杀）和陈刚的错判是否有刑法上的因果关系？"

辩方提出诱因、条件和因果关系的区别，也是一种概念限定方式。辩方第三问：

"民事法官判决时是确认事实呢还是要不断提醒自己错判的严重后果？"

控方良好回应：

"对方的这个问题无非是说陈刚对于当事人自杀到底有没有义务预见，有没有能力预见。"

然后控方转到己方立场阐述预见义务和能力问题，这就是非常巧妙的底线逻辑的回应方式。

以上是回答良好的例子，我们再看一两个回答不够圆满的例子。第一场控方第一问王文是否尽到了最大的救助义务。辩方回答先说王文尽到了最大的救助义务，因为司机的义务就是送乘客到目的地；接着又分析是否有救助义务要看法律规定，本案没有法律规定王文救助义务，王文无救助义务。这个回答的思路是基本清晰的，但一会儿说尽到了最大救助义务，一会儿又说没有救助义务，从字面上，在直观感受上容易让人混淆。根据辩方的逻辑，避免混淆的方式之一就是先进行概念界定。例如，说明白救助义务的内容是什么，然后再进行分析。第一场控方第三问是否有过失，辩方回答的内容基本是直面回应的，但从罪过入手分析了客观不是恶的行为再说主观没有注意义务，这样的回答略显凌乱，若能从概念挖掘的角度限定回答前提，先说明过失的含义及构成过失的前提是具有预见义务，然后再分析本案中王文没有预见义务，这样可能会显得逻辑更清晰些，重点也更突出些。

（8）答问环节是整场论辩的一个重要组成部分，要尽量和其后的自由论辩有机结合，这种结合不仅是实质内容上的，还包括形式上的。在形式上，自由论辩的提问也好回答也罢，往往可以提到"在刚才的答问环节中……"再进行阐述或提问，以此增强现场感。上述两场论辩在自由论辩阶段都没能做到这一点，的确也因为这是一个较高标准的要求。